AF280438

Dunkle Philosophie

Ich freue mich über alle Arten von Feedback: Über positives Feedback, aber viel mehr noch über negatives! Warum das? Weil es oft das ehrlichere ist. Denn wer sich einmal erlaubt, nicht nur Positives zu sagen sondern auch Negatives, der macht sich meist weniger Gedanken darüber, ob das Ganze jetzt zu unfreundlich wird, sondern mehr darüber, was er wirklich zu kritisieren hat. Nun ja, auf der anderen Seite ist es natürlich schöner Anerkennung zu erhalten als beschimpft zu werden. Wie auch immer - was ich sagen will: Jede und jeder ist willkommen mir zu schreiben - und zwar was auch immer sie beziehungsweise er am Herzen hat! Dafür habe ich die folgende E-Mail Adresse eingerichtet:

dark-philosophy@project-website.org

Werner Helmut Weissert

Dunkle Philosophie

Buch 1
Der Ursprung des Menschen

1. Auflage

Bibliografische Information der Deutschen Nationalbibliothek: Die Deutsche Nationalbibliothek verzeichnet diese Publikation in der Deutschen Nationalbibliografie - detaillierte bibliografische Daten sind im Internet über *http://dnb.dnb.de* abrufbar.

Copyright © 2025 by Werner Helmut Weissert

Verlag: BoD · Books on Demand GmbH, Überseering 33, 22297 Hamburg, *bod@bod.de*
Druck: Libri Plureos GmbH, Friedensallee 273, 22763 Hamburg

ISBN: 978-3-7597-7511-5

VERZEICHNIS

ALLER KAPITEL

KAPITEL 1

Hundewelpen

Sehr süße Hundewelpen hat jeder gerne. Der Hund gilt als der beste Freund des Menschen - wohl auch deshalb, weil er äußerst sozial ist und mit reichlich Mimik kommuniziert - was dem Menschen ähnlich ist. Und ein süßes kleines Hundebaby ist darüber hinaus noch sehr verspielt und lieb anzusehen.

In unserer menschlichen Zivilisation werden Hunde großteils kastriert beziehungsweise sterilisiert. Dies deshalb, da ein Hundeweibchen ansonsten zumindest einmal pro Jahr einen Wurf von Welpen abliefern würde. Acht bis zehn können es dabei schon werden pro Wurf. Unserer Menschenmeinung nach eine eindeutig zu schnelle Fortpflanzungsrate für dieses Haustier.

Bei Straßenhunden greifen diese Maßnahmen der Fortpflanzungskontrolle jedoch nicht - die Hunde vermehren sich dort uneingeschränkt. (Obwohl es auch viele Initiativen gibt, in deren Rahmen Straßenhunde eingefangen, kastriert beziehungsweise sterilisiert und danach wieder ausgesetzt werden.) Dennoch kommt es nicht zu einer explosionsartigen

Vermehrung der Straßenhundepopulation, da es natürliche Grenzen gibt: Nahrungsknappheit, Krankheiten und Tötungen durch andere Hunde. Sehr viele Hunde versterben dort, wo Straßenhunde verbreitet sind, oft im Welpenalter.

Was ist nun besser für die Hunde? Populationskontrolle durch den Menschen oder Massenvermehrung mit hoher Sterberate? Die menschliche Gesellschaft tritt für ersteres ein. Die Art "Canidae" (Hunde) für zweiteres. Aber kann man das sagen? Dass eine Art für etwas eintritt, bloß weil die einzelnen Exemplare dieser Art es (instinktiv) so machen?

Die Art Canidae, die sich innerhalb der letzten 40 Millionen Jahren von den Vorfahren der Bären abspaltete, ist halt von so einem Vermehrungstrieb beseelt - und mit solchen Reproduktionsfähigkeiten ausgestattet. Dies hat es ihr erlaubt, bis in die Gegenwart hinein zu existieren. Und während der Mensch meint, dass diese Vermehrungsraten wegen der Domestizierung durch den Menschen nicht mehr notwendig sind, streben alle vermehrungsfähigen Hunde auch heute noch danach.

Angenommen Sie hätten eine Mischlingshündin im besten Alter. Sie haben sie aus dem Tierheim. Dort hat man ihnen gesagt, dass es zu viele Hunde gibt und daher nicht genügend Plätze in den Tierheimen. Daher werden Hunde dort regelmäßig eingeschläfert, um Platz zu schaffen. Deshalb hat man ihnen dort geraten, ihre Hündin zu sterilisieren - damit sie keine Jungen bekommen kann. Und ein Freund schlägt Ihnen jetzt folgende zwei Szenarien vor, um den Hund glücklich zu machen: Welches der beiden scheint Ihnen besser für Ihre Hündin zu sein?

Szenario A

Sie sterilisieren die Hündin und kümmern sich liebevoll ihr ganzes Leben lang um sie - inklusive abwechslungsreicher Aktivitäten.

Szenario B

Sie erlauben, dass die Hündin geschwängert wird und schließlich Welpen gebärt. Sie behalten die Welpen für zirka 6 Monate. Danach nehmen Sie sie ihr ab, stecken sie in einen Transportkäfig für Tiere und lassen sie in einem anderen Stadtteil in der Nacht frei, um danach mit dem Auto abzufahren.

Nun, in unserer Gesellschaft wird wohl Szenario A als das bessere angesehen. In Szenario B werden Hunde in die Welt gesetzt, die letztendlich niemanden haben, der sich um sie kümmert - und sie werden am Ende möglicherweise eingeschläfert werden oder auf andere Weise umkommen. Ist doch schrecklich, nicht? Aber analysieren wir die Entscheidung einmal aus folgenden sieben verschiedenen Warten für Ihre Hündin:

1. Sterilisierung
2. Geschlechtsakt
3. Schwangerschaft und Geburt
4. Aufzucht der Welpen
5. Wegnahme der Welpen
6. Aussetzen der Welpen
7. Folgen für die menschliche Gesellschaft

1. Sterilisierung

Die Sterilisierung per se ist eine Verstümmelung ihrer Hündin, die ihr die Reproduktion verunmöglicht. Dieser Eingriff in den Körper ist auch nicht natürlich und bringt ihr gesundheitlich keine Vorteile. Es kann aber zu gesundheitlichen Nachteilen kommen. Daher ein Punkt für Szenario B und es steht 0:1.

2. Geschlechtsakt

Der Geschlechtsakt ist etwas Natürliches und wird Ihre Hündin erfreuen. Daher 0:2 für Szenario B.

3. Schwangerschaft und Geburt

Schwangerschaft und Geburt können der Hündin schon viel abverlangen, jedoch ist auch das ein natürlicher Vorgang, wenn eine Hündin trächtig ist. Man sagt auch, dass es für eine Hündin gesund sein soll, zumindest einmal in ihrem Leben trächtig zu sein. Hier werden die Punkte aufgeteilt. Neuer Stand: 0,5 : 2,5 für Szenario B.

4. Aufzucht der Welpen

Obwohl auch dies Arbeit ist, ist es jedoch ein natürlicher Vorgang, der der Hündin Energie geben wird und sie in ihrer Mutterschaft wahrscheinlich glücklich machen wird - schließlich hat sie dann eine Aufgabe: 0,5 : 3,5 für Szenario B.

5. Wegnahme der Welpen

Dies ist ein Vorgang, der weder der Mutter, noch den Welpen gefallen wird. Wird es in einem Alter ausgeführt, in dem die Welpen schon recht groß sind, so wird es der Mutter wahrscheinlich leichter fallen. Beim Züchten von Hunden gibt es diesen Moment natürlich auch immer. Auch in der Natur können Mutter und Welpen oft nicht für immer zusammenbleiben. (Auch Sie als Mensch können im Normalfall nicht immer mit Ihren Eltern zusammenbleiben - Sie wollen das vielleicht auch gar nicht.) Dennoch, da es ein schmerzhaftes Erlebnis wird, ein Punkt für Szenario A. Neuer Stand: 1,5 : 3,5 für Szenario B.

6. Aussetzen der Welpen

Nun, auf die Hündin hat dieser Vorgang keine Auswirkung. Auf die Welpen wohl eine negative, da sie einer ungewissen Zukunft entgegen sehen und das wohl auch spüren werden. Sie könnten verzweifelt werden, in einen Schock fallen, aber auch an Hunger und Durst oder anderen Gefahren zugrunde gehen. Das Plus für die Mutter ist, dass ihre Nachkommen eben auch die Möglichkeit haben zu überleben und sich ihre Gene dann weiter fortpflanzen könnten - während es so eine Aussicht bei einer Sterilisation nie geben wird. Dazu müsste nur ein einziger Welpe überleben! Daher eine Punkteteilung: 2 : 4 für Szenario B.

7. Folgen für die menschliche Gesellschaft

Die Folgen für die menschliche Gesellschaft werden für gewöhnlich bei Szenario B nicht positiv gesehen - Szenario A wird bevorzugt. Die menschliche Gesellschaft hat den Hund domestiziert und kontrolliert de facto seine Vermehrung (jedenfalls dort, wo er als Haustier lebt). Ein anonymes Aussetzen junger Hunde wird daher nicht als positiv bewertet. Da es aber jetzt allein um das Wohl Ihrer Hündin geht, ist das jetzt nicht relevant - es kommt zu einer Punkteteilung. Endergebnis: 2,5 : 4,5 für Szenario B.

So, meiner Ansicht nach wäre es also besser für die Hündin (mit fast zwei Drittel der Punkte), wenn man ihr die Mutterschaft erlauben würde. Vor allem aber für die Tierart Hund - für die wäre es auf jeden Fall ein Plus. Das große Problem hierbei ist aber der eigene Ruf. Wie steht man da, wenn es herauskommt, dass man junge Hunde ausgesetzt hat? Außerdem werden Freunde und Bekannte wahrscheinlich mitbekommen dass die Hündin zuerst trächtig ist und dann schließlich Junge geboren hat. Die müsste man dann auch anlügen. Zum Beispiel indem man sagt, dass jemand alle Welpen übernommen hat. Es steht das eigene Renommee auf dem Spiel - man hat viel zu verlieren!

Wäre man aber eine Art Geist, der kein Renommee hat, oder ein Kind, das sich um nichts scheren muss, oder jemand der komplett von allen anderen isoliert lebt - beispielsweise einsam auf einem Berg - dann wäre es wohl leichter, Szenario B umzusetzen. Ansonsten würde man für so eine Tat möglicherweise von Freunden und Bekannten geächtet.

Das Beste für die Hündin ist aus meiner Sicht Variante B: Ihr wird die Vermehrung erlaubt und sie erhält die Aufgabe sich um ihre Welpen zu kümmern und diese zu säugen. Außerdem erhöhen sich für sie die Chancen auf Weitergabe ihrer Gene (die in Variante A aussterben würden).

Variante A ist wahrscheinlich das Beste für die menschliche Gesellschaft, die in dieser Variante am wenigsten belästigt wird. Es macht einen großen Unterschied, ob man ein Haustier so behandelt, wie es für das Tier das Beste ist, oder so, wie es für die menschliche Gesellschaft am besten ist.

KAPITEL 2

Niedrigere Lebenserwartung bei männlichen Löwen

In freier Wildbahn in Afrika haben männliche Löwen eine kürzere Lebenserwartung als die Weibchen. Und zwar eine deutlich kürzere. Zur Erklärung sei hier der Lebenszyklus von Löwenmännchen und -weibchen in freier Wildbahn kurz dargestellt.

Die Löwin gebärt ihre Jungen in einem Versteck. Sie werden von ihr dort dann auch für einige Wochen vor dem Rudel verborgen. Warum ist das so? Die anderen Löwen würden die Jungen umbringen. Nicht absichtlich, sondern einfach durch ihren Spieltrieb und der Tatsache, dass sie um soviel größer sind. Weiters besteht die Gefahr, dass sie sie wegen ihrer Kleinheit mit Beutetieren verwechseln. Die Neugeborenen sind außerdem am Anfang fast blind und noch ziemlich bewegungsunfähig.

Nach einigen Wochen werden die Jungen dann dem Rudel präsentiert. Sie sind dann schon mobil und können ausdrücken, wenn ihnen etwas zuviel werden sollte. Größer sind sie dann auch schon und damit nicht mehr so gefährdet durch die anderen Tiere im Rudel.

Das Rudel wird angeführt von einem oder mehreren Männchen. Wenn es mehrere sind, so sind es zumeist Brüder, das muss aber nicht der Fall sein. Das Rudel hat ein Territorium, in dem es jagt. Löwen, die nicht zu dem Rudel gehören, werden auf dessen Territorium nicht toleriert. Es ist Aufgabe des Rudelführers (oder der Rudelführer) mögliche eindringende Artgenossen zu vertreiben. Weibchen können hierbei fallweise vom Rudelführer toleriert werden, Männchen jedoch niemals. Wenn diese nicht vertrieben werden können, gibt es einen Kampf - meist auf Leben und Tod. Wird der (oder werden die) Rudelführer in diesem Duell entthront (oft getötet), so übernimmt der - beziehungsweise übernehmen die - Gewinner das Rudel.

In diesem Fall ist normalerweise eine der ersten ihrer Taten alle jungen Löwen im Rudel, die noch sehr klein sind, zu töten. (Dies haben zahlreiche Naturforscher festgestellt und es kann in zahlreichen Dokumentationen über Löwen nachgesehen werden.) Und warum das? Der neue Rudelführer wird seine Position nicht unbegrenzt Zeit innehaben. Ihm bleiben nur ein paar Jahre (bis er seinerseits getötet oder vertrieben wird). In dieser Zeit gilt es, so viele Nachkommen wie möglich zu zeugen. Gibt es jedoch sehr junge Löwen im Rudel, so sind deren Mütter noch nicht paarungsbereit. Sie lassen sich erst wieder begatten, wenn die Jungen soweit sind, dass sie die intensive Betreuung durch die Mutter nicht mehr benötigen. Daher werden die Jungen vom neuen Rudelführer umgebracht. Dieser unschöne Vorgang ist für die Muttertiere der jungen Löwen natürlich dramatisch. Sie versuchen alles, um das zu verhindern. Es gelingt ihnen im Normalfall aber nicht, da ein männlicher Löwe wesentlich größer und stärker ist, als ein weiblicher.

Haben die Jungen jedoch ein gewisses Alter erreicht, so sind sie auch bei der Übernahme des Rudels nicht gefährdet - wohl deshalb, da sie ihre Mütter nicht an der sofortigen Paarung mit den neuen Rudelführern hindern.

Unabhängig davon, ob sie die Nachkommen des Rudelführers (der Rudelführer) sind oder ob sie bei der letzten Übernahme des Rudels bereits groß genug waren um vom neuen Herrn (von den neuen Herren) nicht getötet zu werden, werden sie im Alter von zirka zwei Jahren vom Rudelführer vertrieben, wenn sie männlich sind. Die Weibchen hingegen bleiben für gewöhnlich lebenslang im selben Rudel. Den jungen Männchen bleibt nichts anderes übrig, als in anderen Territorien nach Beute zu suchen - immer in Gefahr von den dortigen Rudelführern vertrieben zu werden. So leben sie ein Leben als Vagabunden und lernen mit diesen Bedingungen zurecht zu kommen und genug Beute machen zu können. (Oder sie lernen es nicht - dann wartet auf sie der Hungertod.)

Erreichen sie ein Alter von ungefähr vier Jahren, so sind sie stark genug, um selber ein Rudel zu übernehmen - vorausgesetzt sie haben es geschafft, sich immer mit genügend Fleisch zu versorgen um auf diese Weise stark zu werden. Sie greifen dann Rudelführer an, wenn sie die Chance wittern, siegreich aus dem Kampf hervorgehen zu können. Wie bereits angedeutet, gibt es hier nicht immer einen zahlenmäßig ausgeglichenen Kampf. Führt ein Löwe ein Rudel alleine an, so muss er gegen aufstrebende "Vagabunden" auch dann kämpfen, wenn diese zu zweit, zu dritt, zu viert oder noch mehr sind. Das schmälert seine Chancen natürlich. Genauso haben es Vagabunden schwieriger, ein Rudel zu übernehmen, welches von mehreren Männchen angeführt wird.

Das Leben als Rudelführer ist dann wohl der schönste Teil des Leben eines Männchens (wenn es diesen Teil des Lebens jemals erreicht): Zuerst müssen natürlich die kleinen Jungen des vorherigen Rudelführers getötet werden - das ist natürlich unschön. Danach aber geht es praktisch nur um die Verteidigung des Rudels. Und wenn der Löwe in seiner Blüte ist und schön aggressiv, so wird ihm das wohl eine Zeit lang ein Leichtes sein. Praktischerweise wird das Jagen von Beutetieren im Normalfall nahezu ausschließlich von den Löwinnen erledigt. Ist das Beutetier dann einmal tot, so frisst der Rudelführer grundsätzlich als erster - das muss er auch, da er so stark wie möglich sein muss, um das Rudel gegen Übernahmeversuche verteidigen zu können. Die weitere Hauptbeschäftigung des Rudelführers ist die Begattung aller paarungsbereiten Löwinnen.

Schlimmer sieht es aus, wenn ein Rudelführer von einem Vagabunden besiegt wird und sein Rudel verliert. Zum einen kommt er - wenn er den Kampf überhaupt überlebt - dabei selten ohne Verletzungen davon, zum anderen ist er auch das Jagen nicht mehr gewohnt. Außerdem wird er sich im Normalfall nicht mehr in der Blüte seiner Jahre befinden. Alles was er jetzt tun kann ist, beutemäßig für sich selbst zu sorgen und dabei in fremden Territorien herumzuvagabundieren. Im Idealfall stößt er auf ein Territorium, das von einem Löwen regiert wird, gegen den er im Kampf eine gute Chance hat, sodass er wieder ein Rudel übernehmen kann. Das ist aber eher der Ausnahmefall. Für gewöhnlich kommt nach der Entmachtung die jämmerlichste Zeit im Leben eines männlichen Löwen. Gealtert an Jahren, verletzt und nicht mehr so gut im Jagen muss er ums nackte Überleben kämpfen und verendet früher oder später dann kränklich, ältlich und abgemagert - ein trauriger Anblick und ein einsamer Tod. Aber das ist nun einmal die Natur. Letztendlich dient er seiner Gattung Löwe.

Die unterschiedliche Lebenserwartung der beiden Geschlechter erklärt sich aufgrund der unterschiedlichen Rollen der beiden Geschlechter im Löwenrudel. Für beide Geschlechter geht es als junge Löwen einmal darum, groß genug zu werden, um bei einer Rudelübernahme nicht getötet zu werden. Bis dahin ist die Sterbewahrscheinlichkeit identisch. Auch bis zum Alter von zwei Jahren ist sie es. Während das Weibchen danach aber ein relativ sicheres Leben hat - zumindest wenn es dem Rudel gut geht - ist das Leben des Männchens von Kämpfen um Leben und Tod geprägt: Das Jagen von Beute alleine ohne unterstützendes Rudel in fremden Revieren, der Kampf beim Versuch ein Rudel zu übernehmen, die Verteidigung des Rudels sowie nach der Entmachtung erneut das Jagen als Einzelgänger in fremden Revieren.

Die Erlegung von Beutetieren ist für einen einzelnen Löwen wesentlich schwieriger als für ein kooperierendes Rudel. Denn Löwen agieren bei der Jagd oft trickreich - so zum Beispiel, wenn einige Tiere getarnt am Boden liegen und die anderen eine Herde gezielt in deren Richtung treiben. Viele Tiere (vor allem die jagenden Weibchen) sind auf verschiedene Aufgaben spezialisiert: Es gibt schnellere Löwinnen (für die Hetzjagd), stärkere Tiere (für das Erlegen größerer Beutetiere) und gelenkigere Löwinnen, die besser im Klettern sind (um ein auf einen Baum geflüchtetes Beutetier erwischen zu können).

Aber was sind jetzt die Gründe für diese unterschiedlichen Rollenverhalten? Warum werden überhaupt Löwen von anderen Löwen getötet? Wäre es nicht klüger, wenn sich alle Löwen zusammentun, um gemeinsam so viele Beutetiere zu erlegen, wie möglich? Und außerdem: Hat nicht schon so mancher kluge Kopf Bemerkungen wie "der Mensch ist das einzige Lebewesen, dass seine eigene Art tötet." zum besten gegeben - das wäre ja dann auch nicht wahr...

Nun, basierend auf der Evolutionstheorie muss davon ausgegangen werden, dass das gegenseitige Umbringen das optimale Verhalten ist. Denn dieses hat sich gegenüber anderer Verhalten (z.B. kein Löwe tötet einen anderen) evolutionsgeschichtlich durchgesetzt. (Interessant, nicht? Könnten denn auch Kriege für den Menschen etwas Positives haben? Mehr dazu später.) Aber wie kann tatsächlich dieses Verhalten der letzten in freier Wildbahn überlebenden Löwen erklärt werden? (Man geht davon aus, dass die Art Löwe spätestens um das Jahr 2050 herum in freier Wildbahn ausgestorben sein wird.)

Für eine Art ist es wichtig, möglichst gut an die Lebensumgebung angepasst zu sein. Dazu gehört zum Beispiel auch so gebaut zu sein, dass man die typischen Beutetiere im jeweiligen Lebensraum effizient jagen kann. Daneben ist es aber auch wichtig, diese Anpassung schnell ändern zu können (wobei "schnell" hier ein paar tausend Jahre sein können). Dadurch, dass der männliche Löwe bei Übernahme eines Rudels alle kleinen Jungtiere tötet, tragen die Weibchen rascher seine Nachkommen aus und seine Gene kommen früher zur Geltung. Das mögen im Einzelfall zwar nur einige Monate sein, aber über hunderte oder tausende Generationen gesehen wird dadurch ein ziemlich langer Zeitraum gewonnen.

Das Leben als "Vagabund" soll dazu führen, dass die Tiere, die am besten an den Lebensraum angepasst sind, am stärksten werden und dann am ehesten ein Rudel übernehmen können. Ist ein Löwe also "zu stark", also so stark, dass er dadurch zu langsam ist, um selbst Beute machen zu können, so wird er als Vagabund nicht gedeihen und geringere Chancen bei der Rudelübernahme haben. Das gleiche gilt für Tiere, die zwar sehr schnell sind, aber dadurch nicht genug Stärke aufweisen. Wertvoll für die Art ist es, hier jene Vertreter zu begünstigen, deren Gene - angesichts der jeweiligen Lebensbedingungen - sich in der "goldenen Mitte" befinden. Kränkliche oder in irgendeiner Art gestörte Tiere werden durch diesen Prozess ohnehin "aussortiert". Letztendlich besteht ein ständiger Wettbewerb zwischen den männlichen Tieren und daher auch zwischen ihren Genen. Nur derjenige, der ein Rudel erfolgreich gegen Angreifer verteidigen kann, darf sich vermehren - und das auch nur so lange, so lange seine "Regentschaft" andauert.

Der Verlust des Lebens einzelner Löwen durch Artgenossen - also das Töten der Jungen bei Neuübernahme eines Rudels, sowie die Kämpfe auf Leben und Tod - vernichten gesunde Tiere und dennoch sind sie für die Art als Ganzes eine profitable Investition. Ein gewisser Verlust an

Biomasse ist scheinbar nicht so schlimm, wenn dadurch klar geregelt wird, welches Männchen zur Begattung gelangen soll - und dieses dann auch die erfolgversprechendsten Gene weitergibt.

Wissenschaftlich reproduzierbar ist das derzeit nicht: Vielleicht wird man eines Tages in einem Supercomputer alle Tierarten perfekt simulieren können und kann dann möglicherweise die ganze Evolution "nachspielen" können. So etwas ist heute aber nur mit vereinfachenden Modellen möglich - bei denen am Ende immer das herauskommt, was derjenige, der das Modell erstellt hat, beabsichtigt. So können wir die Natur nur respektvoll beobachten und zu verstehen versuchen, um dann daraus lernen zu können. Deshalb heißt es nach wie vor "Evolutionstheorie" - es ist eine Theorie.

Festgestellt werden muss auch, dass erwachsene Weibchen in diesem System nie von anderen Löwen getötet werden. Wohl weil sie den wertvollen Reproduktionsprozess ausführen, der letztendlich das Nadelöhr der Vermehrung darstellt. (Nur sie haben einen "Reproduktionsapparat" eingebaut.) Auch gesagt werden muss, dass bei anderen Tierarten dieses gegenseitige Töten in so einem Ausmaß nicht vorkommt - beispielsweise bei Elefanten oder Büffeln. Es scheint also nur spezifisch für die Tierart Löwe das effizienteste Verhalten zu sein.

Kein Mensch, der vorhat Löwen zu halten, wäre wohl von selbst auf die Idee gekommen, dass dieses Verhalten das bestmögliche für das Fortkommen der Art sein kann (wenn er darüber noch nicht Bescheid wusste). Aber dieses Verhalten ist das natürliche und gemäß den Gesetzen der Evolutionstheorie auch das effizienteste für die Löwen!

Was kann man aus dem Verhalten der Löwen herauslesen? Die Löwen dienen ihrer Art. Sie leben so, wie es für die Entwicklung der Tierart Löwe das Beste ist.

(Grundsätzlich belohnt die Evolution immer das bestangepasste Tier. Betrachtet man aber verschiedene Gruppen von Tieren der gleichen Tierart, so wird jene Gruppe, die sich insgesamt stärker vermehren kann, letztendlich dominant werden gegenüber einer Gruppe, die sich insgesamt weniger stark vermehrt. Auch diejenigen Löwen, die den Kampf um ein Rudel verlieren und getötet werden, dienen ihrer Gruppe. Und obwohl sie sich nie vermehren können werden, können durch ihre Schwestern und Brüder Gene weitergegeben werden, und diese sind den ihrigen sehr ähnlich.)

KAPITEL 3

Eine Tierart als Lebewesen

Das Wohl eines einzelnen Tieres ist nicht immer identisch mit dem Wohl der ganzen Tierart - wie wir beim männlichen Löwen gesehen haben. Daher ist die Frage: Will man einem einzelnen Tier etwas Gutes tun oder der ganzen Art?

Die Frage ist dann auch, ob man überhaupt das einzelne Tier als Lebewesen betrachten soll, oder ob die gesamte Tierart nicht eigentlich das Lebewesen ist. Ein "Artenlebewesen", welches nicht einen Körper hat, sondern Millionen von Körperteilen (eben die einzelnen Individuen). Dadurch ist es - als dezentrales Lebewesen - kaum zerstörbar. Außerdem wird es nie zu alt, da für jeden sterbenden Körperteil ein neuer junger geboren wird.

Wer aber kontrolliert so ein Artenlebewesen "Tierart Löwe"? Wer denkt für dieses Lebewesen? Nun, entschieden wird auch dezentral - die Millionen von Körpern entscheiden dezentral über ihre Handlungen. Durch ihren gemeinsamen Instinkt werden die Entscheidungen der Tierart getroffen. Mit "Instinkt" ist hier alles gemeint, was unbewusste Handlungen dieser einzelnen Lebewesen bewirkt. Die einzelnen Lebewesen sind verbunden über die Fähigkeit sich untereinander zu vermehren. Aber natürlich werden sie alle auf ähnliche Art agieren und einen ähnlichen Instinkt aufweisen. (So gibt es beispielsweise bestimmte Verhaltenmuster, die praktisch jede Katze zeigt.)

Diejenigen Exemplare, die gute Entscheidungen treffen, werden höhere Chancen haben gesunde Nachkommen in die Welt zu setzen, als Exemplare, die schlechte Entscheidungen treffen. Indem sie ihre Gene verstärkt vermehren, breitet sich ihre Art zu denken und zu handeln verstärkt auf die gesamte Tierart aus. So verändert sich die kollektive Intelligenz dieses Artenlebewesens, aber diese Änderungen vollziehen sich langsam über viele tausende von Generationen.

Auf gleiche Weise ändern sich auch die Körperteile dieser Tierart durch die Evolution. Ein Artenlebewesen kann sich auch teilen. Nämlich dann, wenn sich ein Teil der Lebewesen nicht mehr mit den übrigen fortpflanzt. Dies war schon oft der Fall, zum Beispiel, als sich die Vorfahren der großen Raubkatzen aufgeteilt haben in Löwe, Jaguar, Leopard und Tiger. So sind aus einem Artenlebewesen vier entstanden.

Zu diesem Beispiel dazu gesagt werden muss, dass Kreuzungen dieser vier Großkatzenarten sehr wohl möglich sind und auf künstlichem Wege oft vollzogen wurden. Die Chance, dass eine gesunde Katze auf die Welt kommt, ist aber deutlich geringer, als bei Fortpflanzung innerhalb einer dieser Arten.

Beim Menschen sind solche Kreuzungsversuche hingegen gescheitert: Professor Ilja Iwanowitsch Iwanow scheiterte in den 1920er-Jahren mit seinen Versuchen, den Menschen mit seinem nächsten Verwandten - dem Schimpansen - zu kreuzen. Er war ursprünglich bei der Kreuzung vieler sich nahe stehender Tierarten erfolgreich. Seine Experimente zur

Kreuzung des Menschen mit dem Schimpansen führte er zuerst im von Frankreich kolonialisierten Afrika durch und später auf Kuba. Er fand auch Frauen, die bereit waren, sich mit Schimpansensperma befruchten zu lassen. Anlässlich der Experimente gab es vehemente Proteste des Ku Klux Klans. Schlussendlich gelang dem Professor die Kreuzung dann ohnehin nicht. Die Frage ist, ob so eine Kreuzung zu einem Lebewesen führen hätte können, das überlebensfähig ist, oder ob sich diese beiden Tierarten dafür schon zu weit von einander entfernt haben.

Betrachtet man es auf diese Weise, so kann auch gesagt werden, dass es sich bei einer Tierart, welche vom Aussterben betroffen ist, um ein sterbendes Artenlebebewesen handelt. Dieses Lebewesen kommt mit den aktuellen Bedingungen in seinem Lebensraum nicht mehr gut genug zurecht, um genug neue Körperteile produzieren zu können.

Auf der anderen Seite wäre ja dann auch messbar, welche die erfolgreichsten Artenlebewesen auf der Welt sind - also welche aktuell über die höchste Biomasse verfügen. Ich weiß schon, dass viele Menschen davon ausgehen, dass es sich beim Menschen eindeutig um die erfolgreichste Art handelt. Jener Betrachtung nach wäre das aber nicht der Fall.

So verfügen die Nutztiere alleine bereits über ein Vielfaches der Biomasse des Menschen - also der sozusagen "lebende Fleischvorrat unserer Gesellschaft". Alleine die Rinder verfügen ungefähr über das Doppelte der Biomasse des Menschen. Die Biomasse der "freien" Landsäugetiere - also aller Landsäugetiere, die nicht vom Menschen gehalten werden - beträgt weniger als ein Zehntel (!) der Säugetiere in unserem "lebenden Fleischvorrat". Schockierend, nicht? (Unser lebender Fleischvorrat an Landsäugetieren setzt sich vor allem zusammen aus folgenden "Speisetieren": Rind, Schwein, Lamm und Ziege.)

Das betrifft aber nur die Landsäugetiere. Alle Wale zusammen können in Punkto Biomasse mit dem Menschen konkurrieren. (Und das, obwohl sich die Anzahl aller Wale seit Aufkommen des Walfangs drastisch reduziert hat.) Und die Biomasse aller Fische beträgt immer noch ein Vielfaches des Menschen (trotz "Leerfischen" der Meere). Über die Tiefe der Meere ist noch zu wenig bekannt, um sicher zu sagen, was für Biomasse-reiche Arten es da unten noch gibt. Auch die Ameisen verfügen über ungefähr genauso viel Biomasse wie die Menschen. Das in dieser Hinsicht erfolgreichste Insekt - der Erdwurm - sogar über die dreifache der unsrigen: Es gibt ungefähr 300 Billionen Erdwürmer auf der Welt - also 300.000.000.000.000.

Und welches Lebewesen ist jetzt das erfolgreichste? Erdwurm oder Mensch? Man möchte hier antworten: "eindeutig der Mensch!" Und zwar deshalb, weil sein Aufstieg auf einem wissenschaftlichen und kulturellen Werk beruht, zu dem kein anderes Tier auf dieser Welt fähig ist.

Das ist auch richtig, nur hat der Erdwurm so ein Werk gar nicht benötigt, um uns bei der Biomasse um Welten abzuhängen. Außerdem sind nur wir Menschen dazu in der Lage unser wissenschaftliches und kulturelles Werk zu verstehen. Alleine schon aus diesem Grund wird es von den anderen Tierarten nicht gewürdigt. Obwohl sie natürlich manche Errungenschaften dieses Werkes sehr wohl zu würdigen - im Sinne von "zur Kenntnis nehmen" - haben: Zum Beispiel unüberwindbare Stahlgitter in den Tierfabriken oder ihre Tötungen mittels Elektroschock.

Dennoch, da außer dem Menschen niemand so eine Frage beantworten kann, neige ich dazu, den Erfolg lediglich anhand der Biomasse zu messen. Aus diesem Grund ist der Erdwurm aus meiner Sicht auf dieser Welt erfolgreicher als der Mensch.

Außerdem: Wer wird im Falle eines Atomkriegs die besseren Überlebens-chancen haben? Der Rest an Menschen auf einer verseuchten Erde oder 300 Billionen Erdwürmer, die im Untergrund leben und sich wesentlich öfter vermehren und sich daher viel besser auf geänderte Lebensbedin-gungen einstellen können. Die menschlichen Leistungen auf dem Ge-biet der Wissenschaft, die den schnellen Aufstieg des Menschen ermög-licht haben, sind leider auch ein möglicher Sargnagel unserer Art.

Viele andere Arten haben ihre enorme Biomasse auch auf wesentlich ökologischeren Wegen erreicht, als der Mensch, der - nicht nur deshalb - den "Selbstzerstörungsknopf" gleich mit eingebaut hat: Um-weltverschmutzung, Atomwaffen, zunehmende Verstrahlung unseres Lebensraumes - wir sind wohl die einzige Art, die sich selbst ausrotten kann (oder wird?), aber meiner Ansicht nach, nicht das ganze Leben auf unserem Planeten: Selbst wenn alle Säugetiere, Fische, Vögel und In-sekten in einem Atomkrieg gemeinsam mit uns untergehen würden, so würden ein paar Bakterien ausreichen, um das Leben auf dem Planeten zu erhalten. Dann würde es vielleicht ein paar Milliarden Jahre dauern, bis nichts mehr verstrahlt ist, danach könnte eine reichhaltige Pflan-zen- und Tierwelt sehr wohl wieder auferstehen. "Extinction Events" - also ein Massenaussterben - gab es in der Entwicklungsge-schichte unseres Planeten immer wieder. Die Frage ist natürlich auch, ob in einem Atomkrieg zwischen zwei Atommächten letztendlich jeder Zentimeter Land auf der Erde bombardiert werden würde. Wohl nicht, denn sobald eine der beiden Mächte keine Atomwaffen mehr abschie-ßen kann, wäre so ein Krieg entschieden und der "Sieger" würde den Rest der Welt wahrscheinlich nicht weiter kontaminieren wollen.

Wer kann sicher sagen, dass es so einen Atomkrieg nicht schon einmal gegeben hat? Vielleicht gab es schon einmal menschenähnliche Lebe-wesen auf unserem Planeten, die sich schlussendlich selbst in die Luft gesprengt haben - vielleicht gab es das auch schon mehrfach? Vielleicht aber wird sich unsere Menschheit nie selbst auslöschen, sondern all die Herausforderungen meistern? Nun, in unserer Lebenszeit wird die Antwort auf diese Frage wohl nicht gegeben werden - jedoch, bei einem baldigen Atomkrieg eventuell schon:

Stellen Sie sich vor, Sie wachen eines Tages um drei Uhr früh auf, geweckt von einer irrsinnig lauten Explosion. Das Gebäude, in dem sie leben, bricht zusammen. Wenn sie das überleben, werden sie wohl einige Minuten später von einer Feuersbrunst dahingerafft. Nun, in diesen letzten Minuten Ihres Lebens würde Ihnen wohl klar werden, dass ein Atomkrieg ausgebrochen ist. Sie könnten dann aber unmöglich abschätzen, ob dadurch die ganze Menschheit untergehen wird. Aber wenigstens hätten Sie in Ihren Leben eine Art von Antwort erhalten.

Wenn wir hingegen eines natürlichen Todes versterben sollten, werden wir in unserer Lebenszeit nie erfahren, ob nicht irgendwann ein Atomkrieg ausbrechen wird.

Aus meiner Sicht müssen wir schon froh sein, wenn der Niedergang unserer natürlichen Lebensbedingungen - der schon jetzt im Gange ist - nicht zu schnell weitergeht. Damit auch noch einige Generationen nach uns eine Aussicht auf ein halbwegs normales Leben haben (aus unserer heutigen Sicht).

Und warum der Ansatz, eine gesamte Tierart als ein Artenlebewesen zu betrachten? Was bringt das? Geht man davon aus, dass es sich bei einer Tierart lediglich um ein Lebewesen handelt, so behandelt man die einzelnen Tiere mitunter vielleicht anders. Außerdem ergeben sich aus diesem Blickwinkel neue Möglichkeiten, die Evolutionsgeschichte zu betrachten und zu verstehen.

KAPITEL 4

Vermehrung unter den Regeln der Evolution

Bei den Tieren sehen wir, dass alles in ihrem Leben darauf ausgerichtet ist, die Biomasse der Tierart erhöhen zu können, auch wenn dadurch ein individuelles Tier ein härteres Leben hat.

Hunde haben eine sehr hohe Reproduktionsfähigkeit. Eine Hündin wird geschlechtsreif, wenn sie ihr Erwachsenengewicht erreicht hat - dies kann nach einem halben Jahr der Fall sein. Sie ist dann ein- bis zweimal pro Jahr läufig. Pro Wurf kann sie bis zu zehn Welpen auf die Welt bringen.

Bei kleineren Hunderassen wird eine Hündin meist zweimal pro Jahr läufig, während es bei größeren Rassen oft nur einmal pro Jahr der Fall ist. Je größer die Hunderasse, desto höher die mittlere Anzahl der Welpen pro Wurf.

Jetzt stellen wir uns einmal vor, wir würden einer Hündin erlauben ständig geschwängert zu werden und alle Welpen austragen zu können - ein ganzes Leben lang. Wie viele Nachkommen könnte sie haben? Bei einem durchschnittlichen Hundealter von zehn bis fünfzehn Jahren sind da schon um die 100 Nachkommen möglich. Und wenn die Hündin ihren hundertsten Welpen geboren hat, dann können auch ihre ältesten weiblichen Nachkommen - wieder unter der Annahme von ausreichend Nahrung und Sicherheit - schon auf 80 bis 90 Nachkommen gekommen sein. Diese Vermehrungsrate ist wirklich enorm. Und das ist bei anderen Tierarten extremer - so sagt man ja auch sprichwörtlich "Sie vermehren sich wie die Ratten." Weibliche Ratten können bei idealen Bedingungen auf zirka 800 direkte Nachkommen kommen, Mäuse sogar auf bis zu 2.000.

Wenn genügend Futter da ist, dann tun die Tiere das auch. Dann vermehren sie sich explosionsartig. Nur so konnten sie sich über die Welt verteilen. Denn es sterben ja auch viele davon wieder vor ihrer Zeit. In der freien Natur gibt es keine Sicherheit. Jeder Tag ist ein Kampf um Leben und Tod: Es geht um die Suche nach Nahrung und darum nicht verletzt oder getötet zu werden. Am Ende zählt einfach, wie viele von einer Art überleben. Wird die Zahl höher, dann kann sich die Tierart ausbreiten. Wird die Zahl geringer, so kann das - wenn es langfristig anhält - zu einem Aussterben der Tierart führen.

Aber damit das nicht so einfach passiert, gibt es die Veränderungen des genetischen Codes. Nehmen wir an irgendwo in Asien in einem riesigen Tal leben - unter vielen anderen Lebewesen - auch 10.000 Hunde. Nehmen wir weiters an, dass die Reproduktionszahl dieser Hunde zu gering ist. Angenommen nach zehn Jahren sind es nur noch 9.500 Hunde. Es geht also in Richtung Aussterben. Aber diese - nunmehr 9.500 - Hunde sind nicht alle gleich. Da gibt es stärkere Tiere, da gibt es schnellere Tiere, da gibt es ausdauerndere Tiere, da gibt es klügere Tiere, da gibt es Tiere, die eher dazu neigen Einzelgänger zu sein, als dem typischen Herdenverhalten zu folgen. Und jetzt sehen wir uns an, wie viele dieser Vertreter gruppiert nach körperlichen Eigenschaften in der

Gesamtzahl enthalten sind. (Dies ist ein Gedankenexperiment mit frei erfundenen Zahlen, die lediglich ein Prinzip verdeutlichen sollen.)

Ursprünglich

Stärkere Tiere	4.232
schnellere Tiere	2.917
ausdauerndere Tiere	2.851
Hunde insgesamt	**10.000**

Nach 10 Jahren

Stärkere Tiere	4.039
schnellere Tiere	2.621
ausdauerndere Tiere	2.840
Hunde insgesamt	**9.500**

Hier sieht man, dass die Zahl der "ausdauernderen Tiere" nahezu gleich blieb, während die Zahl der "schnelleren Tiere" um zirka zehn Prozent und die der "stärkeren Tiere" um zirka fünf Prozent abnahm. Der Anteil der "ausdauernderen Tiere" hat sich damit binnen 10 Jahren von 28,51% auf 29,89% erhöht.

Diese Veränderung ist jetzt nicht sehr stark und das verhindert auch nicht, dass die Hunde insgesamt in diesem Tal weniger werden. Aber die Gene der "Ausdauernderen" breiten sich aus. Bei gleich bleibenden Bedingungen werden diese in ein paar Jahrzehnten der dominante Hundetyp in diesem Tal sein. Und das sollte den Rückgang der Hunde-population dort insgesamt verlangsamen, da dieser Typ weniger als ein halbes Prozent an Exemplaren in zehn Jahren einbüßt (während bei allen Hunden insgesamt ein Rückgang von fünf Prozent vorliegt).

Da sich auch die Hunde in der Gruppe der "Ausdauernderen" in jeder Generation leicht abändern, ist es gut möglich, dass am Ende ein Hund herauskommt, der seinen Bestand in diesem Tal halten - oder auch leicht erhöhen kann. Es könnte auch sein, dass diese "Ausdauernderen" ihr Verhalten ändern - indem beispielsweise die Anzahl der Tiere, die eher als Einzelgänger unterwegs sind, zunimmt. Wenn das in dem Tal einen Vorteil bringen sollte - zum Beispiel durch das Vorhandensein kleinerer Beutetiere, an die man sich leise anschleichen muss - dann kommt vielleicht ein "ausdauernderer Einzelgänger" am Ende als dominierender Typ heraus. Das passiert ganz von alleine einfach dadurch, dass von denjenigen Tieren, die nicht die optimalen Eigenschaften haben, immer ein bisschen mehr sterben als von den optimal angepassten. Hinzu kommt natürlich auch die Varianz, dass jeder Nachkomme ein bisschen anders ist. Hat eine Hündin neun Welpen, so wird jeder dieser neun Welpen einen eigenen Charakter und auch einen eigenen Körperbau haben, obwohl sie sich alle sehr stark ähneln werden. Und die Produktion von Nachkommen, die alle ein bisschen anders sind, führt dazu, dass sich die Tierart als Ganzes verändern kann.

Denkbar ist auch, dass sich in diesem Tal dann ein Hundetyp herausbildet, der irgendwann später einmal das Tal verlässt, und der dann vielleicht noch erfolgreicher ist als der "gewöhnliche Hund". Auch ist es möglich, dass die Hunde in dem Tal ihre Vermehrungsfähigkeit mit anderen Hunden verlieren - dann wäre eine neue Tierart entstanden.

(Grundsätzlich ist der Verlust der Vermehrungsfähigkeit untereinander aber ein Nachteil für ein Artenlebebewesen, da es insgesamt weniger Möglichkeiten der Reproduktion gibt. Entwickeln sich einzelne Subtypen einer Art jedoch zu weit auseinander, tritt der Verlust der Vermehrungsfähigkeit automatisch ein. Beispiel: Die Hunde in dem Tal würden ein mittlere Größe von zehn Metern erreichen und wären dann einfach zu groß, um sich mit herkömmlichen Hunden zu paaren.)

Und dann spielen auch noch die anderen Tierarten im Tal eine große Rolle. Einerseits die Beutetiere, andererseits auch jene Tierarten, die dem Hund gefährlich werden können. Wenn wir in unserem Beispiel davon ausgehen, dass "ausdauerndere Einzelgänger" es dort am Ende schaffen werden, ihre Zahl zu steigern: Angenommen, das ist deshalb der Fall, da sie ein bestimmtes Beutetier in diesem Tal - ein Murmeltier - relativ gut erbeuten können. Je mehr sich jetzt der "audauerndere Einzelgänger" vermehrt, desto gefährlicher wird das Leben für diese Murmeltierart, da es die Murmeltiere schwer haben dieser Art Hund zu entkommen. Was könnte jetzt ein Ergebnis dieser schwierigen Situation für die Murmeltiere sein?

Es könnte sein, dass die Zahl der Murmeltiere in dem Tal so stark zurückgeht, dass auch die Zahl der Hunde - trotz Anpassung - wieder zurückgehen wird, da sie zu wenige Beutetiere finden können: In diesem Fall wird sich der Hund in diesem Tal möglicherweise erneut verändern, wenn er nicht vorher ausstirbt.

Es könnte aber auch sein, dass sich die Murmeltiere dahingehend ändern, dass sie aufmerksamer werden und ein besseres Gehör entwickeln (falls Tiere mit besserem Gehör eher überleben sollten). Auch dann würde es für den Hund schwierig: Entweder er schafft es - durch eine weitere Anpassung - trotzdem genügend Murmeltiere zu erbeuten oder er kann sich auf eine andere Art von Beutetieren spezialisieren.

Oder aber die Jagd durch den Hund kann dem Murmeltier gar nichts anhaben, da es selbst so viele Nachkommen zeugt, dass die Reduktion durch die Jagd nicht ins Gewicht fällt.

Auch andere Raubtiere könnten dem Hund zu schaffen machen: Entweder, weil sie ihn direkt bedrohen oder weil sie zu viele seiner typischen Beutetiere verzehren. Die evolutionäre Anpassung ist also immer eine Anpassung an alle Lebensbedingungen inklusive anderer Tierarten.

Es ist eine Tatsache, dass die Eigenschaften der Tierarten sich ständig aufgrund der Evolution optimierten. Beute-, Feind- oder Konkurrenztierarten reagierten darauf ebenfalls mit Optimierungen. Auf kleiner Ebene kämpften einzelne Tiere in ihrem kurzen Leben ums Überleben. Auf größerer Ebene konkurrierten die Tierarten untereinander mit immer neuen Eigenschaften und Anpassungen um die größte Ausbreitung.

KAPITEL 5

Die Kommunikation der Tierarten untereinander über Millionen von Jahren

Es ist natürlich interessant zu erforschen, was für evolutionäre Entwicklungsgeschichten die heute noch lebenden Tierarten aufweisen. Es gab ja einmal einen "Säbelzahntiger" in Südamerika, der so lange "Säbelzähne" hatte, dass er kaum kauen konnte. Und es gab einmal Fluginsekten auf der Erde mit einer Flügelspannweite von bis zu einem Meter. Es gab riesige Laufvögel in Madagaskar mit einer Körpergröße von bis zu vier Metern - die so genannten Elefantenvögel. Gegen die muss der heute noch lebende Strauß wie ein Zwerg gewirkt haben.

War dieser Laufvogel der Versuch der Evolution, die Dinosaurier wieder groß werden zu lassen? Neben den vielen ausgestorbenen Dinosauriern leben ja nach wie vor die rezenten (lebenden) Saurier unter uns - unsere Vogelwelt. Und diese Saurier haben es - in Form des besagten Laufvogels - wieder zu relativ großen Individuen gebracht. Hätte sich der Mensch nicht so erfolgreich über die Erde verbreitet, so hätten diese Laufvögel vielleicht erfolgreich überleben können und wären vielleicht (nach Millionen von Generationen wohlgemerkt) wieder so groß wie die ausgestorbenen Dinosaurier geworden: Ein 20 Meter-Vogel. Was weiß man schon!

Wenn wir in der Jetztzeit die auf der Erde vorhandenen Tierarten erkunden und definieren, so muss uns klar sein, dass das evolutionsgeschichtlich nur ein kurzer Moment ist, und dass sich Tierarten in einem ständigen Änderungsprozess befinden. Solange eine Tierart nicht ausgestorben ist, passt sie sich laufend neu an die Umgebungsbedingungen an.

Überblickt man viele zehntausende, hunderttausende oder gar Millionen von Jahren, so wird klar, dass die Tierarten der Gegenwart, so wie wir Menschen sie definiert haben, eigentlich nur ein sehr kurzer Zustand sind, in dem sich eine Tierart im Zuge der ständigen Veränderung ihrer Körper und ihres Instinkts befindet. Jede Tierart befindet sich in einem ständigen Veränderungsprozess der bis zu den Einzellern zurückreicht, und deren Zukunft niemand vorhersagen kann. Blickt man langfristig auf die Erde, dann wird klar, dass nicht das wichtig ist, was einzelne Lebewesen in ihrer Lebenszeit tun, sondern dass die Veränderungen der Tierarten - also der Artenlebewesen - das eigentlich bedeutende Geschehen sind. Tierarten, die auf der Erde miteinander in Kontakt kommen, kommunizieren über Jahrtausende miteinander, indem sie sich - abgestimmt auf einander - ständig anpassen. Eine Tierart "kommuniziert" sowohl mit ihren Beutetierarten als auch mit konkurrierenden Tierarten und auch mit jenen Tierarten für die ihre Vertreter Beutetiere sind - mittels ständiger Veränderung ihrer Körper.

Die einzelnen "Körperteile" eines Artenlebewesens - also die einzelnen Tiere - dienen der Art, indem sie alles tun um einen Weg zu finden überleben zu können. Und das ist wertvoll für die Tierart: Sowohl dann, wenn sie überleben - und sich vermehren - können, als auch, wenn sie es trotz Aufbringung aller ihrer Kräfte nicht schaffen und einen qualvollen Tod sterben sollten: Auch zweiteres nützt der Tierart, da sich dadurch ihre offenbar nicht zur Vermehrung geeigneten Gene nicht weiter verbreiten können! Der schreckliche Tod vieler Individuen ist gut für die Tierart, die sich sicher sein kann, dass sie auch wirklich alles probiert haben, um überleben zu können. Und daher werden es in der Regel die minderwertigeren Gene gewesen sein.

(Deshalb ist der Tod auch so eine schreckliche Vorstellung für uns Lebewesen! Alleine deshalb, damit sich das "Artenlebewesen Mensch" sicher sein kann, dass wir "Körperteile" immer alles tun werden um überleben zu können.)

Die Anpassung der Tierart geschieht durch ein Massensterben, durch das verhindert wird, dass ungeeignete Exemplare sich vermehren. Sie sterben vor Hunger, sie werden erbeutet, sie sterben in einem Rivalitätskampf durch einen Artgenossen oder sie sterben beim Versuch ein anderes Lebewesen zu erbeuten. Aber das ist eben die Art und Weise, wie eine Tierart auf der Erde überleben kann: Indem eine Überpopulation mit verschiedenen Eigenschaften produziert wird, die dann hinsichtlich bestmöglicher Anpassung an den Lebensraum aussortiert wird. Und die überlebenden Tiere können sich auf ein Neues reproduzieren.

Da ist natürlich wahnsinnig viel Grausamkeit, Verzweiflung und Angst dabei, wenn Tiere in freier Wildbahn leben. Aber ist dieses Massensterben nicht vergleichbar mit dem, was in unseren Tierfabriken passiert? Betrachtet man es so, so erscheint das Leben in einer Tierfabrik gar nicht mehr so schlimm für ein Rind zu sein. Immerhin wird es zwei Jahre (ausgenommen ist Kalbfleisch) versorgt und kann in Frieden leben.

Nun, es gibt schon Unterschiede: In der Natur tun die Tiere das, wofür sie optimiert wurden. Sie laufen, sie suchen nach Nahrung, sie jagen, sie reproduzieren sich. Und sie genießen das, denn das ist ihre Natur.

In der Tierfabrik ist es mehr ein Warten, ein sich in ungesunder Weise überfressen, ein Vollgepumpt-Werden mit Medikamenten. Teilweise werden diese Tiere auch fixiert, also so festgeschnallt, dass überhaupt keine Bewegung mehr möglich ist - teilweise über Monate und Jahre. Es wird dem Speisetier nicht gefallen, aber was soll es tun? Es kann sich nirgendwo beschweren und wenn dem Menschen danach ist, wird er ihm ohnehin das Leben nehmen. Man macht es zum Beispiel bei Säuen nachdem sie Junge geboren haben, da diese in den engen Gehegen immer wieder auf eines ihrer eigenen Ferkel steigen und dieses dadurch verletzen oder töten könnten.

Auch deshalb, da diese Säue überernährt sind - dadurch relativ träge - und weil sie in ihrem Leben in der Tierfabrik nicht die Geschicklichkeit bei der Bewegung erlernen konnten, die ein frei lebendes Tier innehat - in einem engen Gehege, in dem man praktisch nie richtig laufen kann. Das Leben in der Tierfabrik ist also nicht schön - und es ist auch eine Art Vegetieren. Auf der positiven Seite kann man erwähnen, dass die Tiere in der Tierfabrik nichts anderen kennen. Und wenn Du immer in einer Höhle warst, erscheint sie dir auch nicht dunkel.

Das Massensterben in freier Wildbahn ist da schon anders: Kein Tier stirbt dort an Altersschwäche. Bist du zu schwach um dich zu verteidigen oder zu flüchten, so wirst du von einem Raubtier erlegt werden. Und dennoch ist es ein Unterschied: Denn wenn das Tier lebt, so ist es gesund und fit. Und es muss die ganze Kraft in seinem Körper zum Überleben nutzen: Für die Nahrungssuche, um sich vor Feinden zu schützen, für die Flucht, für die Fortpflanzung, und so weiter. Ein Wildtier kann zwar jeden Tag sterben und dieser Tod ist immer in Griffweite, aber wenn es lebt, ist es gesund und aktiv und tut das was seine Art am besten kann. Wird es altersschwach oder krank, so wird es relativ rasch erbeutet und aufgefressen. Ein langes Siechtum wie in der Tierfabrik, ein langes Warten auf den Tod gibt es in der freien Natur nicht. Der

Todeskampf dort kann irrsinnig grausam und schmerzvoll sein, er wird aber relativ schnell vorübergehen. Und angeblich soll das sterbende Tier aufgrund des Schockzustandes ohnehin nicht allzu sehr leiden.

Jedes Wildtier, das einen Tag übersteht, das am Abend immer noch lebt, kann feiern - denn es war einen weiteren Tag im schwierigen Überlebenskampf erfolgreich. Es weiß nicht, ob es morgen sterben wird, ob in einer Woche, ob in einem Jahr. Es kann nur den heutigen Abend feiern und dankbar sein!

Eine Tatsache ist, dass praktisch jedes Tier in freier Wildbahn einen gewaltsamen Tod erleiden muss. Es gibt in der Wildnis keine alten Tiere, die humpeln oder unter anderen Alterserscheinungen leiden. Kann das Tier nicht mehr schnell genug laufen, so ist es tot. Verletzt es sich - so ist es tot. Wird es krank - so ist es tot. Und dennoch haben die Tiere ihr Leben lang mit dem Tod nichts zu tun. Sie werden geboren und von ihren Eltern beschützt und behütet. Sie bewältigen dann alle Herausforderungen bis sie selber Junge gebären, denen sie dann diese Sicherheit weitergeben. Jedes in freier Wildbahn lebende Tier wurde von einem jungen gesunden Tier geboren, welches seinerseits wieder junge gesunde Elterntiere hatte. Das erbeutet werden ist also etwas Fremdes für jedes Tier, das zuvor ein Leben lang auf der Gewinnerseite gestanden ist. Einmal kommt aber dieser Moment für jedes Wildtier, und dann ist sein Leben Geschichte.

Vielleicht verstehen Sie mich jetzt ein bisschen besser, warum ich vorschlage, dass Sie Ihrer Hündin das Gebären von Jungen erlauben sollen - auch wenn diese eine ungewisse Zukunft haben werden. Letztendlich ist es etwas Natürliches.

Das Leben in den Tierfabriken hingegen nicht. Und dennoch ist es in der Realität die einzige Möglichkeit für eine große Zahl unserer Speisetiere (Rind, Schwein, Ziege, Schaf) noch leben zu können. Und ich kann nicht beurteilen, ob diese Art Existenz (vom Menschen in einer Tierfabrik untergebracht zu sein) eine schlechte Art ist. Denn in der heutigen Zeit würde es diese Anzahl an Rindern, Schweinen, Ziegen und Schafen ohne Tierfabriken einfach nicht mehr geben. Während viele andere Tierarten ausgestorben sind, haben sie in großer Zahl überlebt, weil sie für den Menschen von Nutzen sein können. Man kann das zwar aus menschlicher Sicht beurteilen und werten - was aber für die betroffenen Tierarten nicht relevant ist. Wie alle anderen Tierarten auch streben sie zu aller Zeit nach Reproduktion - und das ist ihnen (als Schlachttiere) gelungen.

Auch gibt es in der Natur viele Tierarten, welche nur als Parasiten überleben können - also mit Hilfe eines anderen Tieres - zum Beispiel der Ameisenbandwurm, über den ich später noch schreiben werde. Und dann gibt es so genannten Symbiosen zwischen Tierarten, die beiden nützen. Erwähnt sei hier der so genannte Madenhacker. Inwieweit dieser Vogel anderen Tieren nützlich sein kann, überlasse ich Ihrer Kombinationsfähigkeit.

Angenommen Außerirdische beobachten von einem Raumschiff aus die Erde und haben die Aufgabe, alle Tierarten auf der Erde und deren Verhältnisse zueinander in einem Register zu erfassen. Was würde ein Außerirdischer dann bezüglich dem Verhältnis Mensch-Rind in das entsprechende Feld schreiben? Eventuell "Symbiose"!

KAPITEL 6

Die Anfänge des Menschen

Unsere Vorfahren waren genauso in der Konkurrenz mit anderen Tierarten, wie alle anderen Tiere. Auch bei unseren Vorfahren ging es darum, ob sie es schaffen ihre Anzahl zu erhöhen, um sich über weite Gebiete verteilen zu können und welcher "Subtyp" der erfolgreichste wird...

Da gab es auch Menschen mit einem leicht vergrößerten Gehirn. Für die Art ist es ein gewisser Aufwand, ein größeres Gehirn bereitzustellen. Als Ausgleich dafür gehen Ressourcen verloren für - zum Beispiel - stärkere Muskeln, mehr Ausdauer oder mehr Robustheit. Das heißt, wenn wir nur ein kleineres Gehirn hätten, wären wir wahrscheinlich stärker und schneller. Vielleicht könnte dann jeder Mensch die 100 Meter unter neun Sekunden laufen, wer weiß? Aber wir wären dafür womöglich nicht intelligenter als ein Hündchen.

Und das leicht vergrößerte Gehirn hat bei unseren Vorfahren zu Vorteilen geführt. Und zwar konnten sie sich damit besser merken, wo die Obstbäume mit den besten Früchten standen. Dies verschaffte ihnen einen Wettbewerbsvorteil gegenüber ihren Artgenossen mit etwas kleineren Gehirnen. Sie konnten sich dadurch stärker vermehren bis schließlich die gesamte Gattung Mensch ein vergrößertes Gehirn aufwies. Dieses erwies sich dann als großer Vorteil gegenüber den anderen Tierarten. So zum Beispiel später bei der Fähigkeit Gegenstände als Waffen zu verwenden. Diese haben es den Menschen erlaubt physisch stärkere Tierarten in die Schranken weisen zu können.

Durch sein größeres Gehirn löste sich der Mensch aus der Gruppe der anderen Tierarten heraus und erreichte ein neues Niveau. Ein Niveau, bei dem es nicht nur den Instinkt gibt, sondern auch eine - gewählte - Kultur. Und diese Fähigkeit katapultierte den Menschen um Lichtjahre empor gegenüber den Tieren, die damals noch seine Konkurrenten waren. So musste der Mensch in Europa beispielsweise zusammen mit den damals heimischen Höhlenlöwen leben. Diese Höhlenlöwen waren größer und stärker als die afrikanischen Löwen der Jetztzeit. Und dennoch konnte der Mensch mit seinen einfachen Waffen den Löwen in die Schranken weisen.

Auch ein Tier hat - neben dem Körper und seinen Sinnen - einen gewissen Plan, nach dem es handelt. Nennen wir es Instinkt (obwohl Tiere natürlich auch in gewissem Rahmen dazulernen können). Dieser Handlungsplan kann sich auch ändern. Dies dauert aber viele Generationen - mitunter tausende.

Zum Beispiel die Tatsache, dass männliche Löwen bei der Übernahme eines neuen Rudels alle sehr jungen Tiere töten. Wenn dies für die gesamte Tierart Löwe nicht mehr erfolgversprechend ist, werden diejenigen Männchen - die das nicht tun - eine etwas höhere Reproduktionsquote aufweisen. (Dadurch, dass die Nachkommen immer etwas andere Charakterzüge haben, als die Eltern, gibt es auch stets einige wenige männliche Löwen, die in dieser Situation nicht töten.) Und nach tausenden von Generationen kann das Verhalten dann ein anderes sein - zum Beispiel, dass die Jungen generell nicht mehr vom neuen Rudelführer getötet werden.

Was der Löwe aber nicht kann, ist die Situation zu analysieren und sich zu denken: "Oh, wir haben eine Dürre - es wird schwieriger für uns, neue Jungtiere in die Welt zu setzen. Ich würde gerne ein neues Rudel übernehmen. Aber vielleicht sollte ich probieren, die Jungtiere dort dann nicht zu töten." Das kann der Löwe nicht. Der Mensch jedoch kann es schon. Dadurch kann er sein Verhalten viel schneller ändern, als jede andere Tierart. Die neue Strategie des Menschen ist dann vielleicht nicht so gut. (Das durch die Gesetze der Evolution hergestellte Verhalten ist meistens optimal.) Aber, die Änderung passiert viel schneller.

So konnte der Mensch in der Urzeit zum Beispiel ein Mammut erlegen. Dabei hat er zuerst analysiert, auf welchen Pfaden sich die Mammutherden bewegen. Er hat dann nach solchen Pfaden im Gebirge gesucht und zwar nach möglichst schmalen, die von Abgründen umgeben waren. Dort hat dann eine Gruppe von Menschen gelauert. Wenn eine Herde Mammuts vorbeigezogen ist, hat der Mensch Feuer gemacht und die Herde mit brennenden Ästen erschreckt. Einige Mammuts gerieten dann meist in Panik und sind mitunter den Abhang hinabgestürzt. Für die Menschen war es dann ein Leichtes, die abgestürzten schwer verletzten Tiere zu töten.

Natürlich wäre die Tierart Mammut dazu in der Lage gewesen, mit so einem Jagdverhalten fertig zu werden: Zum Beispiel dadurch, dass man nicht mehr solche schmalen Pfade gewählt hätte oder dass man sich einfach vom Feuer nicht mehr so erschrecken hätte lassen. Diese Anpassung konnte das Mammut aber nur mit Hilfe der evolutionären Gesetze umsetzen - also dass diejenigen Tiere, die schon ein in diese Richtung gehendes Verhalten besaßen, sich etwas erfolgreicher fortpflanzen als die anderen. Bis der Instinkt der gesamten Art auf diese Weise geändert werden hätte können, hätte es wohl hunderte bis tausende von Generationen benötigt - und vorher war das Mammut bereits ausgestorben!

Die Menschen waren durch ihr Gehirn einfach *viel schneller*. Daher hatten die Tiere keine Chancen gegen den Menschen, da sie ihr Verhalten nur über sehr viele Generationen ändern konnten. Der Mensch allerdings konnte jeden Tag ein neues Jagdverhalten entwickeln.

Das Verhalten des Menschen ist nicht durch den Instinkt bestimmt. Zwar haben auch wir Menschen noch Instinkte. Aber wir können mit unserem Denkvermögen unsere Handlungen wählen und sie so anpassen, dass sie funktionieren.

Die Handlungen, die die Menschen setzen, werden gemeinhin als deren Kultur bezeichnet. Hat eine Gruppe von Menschen eine gewisse Kultur angenommen, so handelt sie in der Regel nach ihr. So zum Beispiel auch bei der Mammutjagd. Diese Gruppe kann ihre Kultur aber jederzeit selbst verändern. Und wird dies auch tun, wenn die bisherige Kultur nicht mehr funktionieren sollte. Das kann bei der Mammutjagd sein, in der Landwirtschaft, aber auch bei der Bekämpfung anderer Menschengruppen.

Bevor der Mensch verhaltensmäßig aus der Gruppe der anderen Tierarten heraustrat, gab es den Wettbewerb der Tierarten inklusive derer Instinkte. Das beste Gesamtpaket hat sich durchgesetzt.

Letztendlich wurde der Mensch das beste Gesamtpaket. Den Vorteil seines Gehirns konnte keine andere Tierart irgendwie ausgleichen. Folglich vermehrte sich der Mensch immer mehr und breitete sich über den gesamten Planeten aus. (Ich übergehe hier jetzt die Erdwürmer ganz bewusst...)

Schließlich wurde der Mensch zum größten Feind des Menschen selbst - da keine anderen gefährlichen Feinde mehr da waren. Nachdem die Tiere "besiegt" waren, ging es jetzt um den Wettbewerb der Menschen untereinander. Und dieser war von den verschiedenen Kulturen dominiert. Grundsätzlich ist der Mensch ein Gruppenwesen. Innerhalb einer Gruppe gibt es für gewöhnlich die gleiche Kultur. Die Sprache gehört auch zur Kultur. Für die Menschengruppen wurden andere Menschengruppen, die ihnen kulturell näher waren, eher als Freunde betrachtet und Gruppen mit komplett anderer Kultur eher als Kontrahenten.

KAPITEL 7

Kultur und ihre Überlegenheit gegenüber der Evolution

Während für eine Tierart früher die entscheidende Frage war, wie gut deren Körper an die Lebensumgebung angepasst waren, und wie effizient sich diese Anpassung verbessern kann, scheinen diese Gesetze von der Menschheit außer Kraft gesetzt worden zu sein.

Der Mensch verbessert seine Kultur ausgehend von den körperlichen Eigenschaften, die er jetzt schon hat. Er muss - anders als andere Tierarten - nicht tausende Generationen darauf warten, bis sich sein Körper (oder sein Instinkt) verändert. Er kann das in einem Tag umsetzen.

Nehmen wir zum Beispiel die Jagd auf große Tiere her. Noch vor 10.000 Jahren war das für uns Menschen ein heikles Vorhaben: Man konnte getötet oder verletzt werden. Heute haben wir moderne Maschinen und Waffen, gegen die die Tiere keine Chance haben. Sie konnten mit unserer Entwicklung nicht Schritt halten und sind heute eine leichte Beute für uns.

Schon bevor es menschliche Kultur gab, wurde das Leben - aufgrund der Gesetze der Evolution - immer effizienter. Aber diese Entwicklung hat sich durch das Aufkommen von menschlicher Kultur auf drastische Weise beschleunigt.

Aber wie hat das begonnen? Ich habe ich bereits einmal erwähnt, dass sich die Menschen aufgrund der größeren Gehirne besser die Position der an Früchten reichsten Obstbäume merken konnten, was einen Vorteil gegenüber Menschen mit kleineren Gehirnen darstellte.

Die Fähigkeit eine Kultur zu haben möchte ich in diesem Zusammenhang jetzt definieren als die Möglichkeit, Wissen, welches nicht von Geburt an vorhanden war, an andere weitergeben zu können. Beispielsweise die Fähigkeit Feuer zu machen. Einmal entdeckt, wurde diese Fähigkeit weiterkommuniziert. In der Folge hatten alle kommenden Generationen der Menschen diese Fähigkeit - aufgrund der Weitergabe von Wissen, und nicht dadurch, dass sich ihr Instinkt so entwickelt hätte. (Bei einigen Tierarten haben sich erstaunliche Fähigkeiten auf dem Instinkt basierend entwickelt - aber diese Entwicklungen dauerten tausende von Generationen.) Wäre der Mensch nicht dazu in der Lage gewesen, seine Kultur weiterzugeben, so wäre die Endeckung Feuer zu machen für das eine Individuum, dem das gelungen ist, etwas Großartiges gewesen, aber nach seinem Tod wäre diese Errungenschaft wieder verloren gegangen.

Das heißt jetzt aber nicht, dass es bei Tieren keine Kultur gibt. Es gibt sehr wohl eine Weitergabe von Wissen an die nächsten Generationen. Fleischfressende Katzen bilden in der Regel ihre Jungen regelrecht zum Jagen aus. Das geschieht beispielsweise so, dass sie ein Beutetier nicht töten, sondern nur stark verletzen und dann zu ihrem Nachwuchs bringen, damit dieser die Chance hat, das Töten zu erlernen.

Es wurde auch bei Löwen beobachtet, dass das Jagdverhalten von der vorherigen Generation - sprich von den Eltern - übernommen wird. Löwen, deren Eltern keine Elefanten jagten, versuchen das normalerweise ebenfalls nicht. Waren die Eltern hingegen Elefantenjäger, dann tut auch die nächste Generation alles, um in einem geeigneten Moment Elefanten erlegen zu können.

So gesehen gibt es auch eine Kultur unter Tieren. Die Möglichkeiten der Weitergabe von Wissen sind allerdings sehr beschränkt. Meistens erfolgt eine Art Ausbildung der eigenen Jungtiere - großteils auf beispielgebende Weise.

Der Mensch hatte alleine schon aufgrund seines affenartigen Erscheinungsbildes mehr Potenzial in Richtung Erfindung und Erforschung als eine hochspezialisierte Großkatze. Den ganz großen Unterschied macht aber die Sprache aus - eine Besonderheit des Menschen, die ihn von den anderen Tieren unterscheidet.

Die Fähigkeit, Wissen auf beschreibende Weise mündlich weiterzugeben (und nicht nur beispielgebend), potenziert natürlich die Möglichkeiten. Wie aber muss man sich die Entstehung von hoch entwickelter menschlicher Kultur vorstellen?

Da ich persönlich nicht dabei war, kann ich nur mutmaßen: Wenn ich davon ausgehe, dass der Mensch - so wie viele andere Tiere - seinem Nachwuchs verschiedene Handlungen beispielgebend näher gebracht hat, so wird er damit begonnen haben, diese Aktivitäten mit Worten zu verbinden. Dies muss sich dann immer weiter entwickelt haben, solange bis man in der Lage war, einen gesamten Handlungsablauf jemand anderem nur mit Hilfe von Sprache zu kommunizieren und damit zu erklären. Ab diesem Zeitpunkt war es möglich, Wissen durch Sprache weiterzugeben. Man geht davon aus, dass ungefähr im Jahr 30.000 vor

Christi Geburt Sprache so weit entwickelt war, dass man alles beschreiben und erklären konnte. (Also im Prinzip so weit entwickelt wie heute, aber natürlich mit großteils anderem Vokabular, da das Leben damals ja ganz anders war als heute.)

Ich möchte jetzt das gesamte Wissen eines damaligen individuellen Menschen als seine Kultur definieren - die er an seine Kinder - sowie an seine Gefährten - weitergeben konnte. Wie aber hat er ausgewählt, was er weitergibt und was besser nicht?

Es gab damals sicher effizientere und weniger effiziente Verfahren (zum Beispiel in der Jagd, beim Kampf, beim Kochen oder beim Erschließen von neuem Land). Der Mensch hat sicherlich das - aus seiner Sicht - hochwertigste Wissen an seine Kinder weitergegeben. Wie aber hat er entscheiden können, was hochwertiger war? Auf zweiArten:

1. Durch eigene Erfahrung - wenn er beurteilen konnte, wie erfolgversprechend eine Handlungsanweisung war.
2. Wenn eigene Erfahrung nicht vorlag, hat man sich wahrscheinlich auf die Familie oder den eigenen Stamm verlassen - also das von denen präferierte Wissen weitergegeben.

Dass man damals genau gewusst hat, was besser und was schlechter war, ist aus meiner Sicht auszuschließen. Schließlich war man bis ins 18. Jahrhundert hinein in vielen Bereichen noch abergläubisch. Die ersten Generationen von Menschen, die Wissen durch Sprache weitergeben konnten, haben daher sicher nicht wissenschaftlich analysiert. Und schließlich ist das nicht einmal in der Jetztzeit fehlerfrei möglich: Vor 20-30 Jahren wurde von Ernährungswissenschaftlern ständig postuliert wie gesund Kuhmilch für die menschliche Ernährung sei. Heute weiß man, dass sehr viele Unverträglichkeiten mit (Kuh)milchprodukten in Verbindung stehen - zum Beispiel Laktoseintoleranz.

Möglicherweise war ein Stammesältester dafür zuständig, jeweils den "besten" aktuellen kulturellen Stand zu kennen. Die Lebensbedingungen haben sich damals ja nicht von Generation zu Generation verändert, so wie es heute der Fall ist. Was damals drei Generationen zuvor das Beste war, wird auch drei Generationen später noch das Beste gewesen sein. Das ganze kulturelle Wissen ging dann wahrscheinlich in Richtung Naturreligion, und zwar deshalb, da sprechende Menschen ja auch damit beginnen, Fragen zu stellen - über die Natur, das Schicksal, den Sinn des Lebens - und einen möglichen Gott.

Betrachtet man alte Schriften der heutigen Weltreligionen - zum Beispiel die Bibel oder den Koran - so sind das durchaus Sammlungen von Handlungsanweisungen: Wie schlichtet man Streit zwischen zwei Personen? Welches Essen ist gesund? Auf welche Weise verheiratet man sich? Religionen hatten durchaus immer den Anspruch sich in alle Aspekte des Lebens einzumischen - also eine umfassende kulturelle Wissenssammlung zu sein.

Ich bin daher ein Anhänger der These, dass in der frühen Menschheitsgeschichte - in der sich die menschliche Kultur entwickelte - durchaus Priester diejenigen waren, die einen Überblick über den aktuellen Wissenstand der Gemeinde hatten.

Und dieses Wissen musste natürlich laufend weitergegeben werden. Damals, als Wissen noch nicht verschriftlicht wurde, konnte eine Kultur nur dann existieren, wenn sie von genügend Menschen angenommen und (weiter) verbreitet wurde - etwa die Kultur eines bestimmten Stammes. Sind alle Mitglieder eines Stammes ums Leben gekommen, so war auch dessen Kultur ausgelöscht.

Wenn man davon ausgeht, dass diejenigen Menschengruppen oder Stämme, welche die erfolgversprechendste Kultur hatten, am ehesten überleben konnten, während jene Stämme, die einer weniger effizienten Kultur nachhangen, etwas schlechtere Überlebenschancen hatten, so ergibt sich, dass sich die erfolgreichsten Kulturen automatisch verbreiteten, während weniger erfolgreiche Kulturen viel wahrscheinlicher von der Auslöschung bedroht waren.

Da Kulturen - ich spreche jetzt nach wie vor von den Anfängen - viele Aspekte des Lebens abdeckten, beinhalteten sie auch Handlungsanweisungen bezüglich ihrer eigenen Verbreitung. Sollte man eine bestimmte Kultur (also eine frühe Naturreligion) frei verbreiten, sollte man sie nur ausgewählten Personen kommunizieren oder sollte man sie überhaupt nicht preisgeben?

Es wird hier wohl alle Varianten gegeben haben. Sicher ist aber eines: Nur die Kulturen, die dazu aufriefen, dass sie verbreitet werden sollen und dass die Menschen mit ihnen missioniert werden sollen - nur diese haben langfristig überlebt. Denn da eine Kultur nur in den Gehirnen ihrer "Träger" überlegen konnte, war es für eine Kultur lebenswichtig, dass sie verbreitet wurde.

Wenn wir auf die heutigen großen Weltreligionen schauen, so rufen diese alle dazu auf, ihre Inhalte weiterzugeben und zu verbreiten. Klar, denn nur so konnten sie sich ausbreiten und zu bedeutenden Religionen werden.

Kulturelles Wissen, dass nicht praktiziert - also angewandt wird - geht verloren. Das ist zu hundert Prozent richtig für eine Zeit, in der es keine gut entwickelte Schrift gab - was die meiste Zeit der Menschheitsgeschichte der Fall war. Aber auch nach Einführung der Schriftsprache ist Wissen, das nur noch in Büchern existiert - und von niemandem herangezogen wird - zumeist nicht mehr relevant, da es von niemandem "gelebt" wird.

Geht man also einerseits davon aus, dass nur Kulturen die dazu aufriefen, dass sie zu verbreiten sind, langfristig überlebten und andererseits davon, dass effizientere Kulturen ihren Anhängern höhere Überlebenschancen ermöglichten, so kann daraus folgendes geschlossen werden:

1. Die Kulturen, die es heute noch gibt, sind erfolgversprechender für das Überleben, als jene, die bereits vergessen wurden. Das gilt vor allem für die, denen heute eine sehr große Zahl an Menschen anhängen.

2. Da Kulturen nur dann überleben konnten, wenn sie verbreitet wurden, mussten die großen bedeutenden Kulturen ihre Anhänger dazu bringen, ihre Kultur zu verbreiten und andere Menschen dementsprechend zu missionieren.

Und der Punkt zwei ist in der Geschichte auch vielfach erkennbar: Zum Beispiel bei den Kreuzzügen - die Konkurrenz zwischen Christentum und Islam. Oder bei der Reformation und Gegenreformation - der Kampf zwischen Katholiken und Protestanten innerhalb der christlichen Kirche. Bis hin zum Kampf gegen Ungläubige und heidnische Götterverehrung.

Warum immer dieser Kampf zwischen den Religionen, bei dem es um Leben und Tod geht? Sind Menschenleben nicht mehr wert, als die Frage, welcher Religion (und damit Kultur) man folgt? Ich gehe davon aus, dass es für uns Menschen sehr wichtig ist unsere Kultur zu verbreiten. Die Kultur ist für uns Menschen enorm wichtig. Menschen ohne Kultur (und Sprache) wären wehrlos - eine leichte Beute für Raubtiere. Erst durch unsere Kultur wurden wir stark und zu den "Beherrschern der Erde" (falls wir das überhaupt sind).

Es kann daher durchaus nachvollziehbar sein, dass sich für Lebewesen wie uns Menschen, der Kampf um die beste Kultur - bis hin zu dementsprechenden Kriegen mit vielen Toten - schlussendlich auszahlt! So, wie es sich für Löwenmännchen auszahlt, den jungen Nachwuchs eines soeben übernommenen Rudels zu töten...

Warum es so ein großer Vorteil ist, eine Kultur als Basis seiner Fähigkeiten zu haben, und nicht bloß Instinkte, sei hier nochmals kurz dargestellt:

Die von Tieren beherrschten Fähigkeiten sind hauptsächlich durch Evolution entstanden - also dadurch, dass jene Tiere, welche ein für ihr Überleben günstigeres Verhalten an den Tag legten, etwas höhere Überlebenschancen hatten, als die, die ein etwas ungünstigeres Verhalten aufwiesen.

Dadurch sind viele erstaunliche Kenntnisse entstanden - beispielsweise das effiziente Errichten eines komplexen Ameisenbaus mit Waben und einem komplexen Gangsystem. Keine Ameise ist je in einem Klassenzimmer gesessen um dort einen Kurs zu absolvieren - "Grundlagen der Ameisenbauerrichtung" oder so. Und dennoch können es alle! Lediglich instinktgetrieben!

Die Ameise kann sich nicht aussuchen, ob sie dieses Wissen hat oder nicht. Sie hat es einfach von Geburt an. Und sie kann es auch nicht ersetzen. Es ist nicht möglich, dass eine Ameise eines Tages eine Idee für einen effizienteren Aufbau eines Ameisenbaus hat und dass dann der Ameisenstaat einen Bau nach diesem neuen Konzept errichtet. Das ist nicht möglich, da die Ameise das von ihr beherrschte Wissen nicht verändern oder austauschen kann.

Beim Menschen ist das sehr wohl der Fall. Wenn ein Mensch sich in der Urzeit eine Hütte gebaut hat und dazu all seine diesbezüglichen Kenntnisse verwendet hat, so war es durchaus möglich, dass er - sagen wir einige Jahre später - ein effizienteres Konstruktionssystem für Hütten kennen gelernt und sich dieses Wissen angeeignet hat. Danach war er dazu in der Lage, dieses neue Wissen umzusetzen und eine stabilere und leichter zu errichtende Hütte aufzubauen.

In der IT sprach man in den 1980er-Jahren von RAM- und ROM-Speicher. RAM ("Random-Access Memory" - beliebig verwendbarer Speicher) ist heutzutage Standard bei allen Computern. ROM ("Read-only Memory" - ausschließlicher Lesespeicher) dagegen die Ausnahme. RAM-Speicher kann jederzeit mit neuem Programmcode oder Daten gefüllt werden. ROM-Speicher wird einmalig bei der Herstellung mit einem Programm oder mit Daten gefüllt, und der Speicherinhalt kann dann nie wieder verändert werden.

In den 1980er-Jahren gab es viele kleine physische Videospiele - ungefähr so groß wie ein modernes Mobiltelefon. Diese Spiele waren mit ROM-Speichern ausgestattet. Somit konnte man mit ihnen nur das eine, vorinstallierte Spiel spielen. Wollte man ein anderes Spiel spielen, so brauchte man ein anderes solches "Kästchen" - in dem ein anderes Spiel vorprogrammiert war. Wer also zehn verschiedene solche Spiele haben wollte, der benötigte zehn verschiedene Geräte in der Größe eines Handys. Das machte damals auch durchaus Sinn, da auch die Bildschirme auf ein einziges Spiel hin ausgerichtet waren. Das heißt, sie hatten keine Pixel-Auflösung, sondern es waren LCD-Bildschirme, auf denen verschiedene Elemente - z.B. die Spielfigur an bestimmten Positionen des Bildschirms - vorgezeichnet war. Das Display konnte diese eben dann Schwarz erscheinen lassen (dann hat man sie gesehen) oder im Bildschirmhintergrund (dann hat man sie nicht gesehen). Auch die Anzahl der Tasten auf so einem Gerät waren durch das Spiel bestimmt. Das war damals einfach eine günstige Art und Weise ein beeindruckendes Videospiel in so einem kleinen Gerät anbieten zu können.

Ein Computer hingegen mit variablem Bildschirm und großen RAM-Speicher kann jedes für ihn erstellte Programm ausführen. Also tausende Programme - oder noch viel mehr, es gibt keine Grenzen. Das war die große IT-Revolution, dass man nicht mehr für jede neue Funktionsweise ein neues "Kästchen" benötigte.

Und so kann man auch den Unterschied zwischen tierischem und menschlichem Wissen definieren. Das tierische Wissen ist wie ein ROM-Speicher. Das Tier hat all das Wissen schon bei Geburt verfügbar. Es muss es nicht erlernen. Aber eine Änderung dieses Wissens ist nur in sehr kleinem Rahmen möglich - wenn überhaupt.

Das menschliche Wissen hingegen ist großteils wie ein RAM-Speicher: Es kann jederzeit geändert werden. Von einem Tag auf den anderen - wenn etwas Neues erlernt wird!

Das tierische Wissen kann sich auch verändern: Allerdings muss dazu immer ein neues Exemplar des Tieres auf die Welt kommen. Und auch dieses hat nur einen sehr leicht veränderten Wissensstand: Über tausende von Generationen ist es dann möglich, dass sich das Wissen der Art substantiell verändert. Geht man von einer Generationsspanne von zirka fünf Jahren aus, so sind das zehntausend Jahre oder mehr. Tiere können also durchaus darauf reagieren, wenn der Mensch ein Handlungsmuster entwickelt, um sie leichter jagen oder töten zu können, nur brauchen sie dafür mindestens 10.000 Jahre. Der Mensch kann sein Handlungsmuster aber jeden Tag ändern. Daher sind die Tiere - trotz teilweise wesentlich kampfkräftigerer und stärkerer Körper - dem Menschen letztendlich haushoch unterlegen. Jedenfalls seitdem er seine Kultur auf einen gewissen Wissensstand gebracht hat.

Menschliches Lernen - durch Ausprobieren, Analysieren und Diskutieren - ist dem evolutionären Lernen aufgrund der höheren Geschwindigkeit deutlich überlegen.

KAPITEL 8

Die Kriegskultur - Teil 1

Nachdem der Mensch es geschafft hatte, die anderen Tierarten zu dominieren, kämpfte er in der Folge gegen das einzige Lebewesen, das ihm ebenbürtig war - gegen sich selbst. Da beide der konkurrierenden Gruppen von der gleichen Art waren - sie waren Menschen - entschied die Kultur darüber, wer gewinnen würde. Die Kriegskultur vor allem, aber nicht nur. Denn auch eine Gruppe oder ein Volk, welches zum Beispiel sehr erfolgreich in der Nahrungsgewinnung war, und sich gut ernähren und dadurch verstärkt vermehren konnte, war dadurch anderen Völkern, deren Kultur nicht so eine effiziente Nahrungsbeschaffung ermöglichte, numerisch überlegen. Und das hat dann auch in Kriegen geholfen. Letztendlich waren viele kulturelle Faktoren dafür entscheidend, wie effizient ein Volk im Krieg kämpfen konnte.

Im Krieg verglichen sich die verschiedenen Kulturen. Das hatte auch etwas Gutes, denn im Allgemeinen wurde die siegende Kultur oft von den Verlierern übernommen. Denn die dominanten Kulturen hatten ein hohes Renommee während die unterlegenen als minderwertig betrachtet wurden. Betrachten wir dazu die spanischen Eroberer, die nach der Entdeckung Amerikas dort einmarschierten, oder auch die Expeditionen nach Schwarzafrika. Die Urbevölkerung wurde in beiden Fällen nur als "Wilde" betrachtet, während diese "Wilden" den neuen Eroberern hohen Respekt entgegenbrachten ob ihrer überlegenen Kultur - so hatten sie zum Beispiel strahlende Rüstungen.

So geht es innerhalb der menschlichen Gattung nicht mehr primär um eine evolutionäre Entwicklung des Menschenkörpers, um ihn gegenüber Konkurrenten effizienter zu machen. Nein, es geht vielmehr um die Kultur, die es Menschengruppen erlaubt, mehr zu erreichen als minderwertige Kulturen - wenn sie gut ist, vor allem gut angepasst an die Herausforderungen und die Umgebung dieser spezifischen Gruppe von Menschen.

Vom Wettbewerb der verschiedenen Körper (und Instinkte) ging es fortan somit in Richtung Wettbewerb der Kulturen. Durch die Veränderung und Erweiterung von Kulturen konnte ein menschliche Gruppe / ein menschliches Volk / eine menschliche Gesellschaft eine andere überflügeln und sie so dominieren.

Das war zum Beispiel der Fall während der Kreuzzüge, als die Europäische Kultur häufig in kriegerische Auseinandersetzungen mit der arabischen Kultur verwickelt war. Damals war das Bild ziemlich ausgeglichen. Einige Jahrhunderte später war dann die Europäische Kultur der Arabischen deutlich überlegen - und deren Staaten wurden nahezu allesamt kolonialisiert. Was war geschehen? Die Europäische Kultur hatte sich vom Aberglauben und von der Gottesanbetung hin zur Wissenschaftlichkeit gewandt, während die arabische Kultur bei der Gottesanbetung blieb. (Einen wichtigen Beitrag hierzu lieferte Immanuel Kant mit seinem Werk "Kritik der reinen Vernunft" (1781), in dem er die Prinzipien der modernen Wissenschaft entwickelte.)

Aber auch das Britische Weltreich beruhte auf einer überlegenen Kultur. Während in den anderen europäischen Staaten der König darüber entschied, wer welche Profession ausüben durfte - wer also welcher Zunft angehören durfte, gab es diese Beschränkungen in England nicht. Außerdem wurden in vielen europäischen Staaten die Preise durch den Herrscher festgelegt, was in England ebenfalls nicht der Fall war. Dadurch entstand dort von alleine eine moderne Marktwirtschaft. England wurde im Handel überlegen und es entstand ein enormer Handelsüberschuss und damit einhergehend sehr hohe Einnahmen. Damit konnte die Armee in einen sehr guten Zustand versetzt werden, wodurch sie in aller Welt (besser: auf allen Weltmeeren) siegreich wurde. Das Resultat war das größte Landreich, das die Erde je gesehen hat - das British Empire. (Oder besser gesagt: von dem die menschliche Geschichtsschreibung weiß - denn wer weiß schon, was es davor alles gegeben hat.)

Schaut man sich an, welche die größten Reiche in der menschlichen Geschichtsschreibung waren, so ergibt sich folgendes Bild:

Das Britische Weltreich umfasste im Jahr 1920 mehr als 35 Millionen Quadratkilometer, was knapp 24 Prozent der gesamten Landfläche der Erde entsprach. Das zweitgrößte jemals existierende Reich war das mongolische Reich Ende des 13. Jahrhunderts. Es umfasste 24 Millionen Quadratkilometer (16 Prozent der gesamten Landfläche). Auf Platz drei folgt das russische Kaiserreich von 1895 mit 23 Millionen Quadratkilometern (15 Prozent der gesamten Landfläche).

Viele europäischen Herrscher schickten in der Folge Abgesandte nach England, die den Auftrag hatten, das englische Wirtschaftssystem zu untersuchen, um herausfinden zu können, wo die Überlegenheit her kam. In der Folge wurden in Europa die Zünfte abgeschafft, und es wurde die Gewerbefreiheit eingeführt. Anhand dieses Beispiels sieht man schön, wie die Konkurrenz zwischen verschiedenen Gruppen von

Menschen - hier Staaten - mit unterschiedlicher Kultur am Ende offenbart, welche Kultur die überlegene ist. Diese wird dann häufig von der unterlegenen Gruppe (zumindest teilweise) übernommen. Ohne Kriege wäre das in der Menschheitsgeschichte nicht in gleichem Ausmaß möglich gewesen, da in diesen die kulturelle Überlegenheit augenscheinlich wird.

Aber auch ein Blick ins alte Rom vermittelt hier Aufschluss: Rom war eigentlich bloß eine unbedeutende Stadt. Aber durch ihre fortgeschrittene Kultur konnte sie wirtschaftlich aufblühen und eine effiziente Armee entwickeln, welche die Etrusker besiegen konnte und danach Italien und einen großen Teil Europas, Nordafrikas und Kleinasiens. Ein positiver Aspekt des alten Roms war, dass sie bereits vor Christi Geburt eine Demokratie hatten - mit Redefreiheit: Man konnte seine Meinung sagen ohne einem Herrscher schmeicheln zu müssen. Und sie hatten bereits eine Laufzeitbeschränkung für die höchsten Ämter! Das trug wohl mit dazu bei, dass das alte Rom besser wirtschaften und verwalten konnte, als die anderen damaligen Reiche.

Die römische Republik - so nennt man jene Epoche während der es eine Demokratie gab - dauerte zirka vom Jahr 500 bis zum Jahr 27 jeweils vor Christi Geburt. Davor gab es die römische Königszeit, danach die Kaiserzeit. Aber gerade während der Demokratie ist Rom groß und bedeutend geworden! Folgende Grundprinzipen galten in der römischen Republik hinsichtlich der wichtigsten Ämter des Staates:

a) Jedes Amt durfte nur für ein Jahr ausgeübt werden (es gab keine zweite Amtszeit).
b) Zwischen zwei (verschiedenen) Ämtern musste es eine Pause von mindestens zwei Jahren geben.
c) Grundsätzlich konnte ein Amt nur ausgeübt werden, wenn man zuvor das nächstniedrigere Amt innehatte.

d) Ämter wurden immer zu zweit ausgeübt, wobei jeder der beiden Amtsträger das Recht hatte, Entscheidungen seines Kollegen zu verhindern beziehungsweise auszusetzen.

Und welche solcher Ämter gab es damals in der römischen Republik. Die Ämter sind der Wichtigkeit nach geordnet (das wichtigste Amt zuoberst):

1. *Konsul:* Verantwortlich für die Sitzungsleitung im Senat und in den Volksversammlungen, für die Rechtssprechung, das Finanzwesen sowie für die Heeresführung.
2. *Prätor:* Verantwortlich für die Rechtssprechung in Vertretung der Konsuln.
3. *Ädilis:* Verantwortlich für die Polizeigewalt, Marktaufsicht, Festaufsicht, Tempelfürsorge sowie die Ausrichtung von Spielen.
4. *Quästor:* Untersuchungsrichter, verantwortlich für die Staatskasse und das Staatsarchiv.

Konsuln gab es immer nur zwei. Von den weniger wichtigen Ämtern gab es mehrere Beamte (immer in Paaren von zwei) nach dem Prinzip: Je unwichtiger ein Amt, desto mehr Beamte hatten es inne. Vor allem als sich das Imperium ausbreitete, waren immer mehr Amtsträger in diesen Ämtern erforderlich.

Diese Beamten wurden vom Senat und von den Volksversammlungen kontrolliert. Mitglieder des Senats wurden jedoch nicht gewählt, sondern von den Censoren (das war eine Art von Beamten) ernannt. Sie dienten dann zumeist auf Lebenszeit als Senatoren, konnten aber von den Censoren im Bedarfsfall auch wieder abberufen werden. Zu Beginn der Republik konnten nur Patrizier (Angehörige der reichsten Familien) Senatoren werden. Das wurde später aufgrund von Standeskämpfen abgeändert, wodurch auch Plebejer (normale Staatsbürger) zu Senatoren ernannt werden konnten.

Ein sehr positiver Aspekt der römischen Expansion war, dass die Bürger jedes besiegten Volkes automatisch das römische Bürgerrecht erhielten. Es war somit kein Untergang für sie von Rom besiegt zu werden, sondern sie blieben angesehene Bürger - nur jetzt in einem mächtigeren Imperium als zuvor - und mit einer sehr erfolgreichen Kultur, auf die sie in der Folge Zugriff hatten.

Das Ergebnis der römischen Expansion war, dass im gesamten Imperium Latein als Schriftsprache eingeführt wurde und römische Ingenieurskunst Einzug hielt. Ein enormer Kultursprung für viele der besiegten Völker. Latein blieb die führende Wissenschaftssprache in Europa, auch nachdem sich das römische Reich bereits aufgelöst hatte. Latein wurde als Wissenschaftssprache Nummer eins erst abgelöst, als die verschiedenen Nationalsprachen zu Wissenschaftssprachen wurden - das geschah um das 16. Jahrhundert herum.

Schauen wir auf das Indien der Jetztzeit: Über eine Milliarde Einwohner und sehr viele davon werden zu erstklassigen IT-Experten ausgebildet, die dann in die ganze Welt "exportiert" werden. Indien aber wurde vor dem zweiten Weltkrieg zu einer Kolonie Großbritanniens. Dadurch hielt die englische Sprache, das englische Schulsystem und das gesamte wissenschaftliche Wissen der englischsprachigen Welt dort Einzug. Ohne Krieg, ohne Kolonialisierung wäre es nie so gekommen. Indien wäre wohl für immer frei geblieben. Aber die IT-Experten der Jetztzeit würde es wohl nicht geben. Sie würden wohl traditionellere Aufgaben im Rahmen der traditionellen indischen Kultur ausüben.

Bitte nicht falsch verstehen: Ich will damit nicht sagen, dass Kolonialisierung gut ist. Es hätte natürlich auch sein können, dass sich in Indien - wenn die Kolonialisierung nicht stattgefunden hätte - eine immens starke eigene nationale indische Kultur entwickelt hätte, die allen anderen überlegen ist. Die Frage ist nur, wie groß die Chance gewesen wäre, dass das passiert.

Das British Empire war damals mit Abstand die Weltmacht Nummer eins. Dies beruhte aus meiner Sicht auf einer überlegenen Kultur. Dass Indien damals von der erfolgreichsten Nation der Welt kolonialisiert wurde, hatte meiner Meinung nach Vorteile für das Land. Ich kann natürlich nicht beurteilen, ob die Vorteile die Nachteile überwiegten. Letztendlich sind solche Beurteilungen immer subjektiv und es ist schwierig, hier zu einer Ansicht zu gelangen, die von allen geteilt wird. Wohl auch deshalb, weil viele Inder die eigene Kultur bevorzugt haben und gerne auf die Dominanz Großbritanniens verzichtet hätten. Leider ist es halt ein geschichtliches Faktum, dass die Unabhängigkeit des eigenen Staates am besten durch eine starke Armee gesichert ist. Und heutzutage - genauso wie damals zur Zeit des britischen Kolonialreichs in Indien - haben die wissenschaftliche und wirtschaftliche Kultur einen großen Einfluss auf den Zustand der eigenen Armee. Kurz gesagt: Wer kulturell zu weit hinten liegt, kann sich nicht verteidigen.

Die Kriege der Menschheit sind auch immer Kriege der Kulturen. Es geht darum festzustellen, welche Kultur die effizientere ist. Es ist ein Wettkampf. Hätte das alte Rom nie einen Krieg geführt, so wäre deren Hochkultur auf die damals unbedeutende Stadt Rom beschränkt geblieben. Und Europa wäre nicht verschriftlicht worden, oder erst viel später.

Das Kriegführen gehört zum menschlichen Naturell. Es hat sich schon damals herausgebildet, als sich die Gehirne unserer Vorfahren vergrößert haben. Neben dem großen Gehirn hatten natürlich auch alle anderen Eigenschaften unserer Vorfahren großen Einfluss darauf, ob Individuen mit diesen Eigenschaften sich erfolgreicher vermehren konnten als andere oder eben nicht. Und es gab damals auch Individuen die mit Artgenossen kämpften und stritten (bis in den Tod), genauso wie Individuen, die niemals mit einem Artgenossen kämpfen würden. Basierend auf den evolutionären Prinzipien hatte dabei jeweils jene Gruppe den größten Vermehrungsvorteil, deren Bereitschaft gegen Artgenossen vorzugehen ideal an die damaligen Lebensbedingungen angepasst war. Sie waren nicht zu aggressiv, sie haben sich aber auch nicht alles gefallen lassen. Und deren Eigenschaften gingen schließlich auf die ganze Menschheit über (dadurch dass sich ihre Anzahl stärker vermehrte als die von Menschen mit anderer Haltung). Wenn heute jemand einen Krieg beginnt, dann beruht das auf denjenigen Charaktereigenschaften, die die junge entstehende Menschheit damals entwickelt hat (und die sich natürlich dann in den vielen Jahrtausenden, in denen es die Menschheit gibt, stets neu adjustiert und an die aktuellen Bedingungen angepasst haben).

Aber wie wäre die menschliche Geschichte verlaufen ohne die Bereitschaft, dass menschliche Völker gegen andere menschliche Völker vorgehen? Wenn wir also nach den Menschenrechten gelebt hätten: Jeder hat das Recht auf körperliche Unversehrtheit. Jeder hat das Recht auf Ausübung seiner Kultur. Das hat die Menschheit in der Vergangenheit nicht gelebt. Wir hätten heute auf der Welt keine großen Staaten, sondern lauter kleine Dörfer und Grüppchen. Jede dieser kleinen Kommunen hätte seine ganz spezifische Kultur und - wohl auch - Sprache. Und der Fortschritt der Menschheit wäre nicht nur viel langsamer gewesen, sondern er wäre auch nicht bleibend. Weil dann wohl so manche Errungenschaft nur in einer kleinen Kommune umgesetzt worden wäre, und es dadurch ein Leichtes gewesen wäre, sie wieder zu vergessen. Die

Menschheit wäre heute niemals auf dem technischen, wissenschaftlichen und kulturellen Niveau, auf dem sie sich real heute befindet!

Viele Menschen wünschen sich heute so etwas: Dass der Zwang des ewigen Wirtschaftswachstums zu Ende geht - genauso wie die Globalisierung. Das Problem ist nur: Man hat keine Wahl. Würden 99 Prozent aller Länder auf Wirtschaftswachstum verzichten (was ja letztendlich nichts anderes ist, als ein Zeichen einer sich verbessernden Kultur), und ein Prozent würde weiterhin daraufhin Wert legen, so würde dieses eine Prozent nach einigen Jahren kulturell meilenweit vor den anderen liegen. Und die anderen Länder müssten Abgesandte dorthin schicken, um sich an deren Kultur anzupassen - so wie damals beim British Empire.

Das Wirtschaftswachstum ist nichts anderes als die Konkurrenz der verschiedenen Kulturen untereinander auf wirtschaftlichem Gebiet. Wieder gilt: Die Nation, die wirtschaftlich am erfolgreichsten ist, wird von den anderen Ländern bewundert und man möchte von ihr etwas lernen. Auf diese Weise verbreitet sich Kultur ohne Kriege, sondern durch die Konkurrenz beim Wirtschaftswachstum.

Und was soll das heißen und rechtfertigen? Möchte ich damit sagen, dass die Konkurrenz unter den Ländern gut ist? Und dass Kriege und Kolonialisierung richtig sind?

Ich kann nicht sagen, was richtig oder falsch ist, was gut oder schlecht ist. Dazu müsste ich ja einen Leitfaden dafür haben, wann etwas als "gut" beziehungsweise "richtig" klassifizierbar ist und wann als "schlecht" oder "falsch". Und die Antwort auf diese Fragen wird dann immer von dem Leitfaden abhängen, den man verwendet. Und aus diesem Grund ist es auch so, dass in manchen unserer Staaten Ereignisse als großer Erfolg für die Menschheit gefeiert werden, während die gleichen Ereignisse in anderen Staaten einfach nur als Fehltritt der Menschheit gelten.

Ich kann hier nur feststellen, dass der Wettbewerb der Menschen untereinander - genauso wie die Eigenschaft des Menschen Kriege gegen Vertreter seiner eigenen Art zu führen - aus meiner Sicht eine logische Entwicklung der Evolution ist. Dass der Mensch in Wahrheit diese Entscheidung gar nicht trifft, sondern sie basiert auf den Trieben, die dem Menschen innewohnen, und die sich im Laufe seiner Evolutionsgeschichte herausgebildet haben.

Für mich ist es ein Faktum, dass der menschliche Körper (so wie auch alle Tierkörper) darauf ausgerichtet ist sich möglichst weitläufig zu vermehren. Und basierend auf dieser Feststellung interpretiere ich, dass die Eigenschaft der Menschen, Kriege untereinander zu führen, ihn dazu befähigt, dieses Ziel schneller umsetzen zu können. Dass sich also eine unter einander Krieg führende Menschheit schneller ausbreiten konnte, als es eine unter einander niemals Krieg führende Menschheit gekonnt hätte. Ganz einfach durch den schnelleren Fortschritt, den die Konkurrenz gebracht hat.

Heißt das, dass ich denke, dass die Menschheit die Menschenrechte nie umsetzen wird? Nun, man kann objektiv feststellen, dass es auf der Erde nie so war, dass die Menschenrechte aller Menschen stets gewahrt wurden. Zum einen ist die Frage, ob das überhaupt möglich wäre. Zum anderen muss gesagt werden, dass dies wohl ein Ziel von manchen ist, aber sicher nicht die Natur des Menschen. Denn die Natur des Menschen ist es, Kriege zu führen, und dann seine eigene Kultur zu verbreiten. Hoffentlich in der Zukunft mehr Wirtschaftskriege als konventionelle Kriege, damit weniger Menschen getötet werden.

Wie schon zuvor angemerkt hat sich die Entwicklung verschoben: Ursprünglich ging es um Lernen durch Evolution und um die Entwicklung des effizientesten Körpers mit dem besten Instinkt. Jetzt aber geht es um menschliche Kultur. Menschliche Kultur kann sich wesentlich schneller verändern, als der Instinkt eines Lebewesens. Dadurch wurde der Mensch allen anderen Tierarten überlegen.

Zu dieser Betrachtungsweise muss man aber auch etwas anmerken:

Viele Tierarten existieren bereits seit hunderten Millionen von Jahren, teilweise viel länger als der Mensch. Durch eine effiziente Anpassung von Körper und Instinkt konnten sie immer weiterleben und existieren auch noch in unserer Jetztzeit. Ich schreibe, dass die menschliche Kultur dieser evolutionären Art des Lernens überlegen ist, da Menschen viel schneller lernen können. Das stimmt grundsätzlich, man muss aber auch den kürzeren Zeitraum betrachten. Die menschliche Kultur wird anzunehmenderweise seit ein paar hunderttausend Jahren entwickelt. Das ist aber nichts im Vergleich zum Alter mancher Tierarten - so leben Krokodile bereits seit über 200 Millionen Jahren auf unserem Planeten - also vielleicht 500-mal so lange wie wir! Wenn jetzt ich, als Mensch, sage, dass die menschliche Art des Lernens der tierischen überlegen ist, so mag das stimmen für meine Lebenszeit und meine Menschenperspektive. Ob die Menschheit als Art aber jemals so lange leben wird, wie die Krokodile, das ist keineswegs garantiert. Zum einen, weil der Mensch den "Selbstzerstörungsknopf" gleich mit eingebaut hat, zum anderen weil noch lange nicht geklärt ist, ob unsere Kultur es uns erlauben wird, die Erde dauerhaft gesund bewohnen zu können - so wie es den Krokodilen gelungen ist. Anhand dieser Fakten wird die Menschheit in ein paar Millionen Jahren erneut zu bewerten sein. (Was ich persönlich nicht übernehmen können werde, da ich dann schon im Sarg liege.)

KAPITEL 9

Kultur als Lebewesen

An diesem Punkt stellt sich die Frage, ob es nicht auch Sinn machen könnte eine Kultur als eine Art Lebewesen anzusehen - ein "Kulturlebewesen". Ich habe zuvor schon einmal angeregt, dass es Sinn machen könnte, eine gesamte Tierart als ein (dezentrales) Lebewesen zu sehen. Ganz einfach deshalb, um bestimmte Handlungsweisen der Lebewesen besser verstehen zu können. Die Tierart wäre dann ein so genanntes "Artenlebewesen".

Wenn man eine Tierart als Lebewesen betrachtet, so sieht man ein Lebewesen, welches sehr lange lebt - hunderte Millionen von Jahren oder noch länger. Und wenn die Tiere dieser Art mit Tieren einer anderen Art zu tun haben - zum Beispiel die eine Art Jagd die andere oder beide konkurrieren, weil sie die selbe Nahrung bevorzugen - dann ist das eine Art von Kommunikationen zwischen zwei Artenlebewesen über tausende von Generationen, aufgrund derer sich ihr genetischer Code laufend ändert. Die einzelnen Lebewesen sterben - Generation für Generation. Was aber weiterlebt, ist der genetische Code, der sich im Idealfall immer weiter und weiter verbessert.

Auch beim Menschen ist es möglich, seine verschiedenen Kulturen als Lebewesen zu betrachten. Tut man das, dann sieht man Lebewesen, die seit tausenden von Jahren leben - und manchmal von mehr, manchmal von weniger Anhängern "getragen" werden. Auch diese Kulturen verändern sich und passen sich an. Ändert sich eine Kultur zum Positiven hin, so ist die Chance, dass sie mehr Anhänger bekommt, groß. Und da es zwischen verschiedenen Kulturen auch Konkurrenzverhältnisse gibt, kann man feststellen: Auch Kulturen kommunizieren über Jahrtausende miteinander und dies führt zu einer ständigen Anpassung und Verbesserung der Kulturen. So musste beispielsweise die christlich-europäische Kultur das Zahlensystem aus der arabischen Kultur übernehmen, als es aufgrund der Vielzahl an erforderlichen Berechnungen zu ineffizient wurde weiterhin mit römischen Zahlen zu rechnen.

Genauso, wie Tierarten - also Artenlebewesen - miteinander seit Milliarden von Jahren kommunizieren, kommunizieren Kulturlebewesen seit zehntausenden von Jahren miteinander.

Die einzelnen Menschen sterben - Generation für Generation. Was aber weiterlebt, ist ihre Kultur, die sich im Idealfall weiter und immer weiter verbessert.

Und hier möchte ich jetzt einige Gemeinsamkeiten anführen hinsichtlich der Betrachtung von Tierarten einerseits und menschliche Kultur andererseits als Lebewesen:

Tierart als Lebewesen: Aufgrund der Gesetze der Evolution vermehren sich Tiere mit effizienten Genen erfolgreicher als Tiere mit weniger effizienten Genen - dadurch breiten sich die erfolgreicheren Gene aus, die weniger erfolgreichen verschwinden.

Kultur als Lebewesen: Aufgrund der besseren Überlebenschancen ihrer "Träger" vermehrt sich eine effiziente Kultur erfolgreicher als eine weniger effiziente Kultur - erfolgreichere Kulturen breiten sich aus, da ihre Anhänger eher erfolgreich vermehren, während weniger erfolgreiche langsam verschwinden.

Tierart als Lebewesen: Eine Tierart lebt nur so lange, so lange es genug Individuen gibt, die sich erfolgreich vermehren können. Gibt es nicht mehr genug dafür, ist die Tierart ausgestorben.

Kultur als Lebewesen: Eine Kultur lebt in den Gehirnen ihrer "Träger". Sie lebt nur so lange, so lange es genügend davon gibt, die bereit sind, diese Kultur weiterzugeben. Gibt sie niemand mehr weiter oder praktiziert sie niemand mehr, so ist sie ausgelöscht.

Tierart als Lebewesen: Eine Tierart kann sich aufteilen in zwei - zum Beispiel als die Vorfahren der Löwen und Leoparden sich in diese zwei Arten aufteilten.

Kultur als Lebewesen: Auch eine Kultur kann sich in zwei (oder mehr) Kulturen aufteilen - das ist beispielsweise passiert, als sich die christliche Kirche in den katholischen und den evangelische Zweig aufspaltete.

Tierart als Lebewesen: Eine Tierart passt sich - basierend auf den Gesetzen der Evolution - ständig an die Lebensumstände an und entwickelt sich weiter. Dies geschieht aber über tausende von Generationen und von unserem Standpunkt aus daher sehr langsam.

Kultur als Lebewesen: Auch eine Kultur passt sich ständig an. Aufgrund von geänderten Lebensbedingungen, neuen Erkenntnissen oder neuen Erfindungen wird eine Kultur ständig weiter entwickelt. Dies geschieht wesentlich schneller, da Menschen "ihre" Kultur von einem Tag auf den anderen abändern können.

Tierart als Lebewesen: Man kann an bestimmten Beispielen sehen, dass die Handlungen der einzelnen Tiere (instinktiv) nicht immer auf das eigene Wohl ausgerichtet sind, sondern auf eine schnelle und effiziente Anpassung der Gene der Art. Beispiel: Männliche Löwen, die um ein Rudel kämpfen und dann die kleinen Jungtiere töten. Ein einzelnes Tier wird geopfert, um das Artenlebewesen zu stärken.

Kultur als Lebewesen: Auch hier ist abzusehen, dass einzelne Menschen sich häufig für die Verbreitung ihrer Kultur geopfert haben. Als Beispiel nenne ich hier Kriege, in denen Soldaten ihr Leben geben, um die eigene Kultur verbreiten zu können. Ein einzelner Mensch opfert sich, um das Kulturlebewesen zu stärken.

Tierart als Lebewesen: Ist eine Tierart einmal ausgestorben, so können einzelne Lebewesen dieser Gattung nicht mehr reproduziert werden. Es gibt aber wissenschaftliche Bestrebungen, aus "toter" DNA wieder Lebewesen produzieren zu können, ausgetragen von einem Tier einer verwandten Art. So gibt es Bestrebungen mittels alter Mammut-DNA einen Mammut-Embryo zu erstellen und diesen von einer Elefantenkuh austragen zu lassen. Ob das jemals umsetzbar sein wird, ist derzeit aber fraglich.

Kultur als Lebewesen: Ist eine Kultur einmal ausgestorben, existiert sie aber noch in Schriftform (oder einer anderen Form), so kann sie grundsätzlich wieder erlernt werden (aus welchen Motiven heraus auch immer). Es ist aber natürlich fraglich, ob man eine ausgestorbene Kultur wirklich zu 100 Prozent aufgrund von Büchern oder anderen Quellen reproduzieren kann, oder ob nicht einzelne "lebendige" Elemente dabei verloren gehen.

Soviel zu diesem Vergleich. Für eine Kultur ist es grundsätzlich wichtig auf Menschen interessant zu wirken. Kommt eine Kultur von einem Volk, welches sehr angesehen ist - wie zum Beispiel die Vereinigten Staaten in der Jetztzeit - so wird es automatisch interessanter für Anhänger anderer Kulturen dessen Kultur (zumindest teilweise) zu übernehmen als die Kultur eines erfolglosen Staates. Wichtig ist aber auch, was der einzelne Mensch für einen Eindruck von der Kultur erhält. Je nachdem wird er entscheiden, ob diese Kultur für ihn attraktiv ist oder nicht. Die Weltreligionen spielten diesbezüglich auch immer eine wichtige Rolle, da sie dem Menschen stets versprachen, die Antworten auf alle seine Fragen zu haben - zum Beispiel auf die nach dem Sinn des Lebens.

Wenn es eine Kultur schafft, genügend Menschen langfristig zu faszinieren, so wird sie auch dauerhaft am Leben bleiben. Eine große Gefahr ist hierbei jede "Konkurrenzkultur" - also eine Kultur, durch die die bestehende ersetzt werden könnte.

Daher war es für die Weltreligionen seit jeher wichtig, andere Weltreligionen zu verbieten und deren Anhänger zu bestrafen. Denn wird eine Religion bedeutender und verbreitet sich, so kostet das automatisch die anderen Religionen Anhänger.

Das ist wohl eine Begründung dafür, warum Kriege, die im Namen einer Religion geführt wurden, stets sehr unbarmherzig gegenüber anderen Religionen waren. Nach dem Motto: "Du sollst nicht töten - außer Anhänger einer anderen Religion!"

Selten hatte eine Religion ein Problem mit anderen Arten von Kulturen - wie zum Beispiel einer Anleitung zum effizienten Anbau in der Landwirtschaft, einer Anleitung zum effizienteren Kämpfen in Schlachten oder einer Anleitung, wie man ein Schiff bauen kann. Sobald es sich aber um eine Konkurrenzreligion handelte - also eine Anleitung darüber, wie man sein Leben zu leben hat und wer Gott ist - durften deren Anhänger gnadenlos verfolgt und gesellschaftlich geächtet werden. Natürlich, denn andere Religionen bedrohen die Existenz dieses "Kulturlebewesens".

Große Kulturlebewesen können in der Geschichte identifiziert werden in den Weltreligionen, in großen Staaten und Reichen sowie in großen Sprachräumen. Die Weltreligionen geben Handlungsanweisungen für viele Bereiche des Lebens vor. Große Staaten sind ebenfalls häufig von einer Kultur beseelt. Es gibt in Staaten eine Tradition, wie die Armee funktioniert, wie Gebäude errichtet werden, wie miteinander kommuniziert wird, was für Bräuche es gibt, und was für staatliche Stellen eingerichtet sind. Eine solche - "Staatskultur" - existiert in der Regel solange, solange der zugehörige Staat existiert. Sie kann sich allerdings auch auf andere Staaten ausbreiten - etwa wenn befreundete Staaten sich gegenseitig etwas abschauen oder wenn von einem sehr erfolgreichen Staat etwas übernommen werden soll. Auch in Sprachräumen gibt es gewisse Kulturen, die mit der Sprache verbunden sind. Man sagt ja auch, dass ihre Sprache vorgibt, wie Menschen denken. Deutsch gilt diesbezüglich als die ideale Sprache für Techniker, da technische Abläufe in der deutschen Sprache sehr exakt beschrieben werden können. Spanisch andererseits gilt als ideale Sprache für Erzählungen und Bücher, da die Sprache so viele Zeitformen aufweist, wie kaum eine andere Sprache, und damit Geschehnisse eindeutig und dennoch prägnant wiedergegeben werden können. Unsere Sprachen sind mit unserer Kultur sehr stark verbunden, da die menschliche Kultur ja auch auf der Fähigkeit zu sprechen aufbaut.

Kulturlebewesen wie Religionen, Staaten und Sprachen existieren in der menschlichen Gesellschaft seit zehntausenden von Jahren nebeneinander in gegenseitiger Konkurrenz. Wenn ein Kulturlebewesen nicht effizient, erfolgreich und beliebt genug ist, so wird es mit der Zeit unbedeutend werden: Das ist zutreffend für Religionen, genauso wie für Staaten oder Sprachen.

Eine Sprache, die es nicht erlaubt, rasch zu kommunizieren oder in der nicht genau beschrieben werden kann, was zu tun ist, fällt zurück gegenüber anderen leistungsfähigeren Sprachen. Deren Sprecher haben dann schlechtere Vermehrungsaussichten. Wird die Kultur (die Sprache) nicht verbessert, so wird sie mit der Zeit wohl aussterben (was schon mit vielen Sprachen passiert ist).

Auch ein Staat muss hinsichtlich wirtschaftlicher und militärischer Effizienz mit anderen Staaten mithalten können, sonst wird er mit der Zeit erobert werden oder verarmen.

Und natürlich muss auch eine Weltreligion ihre Anhänger glücklich und wohlhabend machen. Enthält sie Regeln, die ihre Anhänger schwächen, so wird ihre Anhängerschaft mit der Zeit gegenüber anderen Weltreligionen weniger werden.

Genauso wie bei den Tierarten ist es aber bei Religionen, Staaten und Sprachen so, dass sich diese Kulturlebewesen ständig verändern. Wird ein Konkurrent zu stark, so bemüht sich das Kulturlebewesen sich so zu verändern, dass es mithalten kann. Diese Kulturlebewesen können viele tausende Jahre leben. Und sie leben - wie gesagt - in ständiger Konkurrenz.

Man kann sich die Frage stellen, ob wirklich wir Menschen diejenigen sind, welche die entscheidenden Akteure auf der Welt sind, die das Sagen haben, oder ob es nicht die Kulturlebewesen sind, die seit Jahrtausenden bestehen, und durch die meist definiert wird, wie wir zu handeln haben. Man könnte die menschlichen Kulturen als die wahren - langlebigen - Lebewesen betrachten und uns Menschen als deren lediglich kurzlebige "Träger", die ihr Leben ihrer Kultur widmen. Sozusagen ein notwendiges "Mittel zum Zweck" für die Kultur, damit sie überleben und sich weiter ausbreiten kann (da sie nur in menschlichen Gehirnen überleben kann), so wie wir unser Schlachtvieh nur als "Mittel zum Zweck" sehen, um uns auf einfache Weise mit Fleisch versorgen zu können.

KAPITEL 10

Die zwei Ichs

Während junge Menschen enthusiastisch davon erzählen, was sie in ihrem Leben einmal machen wollen, klingen die Lebensberichte der Älteren oft eher wie ein "sich mit dem Leben arrangieren". Es kann nicht jeder supererfolgreich werden. Aber wenn man jung ist, sucht man sich oft irgendein Idol. Zum Beispiel einen Schauspieler, einen Sänger oder einen Sportler. Man will dann so sein wie er und er gehört im Normalfall zu den erfolgreichsten in seinem Fach. Das verrät dann natürlich auch etwas über die Ansprüche an einen selbst.

Ein alter Mensch hingegen, der sein Leben schon großteils hinter sich hat, hat mit großer Wahrscheinlichkeit keine supertolle Karriere hinter sich - einfach deshalb, da nicht jeder so eine Karriere machen kann. Es muss ja auch das "Fußvolk" geben in einer Welt, in der viele aufsteigen und Erfolg haben wollen.

So kann es auch Sinn machen, sich als junger Mensch mit Älteren kurz zu schließen und sich deren Schicksalsschläge im Leben anzuhören.

Seinen Enthusiasmus wird man dadurch nicht verlieren, denn davon hat man mehr als genug, aber man könnte etwas realistischer dadurch werden - und das kann nur gut sein.

Triebe oder Instinkte sind sehr wichtig für die Reproduktion der Menschen: Stellen Sie sich vor, ein junger Mann würde sich überlegen: "Was soll ich nun tun in meinem Leben? Was interessiert mich: Tennis spielen, Videospiele, Verabredungen mit Mädchen. Hm, mein Studium lässt mir nicht so viel Zeit, also entscheide ich mich für Tennis und Videospiele. Und auf Mädchen pfeife ich - um mehr Zeit fürs Studium zu haben."

Könnte ein junger Mensch so eine Entscheidung treffen, wäre das fatal für die menschliche Rasse. Denn wenn zu viele so entscheiden würden, würden wir schlicht und einfach aussterben. Daher ist es wichtig, dass sich (nahezu) jeder junge Mann für das andere Geschlecht interessiert. Und einen intensiven Drang nach dem Geschlechtsakt verspürt. Es geht so weit, dass er unglücklich und depressiv wird, wenn er keine Freundin findet. Das ist gut so, denn nur so kann sichergestellt werden, dass er sich um Reproduktion bemühen wird. Genauso, wie er keine Wahl hat, ob er in seinem Leben das Essen bleiben lassen soll, hat er de facto keine Wahl, ob er sich vermehren will oder nicht. Er wird von seinem Instinkt dazu getrieben! Eine kleine Unterscheidung ist aber doch zu machen: Der Mensch ist - wahrscheinlich als einzige Art auf dem Planeten - dazu in der Lage den Geschlechtsakt von der Besamung zu trennen: Durch Verhütung. Dadurch können wir die Evolution ein bisschen austricksen. Ein Mann kann sein Leben lang viel Geschlechtsverkehr haben, und dennoch nie ein Kind zeugen - dank des Präservativs. Das ist natürlich für die weitere Entwicklung einzelner menschlicher Kulturräume aus Sicht des "Artenlebewesens Mensch" kein gutes Vorzeichen. (Ich meine damit Kulturräume, in denen das Verhüten Normalität geworden ist.)

Jetzt könnte man natürlich sagen: Wieso? Wir haben ohnehin eine Überpopulation auf der Welt! Das stimmt natürlich. Nur dadurch, dass in
den reichsten Ländern der Welt die Lust auf Fortpflanzung stetig sinkt,
ist auch deren Kultur zum Verschwinden verdammt. Gut, man kann das
noch nicht letztgültig klären: Es könnte sein, dass die Lust am Kinder
kriegen auch wieder steigen wird. Vielleicht auch dadurch, dass einige
Staaten steuerliche Vergünstigungen und Prämien fürs Kinder kriegen
ausschreiben werden. Es könnte sein, dass Einwandererfamilien die
Kultur des Staates, in den sie einwandern, annehmen und den Kinder-
reichtum aus ihrer eigenen Kultur dann in diese übernehmen. Das wäre
dann eine Verbindung zweier Kulturen - so etwas kommt ständig vor
auf der Welt. Jede Kultur ist ja nichts Fixes, Starres, sondern sie verändert sich ständig (als "Kulturlebewesen"). Sie existiert nur im Verstand
der Menschen. Würden alle Träger einer Kultur mit einem Schlag einen
bleibenden Gedächtnisverlust erleiden - die Kultur wäre ausgelöscht.

Grundsätzlich muss gesagt werden: Nur eine Kultur, die das Kinderkriegen hoch hält, wird unsere jetzige Epoche überdauern. Früher war
das nicht so wichtig, da man noch nicht so effizient verhüten konnte.
Selbst in Kulturen, in denen das Kinderkriegen nicht so hoch im Kurs
stand (gab es das überhaupt?), wurde der Sexualakt häufig
ausgeführt - aufgrund des Fortpflanzungstriebes. Und ohne gutes Verhütungsmittel ist es dann natürlich hie und da zur Schwängerung gekommen. Aber heute, wo eine sichere Verhütung möglich ist - durch das
Präservativ, die Anti-Baby-Pille, Spiralen, Verschluss des Samenleiters
des Mannes oder Verödung der Eierstöcke - ist es für eine Kultur enorm
wichtig, dass deren Träger das Kinderkriegen als gut und wichtig erachten, und sich darauf erfreuen.

Jedoch wird die westliche Kultur sicher nicht aussterben: die
Vermehrungsaussicht der "Verhüter" wird sich drastisch reduzieren.

Übrig bleiben damit automatisch die Nachkommen jener Menschen, die das Kinder kriegen gut finden. Konsequente Verhüter werden hingegen in Kürze ausgestorben sein - genauso wie Männer, die sich nicht für Sex interessieren. Jedenfalls solange, solange man Menschen noch auf herkömmliche Weise gebären muss! (Wer weiß, wozu die Wissenschaft in einigen Jahren fähig sein wird!) Durch das langfristige Aussterben der "Dauerverhüter" wird sich der menschliche Instinkt dahingehend verändern, dass sich Männer in Zukunft schlechter als heute fühlen werden, wenn sie ein Präservativ anlegen. Verhütung wird als etwas Negativeres eingeschätzt werden. Oder anders formuliert: Nur diejenigen, die sich - aus welchen Gründen auch immer - sehr schlecht dabei fühlen, wenn sie verhüten, werden sich in die nächsten Generationen fortpflanzen können.

Zurück zu den Trieben: Der Sexualtrieb ist ja sehr stark, genauso wie die anderen Triebe. Sie werden immer dann besonders stark, wenn sie nicht ausreichend befriedigt werden.

Was aber, wenn sich eine junge Frau dazu entscheiden sollte, als Nonne in ein Kloster zu ziehen? Das passiert ja häufig und manche dieser Nonnen leben dann tatsächlich ihr Leben ohne jemals den Sexualakt auszuführen. Sicherlich bei weitem nicht alle: Auch als Nonne wird es ja immer wieder Gelegenheiten geben. Man sagt ja auch, dass die meisten Pfarrer sich schon irgendwo eine Bettgenossin finden - zum Beispiel die Köchin. Manche aber sind wirklich ein Leben lang abstinent. Wie ist das denn möglich, wenn wir mit einem starken Vermehrungsinstinkt ausgestattet sind?

Es ist möglich, da letztendlich einige Triebe doch dem Verstand untergeordnet sind. Bei direkten körperlichen Funktionen ist das nicht so. Es ist nicht möglich zu entscheiden, dass das eigene Herz nicht mehr klopfen soll. Es ist auch nicht möglich, den Atem so lange anzuhalten, bis man tot ist. Irgendwann übernimmt der Körper und wehrt sich dagegen - er atmet einfach, auch wenn der Verstand etwas anderes entschieden hat!

Beim Sexualtrieb kann man den eigenen Körper dagegen schon dominieren. Das liegt auch daran, dass der Körper ohne Gebrauch des Verstandes zwar schnell nach Luft schnappen kann. Er kann aber nicht einfach eine paarungsbereite Dame hernehmen und rasch den Begattungsvorgang ausführen, bevor der Verstand wieder die Kontrolle übernehmen kann. Ja, es kann schon passieren, wenn ein Mann und eine Frau sich nackt umarmen und beide wirklich entschieden haben, keinen Geschlechtsverkehr zu wollen. Hier ist der Körper mitunter nur ein paar Zentimeter von seinem Ziel entfernt, da kann es schon sein, dass er die Kontrolle übernimmt. Aber das ist ein Extremfall.

Im Fall der angehenden Nonne wird sich ihr Körper dann bemerkbar machen, wenn die junge Dame beginnt mit dem Gedanken zu spielen, Nonne zu werden. Der Körper spürt ja, was sie vor hat und wird darauf mit Gefühlen antworten. Das ist seine Art mit uns zu kommunizieren! Der Körper wird also versuchen ihr - immer dann, wenn sie sich ihr Leben im Kloster vorstellt - ein unglückliches Gefühl zu senden. Kann der Körper das überhaupt? Es gibt Entscheidungen, wenn man die trifft, fühlt man sich einfach wohl, da man das, was man entschieden hat, wirklich "mit jeder Faser seines Körpers" möchte. Man sagt, dass das Entscheidungen sind, bei denen der Verstand und der Körper im Einklang stehen. Der Körper kann natürlich nicht logisch denken. Angenommen die angehende Nonne wüsste nicht, dass sie als Nonne sexuell enthaltsam leben wird müssen. So könnte ihr zum Beispiel eine Freundin, die bereits Nonne ist, erzählt haben, wie spannend ihre heimlichen amourösen Abenteuer sind, die sie regelmäßig unternimmt. Auf diese Aussage bauend wäre die junge Dame dann beruhigt und auch ihr Körper würde sich nicht melden.

(Leider gibt es ein sehr grausames Beispiel zu diesem Fall: Und zwar bei der Genitalverstümmelung von jungen Mädchen in einigen moslemischen Kulturen. Auch hier werden die Mädchen so vorbereitet, als ob das Abtrennen der Genitalien ein heiliger Akt wäre im Sinne einer Erhebung des Mädchens ins Erwachsenenalter. Und dann erleiden sie Schmerzen wie nie in ihrem Leben zuvor, manche versterben daran und viele leiden für den Rest ihres Lebens an den gesundheitlichen Folgen.)

Der Körper kann also nur das mit Gefühlen untermalen, was man mit seinem Verstand verstehen und auch faktisch beurteilen kann. Ist es so? Jedenfalls scheint das logisch, nicht wahr? Vertreter der Kinesiologie sind aber anderer Ansicht: Im Rahmen der Kinesiologie wird mit dem eigenen Körper kommuniziert. Man stellt ihm Fragen und er antwortet mit Gefühlen. Daher sind in der Praxis meist nur Ja-Nein-Fragen sinnvoll. Der Körper antwortet dann mit einem entspannenden fließenden Gefühl (Zustimmung) oder mit Anspannung (Ablehnung). Hat ein Klient einen Termin beim Kinesiologen, so teilt er diesem zu Beginn der Sitzung sein Anliegen mit und der Kinesiologe kommuniziert dann mit dem Körper des Klienten, bis die Antwort auf dem Tisch liegt. Er nimmt sich zum Beispiel den Arm des Patienten her, stellt eine Frage, und testet dann, wie leicht sich der Arm noch bewegen lässt: So schließt er aufgrund der Verspannung des Armes auf die Antwort. Und die Kinesiologen sind der Meinung, dass der Körper mehr weiß, als der dazugehörige Verstand faktisch wissen kann. Zum Beispiel, dass der Körper die Zukunft kennt. Dass er also weiß, was die Bestimmung des Menschen - der in ihm haust - ist. Das geht natürlich in Richtung Esoterik und ist wissenschaftlich nicht nachweisbar. Deswegen kann ich mich hier nicht dieser Aussage anschließen. Die Kinesiologie gilt als wissenschaftlich nicht anerkannte Alternativlehre.

Fakt ist aber schon, dass es zwei "Ichs" in Ihnen gibt. Ihren Verstand und ihren Körper, der vom menschlichen Instinkt beseelt ist. Wenn Sie glauben, dass Sie alles mit Ihrem Verstand entscheiden können, dann haben sie die Rechnung ohne Ihren Körper gemacht: Dieser muss ja immer funktionieren, solange Sie auf der Welt sind. Er ist Ihre Verbindung zur Welt! Nun, es ist ratsam ihre Verbindung zur Welt gut zu Behandeln. Vor allem deshalb, da es keine Selbstverständlichkeit ist, dass Ihr Körper gesund bleibt. Er kann auch krank werden und wenn er stirbt, stirbt auch Ihre Verbindung zu dieser Welt. Im Leben Entscheidungen zu treffen, bei denen Verstand und Körper im Einklang sind, kann ein Weg zum Glück sein!

Noch eine Anmerkung zu Nonnen: Es gibt noch eine andere Theorie, die erklärt, warum sich junge fortpflanzungsfähige Frauen freiwillig für ein Leben ohne eigene Kinder entscheiden können, obwohl deren Instinkt ja eigentlich das Gegenteil anstreben sollte. An anderer Stelle habe ich angemerkt, dass es recht unterschiedlich gebaute Löwen gibt: Sehr starke (für das Erlegen großer Beutetiere), sehr schnelle (für die Jagd schneller Beutetiere) und solche, die im Klettern sehr gut sind (für das Reißen von Beute, die sich auf einen Baum geflüchtet hat). Es scheint im Sinne der Tierart Löwe zu sein, dass es weiterhin diese unterschiedlichen Spezialisierungen gibt.

Nun, nach dieser Theorie gibt es auch beim Menschen verschieden strukturierte Typen. Auch beim Menschen soll das der "Tierart Mensch" insgesamt zum Vorteil gereichen. Es ist daher denkmöglich, dass es beim Menschen eine Art von "Priester"-Charakter gibt. Personen dieses Typs würden sich dann besonders für kirchliche Tätigkeiten eignen und sich weniger der Vermehrung widmen. Es kann sein, dass sich so ein Charaktertyp in den letzten hunderttausenden Jahren herausgebildet hat, und dass der diesbezügliche Mangel an zusätzlichen Geburten durch die sinngebende und motivierende Tätigkeit dieser "Priester"-Charaktere mehr als wettgemacht wird. Dies ist - wie gesagt - aber nur eine Theorie.

KAPITEL 11

Die drei Menschenziele

Die zwei Ichs - der Verstand und der Instinkt - entscheiden über Ihren Werdegang als Menschen. Ihr Verstand wird beeinflusst durch Ihre Erziehung, Ihre Sprache, die Kultur Ihrer Eltern, Ihrer Stadt, Ihres Landes sowie durch alle Erfahrungen, die Sie in Ihrem Leben gemacht haben. Ihr Instinkt hingegen kommt aus dem Körper. Wir können annehmen, dass die Instinkte in uns Menschen über unsere Art verteilt relativ ähnlich sein werden (so wie auch alle Hunde einen relativ ähnlichen Instinkt aufweisen). Da man den Verstand des Menschen beliebig ausbilden kann, müssen gemeinsame Ziele der Menschheit meiner Ansicht nach im Instinkt begründet liegen.

Ich werde die aus meiner Sicht im Instinkt beheimateten Menschenziele jetzt hier aufzählen:

Menschenziel 1: Den eigenen Körper in gutem Zustand erhalten

Dies werden Sie jetzt nicht als bahnbrechende Entdeckung klassifizieren. Klar wollen wir alle unseren Körper in gutem Zustand erhalten - er ist ja unser "Vertreter" auf dieser Welt.

Menschenziel 2: Sich zu reproduzieren

Auch dieses Ziel - aus dem Instinkt - abzuleiten, ist nicht wahnsinnig revolutionär. Im Prinzip ist jeder von einem großen Sexualtrieb beseelt und das ist völlig natürlich. Denn der Sexualvorgang an sich ist ja Arbeit und auch das Austragen eines Kindes bürdet dem Frauenkörper viel zusätzliche Mühen auf. Der Mensch geht den Sexualakt nur deshalb ein, da ihm sein Körper dafür ein riesiges Genussgefühl schenkt, für das er alles zu tun bereit ist. Hier sieht man klar, dass der Verstand letztendlich tut, was der Instinkt möchte.

Menschenziel 3: Seine Kultur verbreiten

Dieses "Menschenziel" wird am ehesten noch als Überraschung empfunden werden. Schließlich ist Kultur ja etwas Angelerntes. Wie könnte es also im Instinkt des Menschen einen Drang zur Verbreitung seiner Kultur geben? Nun, wie schon einmal angeführt, ist der Mensch erst durch seine Kultur stark (Kampfkultur, Jagdkultur, Waffenentwicklungskultur, Ernährungskultur, Hüttenbaukultur, und so weiter). Geht man davon aus, dass der Mensch seit seiner "Entstehung" schon eine gewisse Kultur hatte, die ihm auf positive Weise diente und weiters davon, dass es in der Entwicklungsgeschichte auch immer wieder ein paar Exemplare gab, die keine Kultur annehmen wollten, so kann man daraus schließen, dass diejenigen Menschen, die bereit waren die Kultur von der vorherigen Generation anzunehmen größere Überlebens- und Reproduktionschancen hatten, als jene, die dazu weniger bereit waren. Somit muss es hier eine natürliche Auslese gegeben haben und schlussendlich ist ein Mensch entstanden, dessen Instinkt ihn dazu bringt, sich für Kultur zu interessieren und Kultur anzunehmen - genauso wie er die Hand wegzieht, wenn man sie auf eine heiße Herdplatte legt: Denn beides erhöht die Überlebenschancen des "Artenlebewesens Mensch".

Es folgt noch einmal eine Zusammenfassung der "drei Menschenziele":

Menschenziel 1:   Den eigenen Körper in gutem Zustand erhalten
Menschenziel 2:   Sich zu reproduzieren
Menschenziel 3:   Seine Kultur verbreiten

Unter Ziel 1 - "den eigenen Körper in gutem Zustand erhalten" - fällt unter anderem: Sich mit genügend Nahrung versorgen / sich vor Gefahren schützen / in einer wohltemperierten Behausung wohnen / Freundschaften einzugehen um im Gefahrenfall Helfer zu haben.

Unter Ziel 2 - "sich zu reproduzieren" - fällt unter anderem: Sich eine geeignete Sexualpartnerin zu suchen / mit ihr den Geschlechtsakt auszuführen / sie während der Schwangerschaft zu unterstützen / seine Kinder solange zu unterstützen, bis diese für sich selbst sorgen können.

Unter Ziel 3 - "seine Kultur verbreiten" - fällt unter anderem: Seine Kultur auszuüben und zu verbessern / anderen von seiner Kultur erzählen / Freundschaften mit Personen ähnlicher Kultur einzugehen / Seine Kultur im Falle von Konkurrenzsituationen zu vertreten.

Mir ist klar, dass nicht alles, was hier steht, wissenschaftlich exakt abgeleitet wurde. Natürlich ist es möglich, viele meiner Schlussfolgerungen (und auch Begriffsdefinitionen) in Frage zu stellen. Letztendlich muss jeder Leser für sich selber entscheiden, ob er etwas Wahres an meinen Ausführungen finden kann oder nicht.

KAPITEL 12

Der freie Wille und das emotionale Gefängnis

Die Fokussierung auf Vermehrung ist allen Tierarten in die Wiege gelegt. Das gleiche gilt auch für den Menschen. (Nahezu) jeder fortpflanzungsfähige Mann findet die Vorstellung interessant mit einer jungen attraktiven Frau eine Liebesnacht zu verbringen. "Jung" und "attraktiv" sind hier klare Zeichen dafür, dass es dabei um Vermehrung geht. Eine junge Frau kann ein gesundes Kind austragen, während Frauen ab einem gewissen Alter das kaum mehr können. Und Attraktivität ist nichts anderes als gute Gesundheit und Fruchtbarkeit: Eine gesunde und fruchtbare Frau bringt eher ein gesundes Baby zur Welt als eine kränkliche und unfruchtbare. Darum ist diese Gruppe an Frauen in der Männerwelt heiß begehrt. Bei allen Männern? So scheint es. Es waren aber nicht immer alle. Hie und da gab es immer wieder einen Mann, der sich nicht für den Geschlechtsakt interessierte. Die Gene solcher Männer starben aber stets schnurstracks - mangels Nachkommen - aus, sodass nur noch die übrig geblieben sind, denen der Geschlechtsakt sehr viel bedeutet.

Bei Frauen gibt es einen Unterschied: Hat der Mann schon mit der Begattung seine Chancen auf Vermehrung erhöht, so sieht das evolutionsgeschichtlich bei den Frauen etwas anders aus: Für Frauen war ein Überleben mit Kind auf sich alleine gestellt äußerst schwierig. Daher ist es für Frauen wichtig, dass der Geschlechtspartner bei ihnen bleibt - und bei der Aufzucht des Neugeborenen hilft. Deshalb ist die schiere körperliche (und charakterliche) Attraktivität eines Mannes bei Frauen nur neben einer starken emotionalen Bindung an den Mann bedeutend. Das alles sind aber nur theoretische Idealtypen. In der Praxis ist natürlich jeder verschieden und nichts unmöglich. Dies ist nur der Versuch einer Deutung der sexuellen Präferenzen der beiden Geschlechter.

Die Ausrichtung auf Vermehrung impliziert aber noch viel mehr, als den eigentlichen Geschlechtsakt: Natürlich geht es auch darum, das eigene Leben zu schützen - genauso wie das der Nachkommen und derer, die einem nahe sind. Denn was bringt Vermehrung, wenn Teile der Familie verunglücken sollten, während die Kinder heranwachsen? Vermehrung macht nur dann Sinn, wenn eine gewisse Sicherheit erreicht ist.

Und wie konnte man das am besten erreichen im Laufe der Evolutionsgeschichte des Menschen? Eigentlich mit den gleichen Dingen, die wir auch in der Jetztzeit anstreben: Freunde finden und mit ihnen gemeinsam agieren, "seine" Gruppen finden sowie eine Einkunftsquelle und Ansehen in der Gesellschaft.

Auf sich allein gestellt war der Mensch in der überwiegenden Zeit seiner Existenz eine leichte Beute. Erst in der Gruppe ist er stark. Und die Einkunftsquelle von heute war früher seine Fähigkeit, genügend Nahrung finden zu können. War er darin - und im Kämpfen gut - hat er die Anerkennung seiner Gruppe gehabt, und damit wiederum mehr Sicherheit.

All diese Dinge, nach denen wir heute noch streben, dienten in der Urzeit der Sicherung unseres Lebens und einer erfolgversprechenden Vermehrung. Und wir sind noch immer so.

Solche Prioritäten - eine Geschlechtspartnerin, Freunde, eine
Einkunftsquelle (zumeist Arbeitsstelle) - werden also nicht durch den
"freie Willen" des Einzelnen ersehnt, sondern scheinen vom Instinkt her
zu kommen. Dazu ein Selbstversuch: Schreiben Sie eine Liste, mit zehn
Dingen, die Sie heute gerne tun würden. Und jetzt hungern Sie für die
nächsten drei Tage. (Trinken aber bitte schon!) Nach drei Tagen schreiben Sie wieder so eine Liste. Wenn Sie ehrlich waren, werden sich die
Prioritäten geändert habe. Einerseits ist das Essen im hungrigen Zustand natürlich viel wichtiger, man ist aber generell auch körperlich
schwächer und hat daher auf andere Dinge Lust, als im satten Zustand.

Hier ist eine (subjektive) Auflistung, welche Faktoren unseren "freien
Willen" beeinflussen können:

- ♦ genug gegessen haben / hungrig sein
- ♦ bei guter Gesundheit sein / krank sein
- ♦ eine gute Kondition haben / keine Ausdauer haben
- ♦ körperlich sehr stark sein / körperlich eher schwach sein
- ♦ groß sein / klein sein
- ♦ jung sein / alt sein
- ♦ viele Freunde haben / wenige Freunde haben
- ♦ eine liebende Partnerin haben / keine Partnerin haben
- ♦ generell geachtet sein / eher als Versager gelten

Faktoren wie diese können unser Denken (und damit unsere Taten) beeinflussen. Einige davon sind auch höchst subjektiv. Ein sehr hagerer
Mann, der immer stark untergewichtig war, wird sich großartig fühlen,
wenn er es einmal schafft durch gezieltes Muskeltraining eine durch-

schnittliche Figur zu erreichen. Er wird sich stark und voller Energie fühlen und sehr selbstbewusst. Wenn hingegen der stärkste Bodybuilder der Welt zwei Jahre nicht mehr trainiert, so wird er sich vielleicht relativ schwach fühlen und weniger selbstbewusst als in seiner Glanzzeit - obwohl er dann wohl immer noch ein Muskelberg sein wird.

Genauso wird einer, der ein Leben lang als Außenseiter herumgerannt ist, sicher selbstbewusster werden, wenn er erstmalig Freunde findet, die ihn verstehen. Dagegen wird ein ehemals weltbekannter Hollywoodstar, nachdem er 20 Jahre keinen Film mehr gemacht hat, möglicherweise unter der mangelnden Berühmtheit leiden, auch wenn er dann weltweit vielleicht immer noch hunderte Fanclubs haben wird.

Viel wird auch durch das Elternhaus bestimmt. Es heißt, dass wenn man Eltern hat, die einen bejahen und respektieren, man auch solche Freunde finden wird. Hat man jedoch Eltern, die einen stets kritisieren und schlecht machen, so wird man so etwas dann auch bei Freunden eher akzeptieren. Da ist wohl etwas Wahres dran, obwohl man das nie verallgemeinern kann und so manch einer aus einem schwierigen Elternhaus macht dann eine ganz große Karriere.

Aus meiner Sicht gibt es also Wünsche oder Triebe die uns - ausgehend von unserem Instinkt - zu etwas antreiben: Einfach darum, um unser Überleben (in der menschlichen Gesellschaft) zu sichern. Hier würde ich nicht vom "freien Willen" sprechen, der sich das aussucht, oder ist er es doch?

In unserem Denken haben wir oft das Gefühl, alles bestimmen zu können. Wir entscheiden, was wir machen wollen: Was für eine Ausbildung, was für eine Berufswahl, was für einen Lebenspartner. Aber ist es wirklich so? Ich möchte hier ein Gefühl ins Spiel bringen: Die Angst.

Jeder hat schon einmal Angst gehabt. Viele sagen auch, dass Angst lebenswichtig ist, weil sie uns schützt. Wir werden vorsichtig, wenn wir Angst haben. Wir bereiten uns dadurch auf mögliche Gefahren besser vor. Aber ist Angst jetzt etwas, das vom freien Willen kommt? Entscheidet der freie Wille: "Ich habe alles durchgedacht und mir erscheint dieses Tätigkeit als am gefährlichsten, deshalb habe ich ab jetzt vor ihr Angst." Nein, so ist es nicht. Angst kommt oft ohne realistische Begründung. Zum Beispiel Angst vor der Dunkelheit - die bei Kindern verbreitet ist. Man weiß, dass nichts passieren kann, dass die Eltern im Nebenzimmer sitzen. Trotzdem kommt ein schreckliches Horrorgefühlt über einen und man fühlt sich bedroht! Aus meiner Sicht ist die Angst etwas, was von außerhalb des freien Willens kommt. Es ist quasi eine Schranke des freien Willens - eine Grenze.

Ich habe schon einmal angeführt, dass wenn Sie ihre Hand versehentlich auf eine kochende Herdplatte legen, ihr Körper die Hand sofort wegziehen wird, um sie zu schützen - und zwar ohne dass Sie das entscheiden - praktisch als Reflexhandlung. Ihr Körper übernimmt die Kontrolle, um einen Fehler Ihres freien Willens auszugleichen. Schön und gut, nur manchmal kann der Körper nicht ausgleichen. Stellen Sie sich vor, Sie stürzen sich von einem 200 Meter hohen Gebäude herunter. Wenn Sie einmal fliegen, auf welche Weise könnte Ihr Körper denn die Kontrolle übernehmen, um Ihr Leben zu schützen? Gar nicht anzunehmenderweise - weil es dafür zu spät ist. Er muss Sie schon vor dem Absprung schützen. Und wie macht er das? Durch große Angst.

Die Angst ist eine Grenze des freien Willens. Sie zeigt ihm, was er nicht machen sollte. Es ist keine harte Grenze, die nicht überschritten werden kann. Sie können - trotz Todesangst - dennoch von dem Gebäude springen! Aber durch die Angst werden es viele Menschen nicht machen, und so sind deren Körper für das "Artenlebewesen Mensch" geschützt.

Es gibt auch harte Grenzen - wenn der Körper komplett übernimmt - wenn Sie Ihre Hand versehentlich auf die Herdplatte legen. Ihr Körper zieht sie schnell weg. Nun, man könnte natürlich versuchen, sich die eigene Hand auf der Herdplatte bewusst verbrennen zu lassen, indem man dem Körper nicht erlaubt, die Kontrolle zu übernehmen. Das ist möglich. Ähnliches wird auch gemacht: Zum Beispiel zur Abhärtung beim Kampfsport oder beim Gehen über glühende Kohlen. Wobei "die Hand auf die heiße Herdplatte legen" hier wohl nicht so geeignet wäre zum Abhärten...

Was können wir daraus erkennen? Unser "freier Wille" erlaubt uns grundsätzlich das zu machen, was wir wollen. Um uns zu schützen übernimmt unser Körper jedoch von Zeit zu Zeit die Kontrolle. Oder aber er verhindert schon vorher gewisse Entscheidungen unsererseits, indem er unserem Verstand Angst sendet. Ihr "freier Wille" entscheidet nicht alleine. Es gibt eben die zwei "Ichs". Sie und Ihr Verstand, das ist das eine Ich. Der Körper und seine Instinkte sind das andere. Ihr anderes Ich spricht nicht zu Ihnen mit einer Stimme, sondern über Gefühle. Sie können in Ihrem Leben probieren auf Ihr anderes Ich zu hören, oder Sie können versuchen es zu ignorieren. Man sagt aber, dass ersterer Weg zu glücklicheren Entscheidungen führt.

Letztendlich ist für mich der freie Wille damit ein bisschen so etwas wie eine Illusion. Unser anderes Ich "belohnt" beziehungsweise "bestraft" unsere Handlungen mit Gefühlen - anders gesagt: mit Emotionen. Wir agieren möglichst so, dass wir glücklich sind. Am Ende geschieht aber das, was unser anderes Ich möchte - also unser Körper und unsere Instinkte. Denn unsere Gefühle können wir grundsätzlich nicht abändern. Ja, man kann schon "falsche" Gefühle haben. Wenn man etwas als gefährlicher einschätzt, als es ist. Mit der Zeit wird man dann selbstsicherer und frei von Angst, wenn man sieht, dass die angebliche Gefahr keine ist. Aber grundsätzlich denke ich, dass die Gefühle uns beherrschen und nicht umgekehrt. Gefühle und Emotionen sind meiner Ansicht nach die wahren Herren unseres Menschendaseins, der absolute "freie Wille" eine Art Illusion.

Es ist wie bei einem Hündchen, dem kommuniziert wird, dass er ja hinlaufen könne, wo immer er hinlaufen will. Nur hat es eine Leine um den Hals. Rennt es also weiter weg, als sein Besitzer dies wünscht, wird der es an der Leine ziehen und das Hündchen wird dadurch Schmerzen verspüren. Um diese Schmerzen zu lindern muss das Hündchen also wieder in Richtung seines Besitzers laufen - unter Nutzung seines "freien Willens". Letztendlich bestimmt der Besitzer, wie der Weg des Hündchens verlaufen wird, trotz dessen freien Willens.

Und bei uns Menschen ist es so ähnlich. Zwar haben wir keine Leine um den Hals gebunden: Es ist aber eine unsichtbare Leine da, die dafür sorgt dass wir die "drei Menschenziele" umsetzen und alles Notwendige dafür tun. Verhalten wir uns nicht dementsprechend, so werden wir unglücklich werden und müssen unser Verhalten mit Hilfe unseres "freien Willens" ändern, bis wir wieder positive Emotionen spüren!

Aber warum gibt es ihn dann doch, den - zumindest eingeschränkten - freien Willen? Es gibt ihn deshalb, da Lebewesen mit etwas freiem Willen erfolgreicher waren als Lebewesen ohne freien Willen. Und gemäß der Evolutionstheorie hat er sich dann in so einem Ausmaß beim Menschen herausgebildet, in dem es die besten Reproduktionschancen gab.

Unser freier Wille ist bei weitem nicht absolut: Können Sie Ihren Herzschlag steuern? Können Sie entscheiden, wie stark eine Wunde bluten soll oder wann sie zu gerinnen hat? Können Sie entscheiden, wie schnell Sie wachsen wollen? Oder, wann Sie eine Erektion haben wollen und wann nicht? Alle solche Versuche der Evolution - also Menschen, die solche Eigenschaften hatten - waren keine Erfolgsgeschichten in der Menschheitsentwicklung und deren Vertreter sind ausgestorben. Wir, mit unserem Grad an freiem Willen und unserem "Emotionsgefängnis" - also der Dominanz durch Gefühle und Emotionen - sind das erfolgreichste Paket, mit dem die Evolution aufwarten konnte. Und deshalb sind wir heute so, wie wir sind.

Wir leben in diesem "Emotionsgefängnis": Wann immer wir einer der Wände zu nahe kommen, wird durch eine Emotion sichergestellt, dass wir ihr nicht zu nahe kommen (denn physische Wände gibt es in diesem Gefängnis nicht). Andere Emotionen bewirken, dass wir in dem Gefängnis die uns zugewiesenen Tätigkeiten ausführen.

Das ist natürlich ein Sinnbild. Und was bedeutet es? Nichts anderes, als dass wir in unserem Leben die "drei Menschenziele" verfolgen werden (Sicherheit, Reproduktion, Verbreitung unserer Kultur) und daraus leitet sich dann ein Rattenschwanz an weitere Tätigkeiten ab (unter anderem: Geld verdienen, einen Freundeskreis pflegen).

Ist das dramatisch? Falls Sie mir überhaupt zustimmen in meinen Ausführungen: Aus meiner Sicht, ist es nicht dramatisch. Klar ist, dass jedem auf dieser Welt Grenzen gesetzt sind. Keiner kann davonfliegen oder alle Weltmeere austrinken. Es geht mir nur darum, die Grenzen so zu sehen, wie sie wirklich sind, und mich keinen Illusionen hinzugeben. Denn wenn ich die Grenzen klar erkennen kann, dann sehe ich auch den freien Bereich innerhalb der Grenzen (sozusagen die Zelle innerhalb des "Emotionsgefängnisses"). Und ich kann diesen frei gestalten, so wie ich will, und mich daran erfreuen! (Anstatt in einer ewigen Illusion zu leben, die nie wahr werden kann.)

KAPITEL 13

Die fünf Stadien des Menschseins und die Lebenskette

D er Mensch ist ein Lebewesen, das so wie alle anderen Lebewesen auf das Überleben hin optimiert ist. Der Mensch ist Trieben unterworfen und auch diese dienen dem Optimieren der Vermehrungsrate. Zu diesen Trieben gehört der Geschlechtstrieb, aber auch der Trieb sich mit anderen Menschen zu messen. Dinge, die einem Menschen Freude bereiten, sind meiner Ansicht nach grundsätzlich förderlich um die Vermehrungswahrscheinlichkeit zu erhöhen.

Das menschliche Leben lässt sich auch in verschiedene "Stadien" einteilen - grob zumindest. So gibt es das Stadium des Kindes. Es wächst körperlich heran und muss auch erst geistig zur Reife gelangen: Charakterlich und in Punkto Intelligenz. Als Kind ist der Mensch meistens von einem großen Bewegungsdrang beseelt. Das ist notwendig, damit der Mensch geschickt wird in der Beherrschung seines Körpers. Aber man kann das auch bei vielen anderen Arten sehen - zum Beispiel bei Hunden: Auch diese sind als Jungtiere wesentlich aktiver als im Erwachsenenalter - aus den gleichen Gründen. In unserer heutigen Gesellschaft ist dieser Lebensabschnitt durch verpflichtete Bildung ab einem gewissen Alter geprägt. Man muss die Schule besuchen. Die Dauer der Schulpflicht ist je nach Land unterschiedlich. Aus Gründen der Vereinfachung rechnen wir auch ein Neugeborenes diesem Stadium hinzu. Daher beginnt dieses Stadium für uns gleich nach der Geburt.

Irgendwann ist man dann ausgewachsen und ein "junger Mann" oder eine "junge Frau". Der junge Mensch kann jetzt entweder mit seiner Bildung fortfahren - beispielsweise wenn er ein Hochschulstudium absolviert - oder er beginnt zu arbeiten, um Geld zu verdienen. Wenn die Bildung weiterverfolgt wird, erfolgt der Einstieg ins Arbeitsleben etwas später - aber zumeist immer noch als "junger Mensch".

Der Mensch erreicht dann das "mittlere Alter": Jetzt hat er in der Regel schon einen Beruf gefunden und ist in diesem etabliert. Er wird normalerweise auch schon eine Familie gegründet haben - also einen Lebenspartner und Kinder haben. Der Mensch hat noch all seine Kräfte, er ist meist finanziell schon besser situiert und eine seiner wichtigen Aufgaben ist es, die Aufzucht seiner Kinder zum Abschluss zu bringen.

Wenn der Mensch das Stadium des "alten Menschen" erreicht, so schwinden ihm bereits die Kräfte. Er ist nicht mehr so stark und ausdauernd, wie er einmal war. Er ist wahrscheinlich auch nicht mehr so unternehmenslustig wie früher einmal. Seine Kinder sind normalerweise schon erwachsen und unabhängig von ihm. Seine Arbeit beendet er in diesem Lebensabschnitt normalerweise und lässt sich pensionieren. Dadurch, dass sie nicht mehr arbeiten müssen, blühen manche Menschen dann richtiggehend auf.

Das letzte Stadium ist schließlich das Stadium des "Greises". Obwohl das ein altmodisches Wort ist, beschreibt es dieses Stadium am besten: Der Mensch ist jetzt schon wirklich sehr alt. Oft wird er etwas sonderlich. Er entfremdet sich von der Welt und von den jungen Menschen. Es ist nicht mehr "seine" Zeit. Viele Menschen in diesem Alter tragen altmodische Kleidung und erscheinen auch in der Art wie sie denken und reden aus der Zeit gekommen. Das entscheidende Kennzeichen dieses Stadiums ist aber das dramatische Schwinden der körperlichen Energie. Es kann sich zwar über viele Jahre hinziehen, es ist aber stetig und kann nicht umgekehrt werden. Viele "Greise" können nicht mehr ordentlich gehen - oder gar nicht mehr. Viele sind zu schwach um für sich selbst Arbeiten im Haushalt zu verrichten. Auch die Sinnesorgane schwächeln: Man sieht schlechter, man hört schlechter. Oder man wird überhaupt blind oder taub. Viele in dieser Gruppe können - oder wollen - auch eine regelmäßige Reinigung des Körpers und das Tragen von sauberer Kleidung nicht mehr aufrechterhalten: Wodurch einige übel riechen.

Noch einmal zusammengefasst sind hier die oben beschriebenen fünf Stadien des Menschseins aufgelistet:

A. Kind
B. Junger Mensch
C. Mensch im mittleren Alter
D. Alter Mensch
E. Greis

Jetzt möchte ich Sie fragen: Welches Stadium ist Ihrer Meinung nach das angenehmste Stadium? In welchem Stadium ist das Leben am schönsten?

Wahrscheinlich hängt die Antwort auch von ihrem individuellen Lebensweg ab. Die Kindheit kann wunderschön und unbeschwert sein. Sie kann aber auch weniger harmonisch sein, und in manchen Fällen ist sie sogar furchtbar. Zum Beispiel bei misshandelten Kindern. Eine Eigenschaft dieses Stadiums ist nämlich auch, dass man als Kind relativ leicht ausgebeutet werden kann, da man sich selbst noch nicht gut verteidigen kann. Viele Menschen schwärmen von ihrer Kindheit. Sicherlich ist es ein ganz besonderes Stadium, das ganz anders ist als die Stadien danach. Unter anderem deshalb, da man körperlich noch relativ klein ist - eben noch im Kindesalter. Und dass man alleine schon deshalb in späteren Stadien nie mehr wie ein Kind behandelt werden wird.

Das Stadium des jungen Menschen gilt für viele Menschen als besonders erstrebenswert. Sie werden erwachsen und selbstständig. Sie werden körperlich stark. Die Welt scheint Ihnen offen zu stehen und alles scheint möglich. Oft pflegt man in diesem Stadium viele Freundschaften und ist sehr unternehmungslustig. Es ist auch ein gutes Alter um Neues zu beginnen - wie das Berufsleben. Aber auch das Gründen einer Familie. Gerade die Partnersuche wird von vielen Menschen als die schönste Zeit beschrieben: Man lernt interessante potentielle Partner kennen, hat Verabredungen, verliebt sich und heiratet schließlich. Na ja, es muss natürlich nicht so sein. Man könnte auch unbeliebt sein beim anderen Geschlecht und eben nicht seinen Traumpartner finden. Es kann natürlich auch sein, dass einem in diesem Lebensabschnitt auch in anderen Bereichen nichts gelingt. Aber das Schöne ist, dass der Mensch in diesem Alter an seinen Träumen festhalten kann, selbst wenn es nicht so gut läuft. Denn wenn man jung ist, scheint wirklich immer noch alles möglich zu sein. Auch wenn das in vielen Fällen eine Illusion ist, so kann es doch Kraft geben.

Als Mensch im mittleren Alter ist dann meistens das Wichtigste schon entschieden: Die Familie ist gegründet, der Job gewählt, die Kinder im Heranwachsen. Aber wenn das nicht erreicht wurde - oder wenn es erreicht wurde, aber nicht ersehnt wurde, so kann es sein, dass es für den Menschen schwierig wird, sein Leben noch zu ändern. Als Frau ist es für eine Familiengründung - zumindest mit eigenen Kindern - bald zu spät. Aber auch der Mann wird unattraktiver und hat es dann zumeist schwerer bei der Partnerwahl (außer er ist reich). Oder man hat geheiratet, ist aber nicht glücklich. Dann muss man zuerst einmal aus der Ehe wieder herauskommen (oder man resigniert einfach - auch möglich). Wenn man Kinder hat, kann das noch schwieriger werden, da man sich - den Kindern zuliebe - vielleicht der ungeliebten Ehe fügt. Ist man mit dem Beruf unglücklich, so ist eine Änderung natürlich möglich. Aber es scheinen nicht mehr alle Wege offen zu stehen: Entscheidet man sich etwa dann dazu Arzt zu werden und muss dafür noch ein Medizinstudium absolvieren, so wäre das wohl schon ein schwieriger Weg. Die Ausbildung zum Arzt kann viele Jahre dauern und danach sind wohl noch weitere Zusatzausbildungen notwendig. Die Frage ist, ob man dann noch die Energie dazu hat, so einen langen Weg zu beschreiten. (Für manche ist das Alter möglicherweise auch eine willkommene Ausrede, um sich nicht ändern zu müssen.) Vielleicht auch aus Gründen wie diesem beginnt man in diesem Stadium bereits etwas "zurückgelehnt" zu werden und das, was man ist und was man hat, zu akzeptieren.

Als alter Mensch scheint es dann schon fast zu spät. Es ist das Alter, in dem man sich beruflich zur Ruhe setzt. Was könnte man hier noch großartig beruflich ändern? In der Regel sitzt man - wenn man seine Arbeit nicht liebt - die verbliebenen Jahre bis zur Rente einfach ab. Neue Ideen werden dann eher als Hobby ausgeübt, als dass man einen neuen beruflichen Weg einschlägt. Und wenn man sein Familienglück nicht gefunden hat, dann ist der Zug möglicherweise schon abgefahren. Als alte Frau kann man keine Kinder mehr bekommen. Als alter Mann könnte man solche zwar schon zeugen, man muss aber erst eine Partnerin finden, die jung genug für das Austragen ist. Eine Partnerin oder einen Partner kann man natürlich noch finden und auch zusammen glücklich werden. Es ist generell ein Lebensabschnitt, wo sich die Schlüsselhandlungen eines Lebens (Arbeit, Familie) oft schon in der Vergangenheit befinden.

Im Stadium des Greises wird dann der faktische Verlust an Möglichkeiten schlagend. Die Kräfte schwinden und die geistigen Fähigkeiten nehmen mehr oder weniger ab. Natürlich kann man auch noch in so einem Alter unternehmungslustig bleiben. Viele sind aber mit dem Niedergang ihrer körperlichen Energie beschäftigt. An eine Arbeit ist mitunter nicht mehr zu denken. Das Starten einer neuen Partnerschaft ist zwar nicht unmöglich, aber es fällt dann - aus der Sicht anderer - oft in die Kategorie "Alterskurrilität".

Betrachtet man diese Stadien hinsichtlich des von mir angegebenen Menschenzieles zwei - "sich zu reproduzieren", so muss gesagt werden, dass man sich vor allem in den ersten drei Stadien "in der Lebenskette" befindet. Mit "Lebenskette" ist hier gemeint, dass man das Leben weiter trägt. Man ist also mit dem Weiterexistieren der Menschheit befasst - zumindest was den eigenen Körper betrifft:

A. Als Kind ist man Teil der nächsten Generation, in die die letzte Generation ihre Energie, ihre Träume, ihre Liebe, ihre Unterstützung und ihr Geld gesteckt hat. Man hat die Verantwortung weiterzuleben, damit die Menschheit weiterlebt.

B. Als junger Mensch hat man das Erwachsenenalter und die Fortpflanzungsfähigkeit erreicht. Man muss diese Möglichkeiten jetzt nutzen, damit neue Menschen produziert werden, und dadurch die Menschheit weiterlebt.

C. Im mittleren Alter unterstützt man die nächste Generation beim Aufwachsen. Man hat die Verantwortung sie zu schützen, sie zu leiten, ihr all das zu geben, was sie benötigt - da sie die Zukunft der Menschheit ist.

In diesen drei Stadien bekommt man vom Körper besondere Triebe und Emotionen zugesandt, die den Weiterbestand der Menschheit sichern: Ein Kind ist besonders auf seine Sicherheit und gute Entwicklung bedacht. Das zeigt sich in großer Angst, die ein Kind spüren kann sowie in großer Langeweile, wenn es nicht spielen und dabei dazulernen kann. Beim jungen Menschen zeigt es sich im großen Interesse an dem anderen Geschlecht und dem großen Wunsch, den Geschlechtsakt ausführen zu können. Als Mensch im mittleren Alter, wenn bereits Nachwuchs da ist, ist man sehr auf dessen gute Entwicklung und Sicherheit bedacht und macht sich Sorgen um diesen. So erhält man in jedem Lebensstadium die passenden Emotionen, um den Fortbestand der Menschheit gewähren zu können. Innerhalb der "Lebenskette" - also in den ersten drei Stadien - erhält man hohe Zuversicht und einen starken Glauben, dass man alles bestmöglich erledigen will und muss.

In den späteren Stadien ist man dann grundsätzlich "außerhalb der Lebenskette". Die nachkommende Generation zieht jetzt ihre Kinder auf. Natürlich hat man immer noch die Möglichkeit seine Kinder zu unterstützen - zum Beispiel mit Geldgeschenken. Das eigene Dasein ist aber für den Weiterbestand der Menschheit nicht mehr von so hoher Bedeutung (außer man hat ein hohes Amt in der Gesellschaft inne). Verstirbt man, so wird man betrauert, aber es ist kein Drama für den Fortbestand des Menschengeschlechts. Denn der eigene Tod wird jetzt - früher oder später - erwartet. Die Emotionen, die man vom Körper erhält, sind nicht mehr so stark und beeindruckend, da für die menschliche Gesellschaft nicht mehr so wichtig ist, was man tut.

Der Mensch muss natürlich in all diesen Stadien seines Lebens seine Motivation behalten, damit das Artenlebewesen Mensch weiter bestehen kann.

Innerhalb der "Lebenskette" ist das menschliche Verhalten stark von den Trieben (oder dem Instinkt geprägt). Im Stadium "Kind" hat der Mensch großen Hunger, eine große Neugierde zu lernen und zu spielen und einen großen Bewegungs- und Unternehmungsdrang. Dies sind natürliche Instinkte, aufgrund derer der junge Mensch gut gedeihen, die Beherrschung über seinen Körper erlangen, Wissen erwerben und soziale Kontakte und Erfahrungen sammeln kann.

Sobald er die Pubertät erreicht, interessiert er sich sehr für das andere Geschlecht und träumt vom Geschlechtsakt. Durch diesen Sexualtrieb wird sichergestellt, dass der junge Mensch bald zur Begattung gelangt, so dass Nachkommen gezeugt werden können - sozusagen neue "Körperteile des Artenlebewesens Mensch".

Wenn die einmal auf der Welt sind, setzt die Mutterliebe ein: Die Mutter tut alles für ihr Kind. Aber auch der Vater hat eine starke Bindung zum Nachwuchs und so tun die jungen Eltern alles, dass ihr Kind gesund auf wohlbehütet aufwächst und sich gut entwickelt. Die "Kette des Lebens" wird damit um ein neues Glied erweitert - um das Kind, das die neue Generation repräsentiert.

Danach, wenn der Nachwuchs einmal erwachsen ist, ist das weitere Tun der Eltern nicht mehr so wichtig. Natürlich können sie nach wie vor für die nächste Generation da sein. Und sie wollen das in der Regel auch. Dafür hat die Evolution gesorgt. Sie tun alles, damit ihr Kind möglichst gute Chancen im Leben hat. Aber würden sie jetzt schwer erkranken und versterben, so wäre das nicht so schlimm, wie es gewesen wäre, solange sie noch in der Kette des Lebens waren:

- ◆ Wenn also ein Kind tragischerweise stirbt.
- ◆ Oder es stirbt ein junger Erwachsener.
- ◆ Oder es stirbt ein Elternteil und das Kind wird zum Halbwaisen.

So ein tragischer Schicksalsschlag innerhalb der Lebenskette kann die Zukunft einer Familie stark gefährden.

Ein Kind zu sein, ist auch deshalb so schön, da man (oftmals) liebende Eltern hat, die sich um einen kümmern. Und wer will das nicht? Das ist ungefähr so, wie wenn man im Erwachsenenalter einen umsichtigen und wohlmeinenden Diener hätte! Ein Kleinkind braucht solche Hilfe auch unbedingt, in einer gefährlichen Welt, in der man stets mit Nahrung, Schlaf, Wärme und Sicherheit versorgt werden will. Der "Greis" bekommt aber keinen Diener mehr zur Seite gestellt. (Zumindest nicht von familiärer Seite in unserer Kleinfamiliengesellschaft. Aber es gibt natürlich sehr wohl Sozialarbeiter, die ihm geschickt werden können.) In ihn wird nicht investiert, da seine Zukunft bloß der Tod ist. Investiert wird in die Kinder, von denen hängt die Zukunft der Menschheit ab.

Aber auch in Notsituationen sind die Eltern eine große Hilfe. Zum Beispiel wenn das Kind krank wird, oder wenn es sich verletzt. Es schreit dann nach der Mama, die dann gerannt kommt um es zu trösten. Und sie wird alles dafür tun, dass es ihm wieder gut geht.

Wenn hingegen ein alter Mensch ernsthaft krank wird oder sich verletzt, dann sieht es nicht so gut für ihn aus. Eltern, die sich um ihn kümmern, gibt es meistens nicht mehr. Ihm ist zu wünschen, dass er noch Verwandte (Ehepartner, Geschwister, Kinder) oder gute Freunde hat, die sich um ihn kümmern können. Manche alte Menschen haben niemanden mehr. Aber auch dann, wenn noch Verwandte da sind, werden sie sich in der Regel nicht so aufopferungsvoll um den "alten Bock" kümmern, wie um ein kleines Kind. Und sie können ihm auch keine Hoffnung geben, so wie einem Kind: "Das wird schon noch, bald wirst Du wieder gesund!" Nein, im Alter deterioriert der langfristige Gesundheitstrend. Eine Besserung ist in der Regel bloß eine vorübergehende Erleichterung seines Schicksals. Denn mit seiner

Gesundheit wird es - vor allem im hohen Alter - in der Regel bergab gehen. Er wird zittrig werden, er wird nicht mehr aus einem Sessel aufstehen können, er wird eines Tages nicht mehr gehen können. Und diese Schwäche wird sich in der Regel auch auf seinen Charakter und seine Lebensfreude auswirken.

Eines will ich noch beschreiben: Es gibt soviel Leid in der älteren Generation. Soviel Krankheit, soviel Verletzungen, die nicht und nicht heilen wollen, soviel Unglück. Manche alte Menschen wollen das alles erzählen. Jedes Mal, wenn man sie trifft, klagen sie über ihr Leid. So, als ob es dann besser würde. Aber eine Mutter ist nicht mehr da, die das schreiende Kind trösten kann. Und es wird in vielen Fällen auch nicht mehr gut werden. Die einzige Erlösung, die sie erwarten, wird der Tod sein. Sie werden dann oft als verrückte Alte tituliert, die nur noch jammern und klagen. Na ja, auch das ist normal. Der alte Mensch muss halt lernen, dass er nicht mehr der Mittelpunkt der "Lebenskette" ist und dass seine Leiden von der (jüngeren) Bevölkerung nicht mehr als tragisch empfunden werden.

Aber genug davon: Ich glaube, dass man sich viel Leid im Alter ersparen kann, wenn man sich fit hält. Es geht dabei um die Muskeln, die Beweglichkeit und um die Kondition. Alles, was man regelmäßig verwendet, bleibt einem erhalten. Alles das, was man nicht mehr verwendet, geht im Alter schnell verloren. Aufpassen muss man auch wegen Medikamenten. Alte Menschen, die zum Arzt gehen, bekommen oft sehr schnell von diesem etwas verschrieben - meist bei jedem Besuch. Und oft bis ans Lebensende. Aber jedes Medikament hat - als starke Chemikalie - auch Nebenwirkungen. Und je mehr Medikamente man schluckt, umso stärker sind deren Nebenwirkungen und umso größer ist die Belastung für den Organismus, der diese Chemikalien wieder abbauen muss. Bei den Medikamenten sollte man die Regel befolgen:

Nur das nehmen, was unbedingt nötig ist und nur solange, solange es unbedingt nötig ist - denn hier ist weniger mehr!

Und auch bezüglich Operationen sollte man vorsichtig sein. Viele ältere Menschen, die Teile der Funktionalität ihres Körpers eingebüßt haben, lassen sich operieren, damit verlorene Funktionen wieder zurückerlangt werden können. Das kann schon sinnvoll sein, etwa wenn man nicht mehr gehen kann. Aber auch hier gibt es viele "Luxuseingriffe": Zum Beispiel eine Operation, damit einem die Hände nicht mehr einschlafen. Jede Operation ist auch eine starke Verletzung des Körpers, der danach erst wieder heilen muss. Und je älter man ist, desto länger wird die Heilung dauern, und desto mehr Kraft wird sie dem Körper kosten. Einige Operationen lassen sich durch ein kurzes tägliches Übungsprogramm ersetzen. Aufpassen muss man auch, da es für ein Spital / für einen Arzt finanziell lukrativer sein kann zu operieren als nicht zu operieren. Dadurch können dann Eingriffe empfohlen werden, die aber nicht gut für Sie sind, sondern für die Brieftasche der Operierenden.

Ein Geheimnis um alt zu bleiben lautet: Jeden Tag spazieren gehen, jeden Tag Beweglichkeitsübungen und ein Muskeltraining machen, und so wenig Medikamente und Operationen wie möglich. Und wie lange soll man das Trainingsprogramm durchhalten? So lange, wie man gesund bleiben möchte. Also durchaus auch im Alter von 100 Jahren - aber eben dem Alter stets angepasst. Mit 100 sollten Sie also ein sehr zartes tägliches Trainingsprogramm ausführen. Und mein Ernährungstipp soll hier auch nicht fehlen: Essen Sie viel Gemüse und nehmen Sie auch viel pflanzliches Protein zu sich!

Es muss an dieser Stelle auch gesagt werden, dass die moderne Kleinfamilie (Vater, Mutter, Kinder) die Alten nicht mehr mit einschließt. Das war in den früheren Jahrhunderten anders - auch deshalb, da es damals kein so ausgeprägtes Sozialsystem gab, wie im heutigen Wohlstandseuropa. Das "Wegsperren der Alten" hat aber Nachteile: Zum einen haben die Kinder weniger Kontakt mit ihren Großeltern und können daher weniger von ihnen lernen. Zum anderen bieten sich Großeltern ja ideal für die Kinderbetreuung an, da diese zumeist nicht mehr arbeiten - was auch die Eltern entlasten würde. Das Wichtigste wäre aber wohl der Bildungseffekt über das "Leiden im Alter" und über den Tod. In einer Großfamilie konntest du die Gesamtheit des menschlichen Lebens überblicken. Jetzt, mit "weggesperrter" älterer Generation, lebt man quasi in einer "Jugendfamilie" - in einer Familie, in der alle jung sind.

Am Beispiel der Lebenskette sieht man, dass in der menschlichen Gesellschaft die einzelnen Individuen das tun, was für das Artenlebewesen Mensch ideal ist. Wer es nicht tut - wer also den Reproduktionsvorgang verweigert - dessen Gene werden binnen einer Generation ausgesondert. Sozusagen eine Art Selbstreinigungsmechanismus.

Schauen wir uns aber den emotionalen Zustand in diesen Phasen des Lebens an. Wie bereits im vorherigen Kapitel erläutert, sehe ich den freien Willen in einem "Emotionsgefängnis" wohnend. (Hier "eingeschlossen" zu schreiben wäre wohl ein bisschen zu negativ.) Und die Triebe und Emotionen, die einem der eigene Körper "sendet" ergeben sich ja nicht zufällig, sie folgen einem gewissen Sinn.

Ist man zum Beispiel krank, so sendet der Körper einen Trieb, sich zu schonen und eventuell im Bett zu bleiben. Hat man hingegen eine Dame kennen gelernt, mit der man sich sehr gut versteht, so wird einen der Körper viele positive Emotionen senden, so dass man ihr den Hof macht und vielleicht mit ihr zusammenkommen wird. Geht es dem eigenen Kind schlecht, erhält die Mutter von ihrem Körper einen Helfertrieb gesandt, der ihr die Kraft gibt, alles zu tun, um ihrem Kleinen helfen zu können. Der Körper - oder das "andere Ich", wenn Sie so wollen - steuert damit unsere Handlungen innerhalb des "Emotionsgefängnisses". Natürlich haben wir nach wie vor unseren freien Willen, wir werden aber in der Regel den Trieben und Emotionen folgen.

Um als Mensch glücklich zu sein, ist ein guter Weg, sich diesen Aufgaben für die Menschheit zu widmen - also im Einklang mit der eigenen Tierart zu leben:

A. Als Kind ist man idealerweise eine Art Erforscher. Man probiert alles aus: Seinen Körper, Essen, Spiele sowie den Umgang mit anderen Kindern. Der Körper sendet einem die entsprechenden Emotionen zu: Egal, wie oft das Kind fällt, es steht am nächsten Tag wieder auf. Die Energie scheint endlos zu sein. Richtig so, denn je mehr man lernt, desto größer die eigenen Erfolgsaussichten. Man kann gar nicht genug kriegen vom Leben und freut sich über jeden Tag, den man größer wird.

B. Der junge Mensch hat sein erstes Ziel erreicht: Er ist ausgewachsen. Natürlich ändern sich dessen Interessen jetzt. Er wendet sich von Kinderthemen hin zu Erwachsenenthemen. Er beginnt grundsätzlich wie ein Erwachsener zu leben. Da er aber zu den jüngsten Erwachsenen gehört, hat er immer noch das Feuer der Jugend in sich: Er hält alles für möglich und nichts kann ihm schnell genug gehen. Er hat das Gefühl, dass er für immer jung bleiben wird. Aus diesem Grund bleibt er weiter interessiert und wird sich nicht mit den gegenwärtigen Zuständen abfinden. Es geht um Veränderung und darum, etwas zu bewegen. Und so sind auch die Triebe und Emotionen, die er erhält: Er bekommt die Energie zum Handeln und das bei größtmöglicher Flexibilität. Er ist bereit sich anzupassen, wenn es nötig ist.

C. Der Mensch im mittleren Alter, bei dem idealerweise die Dinge halbwegs so laufen, wie er sich das vorgestellt hat, muss nur noch weitermachen. Zwar wird er noch ehrgeizig sein, aber nicht mehr dazu bereit sein alles seinen Zielen unterzuordnen. Wenn er Elternteil ist, so wird er - neben dem Genuss über diese Rolle - auch innerlich den Tag ersehnen, an dem die Kinder ausgewachsen sind, und er sich wieder mehr um sich selber kümmern kann. Damit er so ist, bekommt er die entsprechenden Emotionen von seinem Körper zugesandt: Zu viel Risiko oder zu viel Wagnis wären in seinem Alter - in dem oft bereits eine Familie da ist - ein Risiko für den Reproduktionsvorgang. Für die erfolgreiche Reproduktion ist es jetzt das Beste, einfach weiterzumachen, so dass die Nachkommen ein sicheres Umfeld zum Aufwachsen haben.

D. Für den älteren Menschen ist der Aufzuchtsprozess der Jungen abgeschlossen. Er braucht daher nicht mehr emotionale Zuversicht und Optimismus, wie in jüngeren Jahren. Das Gefühl, dass man "alles schaffen wird" ist für ihn nicht mehr so wichtig. Mit dem eigentlichen Reproduktionsvorgang wird er in der Regel nicht mehr so viel zu tun haben. Für diesen hat er nur noch einen Wert als stabilisierendes Element, das zum Beispiel seinen Kindern - die jetzt den Vermehrungsprozess angehen - finanziell aushelfen kann oder auf sonstige Weise zur Seite stehen kann. Er erhält vom Körper jetzt Emotionen, die ihn eher zur Ruhe bringen und auch ein wenig ängstlich werden lassen. Angst um seine Kinder kann jetzt ein Leitmotiv für ihn sein.

E. Der Greis schließlich, der kränklich und ältlich und somit selbst zum Pflegefall geworden ist, steht weit weg von der Lebenskette entfernt. Den Menschen in diesem Alter sind ihre Nachkommen dennoch das ein und alles, da sonst nicht mehr viel bleibt - außer Leid und Schmerzen. Evolutionär gesehen ist es günstig, wenn ein Greis das, was er jetzt noch hat, an die jüngste Generation weitergibt - sofern es so eine in seiner Familie gibt. Und so erhält er dementsprechende Emotionen.

Alle Ausführungen in diesem Kapitel sind natürlich nur Stereotypen. Einzelne Menschen können komplett unterschiedliche Schicksale und Herausforderungen haben als hier dargelegt. Warum dann so eine grobe Verallgemeinerung? Es ist der Versuch Gemeinsamkeiten und Tendenzen in den verschiedenen Lebensstadien zu identifizieren und darzulegen, warum was zu welcher Zeit für den Menschen von hoher Wichtigkeit ist.

KAPITEL 14

Der Sexualtrieb und das Kinderkriegen

Der Erhalt des Lebens ist für uns Lebewesen eine herausfordernde Aufgabe. Daher sind die Tierarten, die es heute noch gibt, für gewöhnliche total auf Reproduktion ausgerichtet. Nur so konnten sie sich weit genug verbreiten und heute noch existieren.

Weiß das einzelne Lebewesen aber davon? Weiß zum Beispiel ein einzelnes Hunderl davon, dass es zu einer Tierart gehört, die komplett auf Reproduktion ausgerichtet ist? Wahrscheinlich weiß das Hunderl dies nicht auf intellektuelle Weise. Aber es zeigt sich in seinen Trieben: Das Hunderl verspürt Hunger und Durst - die Nahrung stärkt seinen Körper, den es in der Folge zur Reproduktion verwenden kann. Das Hunderl verspürt auch einen Begattungstrieb. Dabei muss dem Hunderl gar nicht klar sein, dass durch den Geschlechtsakt ein Weibchen befruchtet wird und zwei Monate später Junge gebären wird. Das Hunderl hat einfach Lust auf den Geschlechtsakt an sich.

(Man sagt, dass während des Matriarchats - jene Zeit in der Menschheitsgeschichte, in der die Frauen den Männern übergeordnet gewesen sein sollen - die Menschen den Zusammenhang zwischen Geschlechtsakt und Schwangerschaft ebenfalls nicht kannten. Und dass deshalb die Frauen angebetet wurden, da sie auf wundersame Weise gebären konnten.)

Beim Menschen ist es ja nicht unähnlich. Auch der Mensch hat Hunger und Durst und er verspürt einen Sexualtrieb. Der Geschlechtsakt erregt ihn. Es geht ihm dabei oft nicht um Reproduktion - so mag er den Geschlechtsakt genauso gerne, wenn dabei verhütet wird. Der Mensch ist also mit Trieben ausgestattet, die zu einem Erhalt und einer Verbreitung der Gattung Mensch führt.

Trotzdem lebt er sein Leben nicht mit dem Ziel "die Gattung Mensch muss sich vermehren". Er will einfach ein schönes Leben haben, er will glücklich sein. Seine Triebe sollten aber so ausgestaltet sein, dass sich die Gattung Mensch vermehrt.

Daher mögen die meisten Menschen den Geschlechtsakt. Und viele sind auch dem Kinderkriegen gegenüber positiv aufgeschlossen. Trotzdem gibt es immer mehr Menschen - vor allem in der westlichen Welt - die keine Kinder wollen. Sie entscheiden es einfach für sich, um ein schöneres Leben zu haben - mit weniger Arbeit und auch billiger!

Nun, diejenigen, die keine Kinder wollen und auch keine bekommen, werden - wie bereits erwähnt - in Kürze ausgestorben sein. Wenn ein Paar keine Kinder will, aber es "passiert" dann doch, werden die Gene dieses Paares nicht aussterben. Aussterben wird nur, wer tatsächlich keine Kinder bekommt.

Nehmen wir mal an, das moderne Leben, das wir in der westlichen Welt heute leben, würde über einige Generationen so bleiben wie es ist. (Eine Tatsache, die ja höchst fraglich ist, da sich momentan vieles sehr schnell verändert.) Es gebe also viele Generationen, in denen sich Paare dazu entschließen keine Kinder zu bekommen und das dann auch so umsetzen. Die würden alle aussterben und danach wären die Menschen in der westlichen Welt dem Kinderkriegen gegenüber wesentlich positiver eingestellt als heute, da nur noch die auf der Welt sein werden, deren Eltern bereit waren Kinder zu bekommen.

Das Problem ist heutzutage eben, dass die Ausführung des Geschlechtsakts mit dem Traumpartner nicht mehr identisch mit Kinderkriegen ist. Vom Traumpartner träumen noch immer die meisten und auf Sex mit diesem Partner sind noch immer praktisch alle heiß. Das Kinderkriegen ist aber nicht mehr inkludiert, sondern ist jetzt eine Vernunftentscheidung.

Ergo wird sich der Mensch dahingehend ändern, dass ihn nicht mehr bloß der Geschlechtsakt fasziniert, sondern auch die Vorstellung Kinder zu bekommen. Dadurch wird sich der reine Sexualtrieb erweitern um den Trieb Nachkommen zu haben. Ganz einfach deshalb, da sich Menschen, die jetzt schon so denken, öfter fortpflanzen werden als Menschen, die es nicht tun.

Oder es wird sich einfach eine immer größere Abscheu gegen Verhütungsmittel verbreiten. Irgendwann wird die so weit gehen, dass der Fortpflanzungsakt mit Verhütungsmittel gar nicht mehr als schön wahrgenommen wird.

Die Triebe können sich ändern. Nicht nur beim Menschen, sondern auch in der Tierwelt. Auch die Triebe sind ein Teil des genetischen Programms, das ein Lebewesen ausmacht. Wenn ein Tier Nachkommen hat, dann hat auch jeder dieser Nachkommen leicht veränderte Triebe. Und innerhalb der Art gibt es dann auch einen Wettbewerb der Triebe. So kann es etwa sein, dass Individuen mit einem besonders starken Jagdtrieb innerhalb der Art erfolgreicher sind - da sie mehr Beute machen. Das

Gegenteil kann aber auch der Fall sein - beispielsweise weil sie sich dann zu sehr verausgaben und ihre Kräfte nicht sammeln.

Auch die Triebe des Menschen sind von der Evolution "eingestellt" - und auch sie sind bei jedem Menschen ein bisschen anders.

Grundsätzlich ist der Mensch genauso ein Lebewesen wie die Tiere. Seine Besonderheit ist aber das Gehirn und ein damit verbundenes stärker ausgeprägtes Bewusstsein und eine höhere Intelligenz. (Jedenfalls aus menschlicher Sicht.)

Die Reproduktion ist ein Vorgang, der nicht von heute auf morgen von Statten gehen kann. Ja, die Befruchtung, die durch den Geschlechtsakt erfolgt, kann in wenigen Minuten ausgeführt werden. Aber dann muss der neue Mensch im weiblichen Körper heranwachsen - sozusagen im "Reproduktionsapparat" der Frauen. Und dieser Reproduktionsapparat ist tatsächlich das Nadelöhr der Vermehrung. Nehmen wir dazu folgendes Beispiel: Besteht eine Menschengruppe aus zehn Männern und zehn Frauen, so können im Maximalfall diese zehn Frauen schwanger sein. Da dass Austragen eines Kindes neun Monate dauert, kann eine Frau 1,33 Kinder pro Jahr austragen (auf zwei Kommastellen gerundet). Diese Zahl werden wir jetzt um drei Prozent erhöhen, um Mehrlingsgeburten (Zwillinge, Drillinge, und so weiter) zu erfassen: 1,33 * 1,03 = 1,37. Die Menschengruppe in unserem Beispiel kann also pro Jahr 13,7 - zirka 14 Nachkommen in die Welt setzen.

Das ist viel, nicht? Das bedeutet, dass die Gruppe ihr Anzahl in eineinhalb Jahren verdoppeln kann: 1,5 * 13,7 = 20,55. In der Realität sah es - in der überwiegenden Zeit der Menschheitsgeschichte - jedoch deutlich anders aus. Warum? Aus folgenden Gründen: Zum ersten gab es noch bis vor 200 Jahren nach wie vor eine sehr hohe Kindersterblichkeit: So starb beispielsweise in Deutschland im 19. Jahrhundert ungefähr jedes zweite Kind, bevor es erwachsen werden konnte. Die Gründe dafür sind einfach, dass die Medizin noch nicht so fortgeschritten war wie heutzutage.

Gehen wir von diesen 50 Prozent Kindersterblichkeit aus, so wären es schon nur noch 13,7 / 2 = 6,85 Kinder pro Jahr. Wir haben aber angenommen, dass alle Frauen in der Gruppe Kinder kriegen können. Jedoch ist dies in der Praxis meist nicht der Fall und zwar aufgrund des Alters. Wir wollen hier annehmen, dass eine Frau zu 50 Prozent in der Lage war schwanger zu werden und Kinder zu bekommen. Warum? In Deutschland lag die Lebenserwartung im 19. Jahrhundert unter 40 Jahren. Wir gehen davon aus, dass eine Frau im Mittel vom 13. bis zum 33. Lebensjahr in der Lage war Kinder zu bekommen. Warum setzen wir das Höchstalter hier auf 33, obwohl heutzutage viele Frauen um die 40 noch problemlos schwanger werden können? Ganz einfach: Wenn man in der Regel stirbt, bevor man 40 ist, dann wird man im Normalfall mit 35 gesundheitlich nicht in einem perfekten Zustand sein. Man wird mit 35 häufig schon relativ kränklich sein. Daher diese vereinfachte Annahme.

Die Menschengruppe kann somit pro Jahr 6,85 / 2 = 3,42 Kinder bekommen, die auch das Erwachsenenalter erreichen werden - wenn sie alles daran setzt. Nun, es gab zu aller Zeit aber auch Partner, die sich nicht mehr verstehen und keinen Sex mehr miteinander haben. Außerdem gab es für Menschen immer auch andere Herausforderungen: Zum Beispiel Kriege, Hungersnöte oder Seuchen. Daher war in der Praxis dieser Wert von 3,42 Nachkommen pro Jahr langfristig nicht erreichbar.

Und warum soll das so wichtig gewesen sein? Weil das Überleben der Menschheit - und ich rede jetzt nicht vom 19. Jahrhundert, sondern von der letzten Million Jahre - immer eine Frage der Reproduktion war: Konnte eine Menschengruppe sich häufig genug reproduzieren, um langfristig mehr zu werden, so konnte sie überleben. Konnte sie es nicht, so ist sie einfach ausgestorben - wie jede andere Spezies in der freien Natur. Das Leben war de facto ein Kampf um Reproduktion.

Ausgehend vom Maximalwert von 3,42 Kindern pro Jahr für eine 20-köpfige Menschengruppe: Angenommen acht Männer der Gruppe wären bei der Jagd oder in einem Krieg gestorben, und die Gruppe hätte dann nur noch aus zwölf Personen bestanden. Wie viele Kinder weniger hätte sie jetzt zur Welt bringen können: Nach wie vor 3,42 - sofern einer der überlebenden Männer sich im geschlechtsreifen Alter befunden hat. Das Versterben von Männern hat die Reproduktionsrate nicht gesenkt. (Eigentlich sogar erhöht, da jetzt zwölf Personen 3,42 Nachkommen zur Welt bringen können - und vorher waren es 20.)

Was aber, wenn nicht acht Männer, sondern acht Frauen der Gruppe gestorben wären - zum Beispiel an einer Krankheit? Die nunmehrig aus zehn Männern und zwei Frauen bestehende Gruppe hätte jetzt nur noch 3,42 * 2 / 10 = 0,68 Kinder pro Jahr in die Welt setzen können, die es auch schaffen das Erwachsenenalter zu erreichen. Das wäre dann wohl existenzgefährdend gewesen: Die Gruppe wäre Gefahr gelaufen auszusterben!

Daher wurden den Geschlechtern folgende Rollen zuerkannt: Die Männer haben eher das zuhause verlassen, haben gejagt und haben gegen andere Stämme gekämpft. Die Frauen waren eher zuhause und haben sich weniger gefährlichen Tätigkeiten gewidmet. Diese Kultur und Rollenverteilung zwischen Mann und Frau hat das Überleben gesichert! Und aus dieser Zeit kommt es auch, dass man sich als Mann schützend und behütend um die Frauen kümmert. Und ja, man hat sich hauptsächlich um die jungen und schönen Frauen gekümmert: Denn diese konnten ja noch gebären - im Gegensatz zu den alten Frauen.

Und auch heute ist es noch so: Ein Mann überlässt einer jungen schönen Frau noch immer gerne seinen Sitzplatz, er lässt sie grundsätzlich vorgehen, geht aber - zum Beispiel - in ein Restaurant vor ihr hinein - um sie zu schützen. Und er bezahlt auch häufig für sie. Das sind alles alte Verhaltensweisen um letztendlich sie und ihren Fortpflanzungsapparat zu schützen und zu stärken und so das Überleben der Gruppe zu sichern. Ja, und aus diesem Grund ist auch klar, warum ein Mann eher dazu motiviert ist, einer jungen schönen Frau seinen Sitzplatz anzubieten, als einem 90-jährigen alten Weibchen. Obwohl er ihn - aus Höflichkeit - natürlich auch dem alten Weibchen zuweilen überlassen wird.

KAPITEL 15

Der Niedergang unserer Lebensbedingungen

Was meine ich mit "Niedergang unserer Lebensbedingungen"? (Ich hoffe, der Ausdruck ist nicht zu extrem gewählt!) Also, da wäre einmal die Industrialisierung unserer Nahrung: Die "Bio-Produkte", die man heute im Supermarkt bekommt, sind in der Regel wesentlich künstlicher und industrialisierter produziert, als die "Nicht-Bio-Produkte" von vor 20 Jahren. Auch deshalb steigt die Anzahl der Krebserkrankungen. Bald 50 Prozent aller Menschen in der westlichen Welt werden laut aktuellen Vorhersagen mindestens einmal in ihrem Leben an einer Form von Krebs erkranken. Und es ist nicht absehbar, dass diese Steigerung danach zu einem Ende kommen wird. Krebs ist wirklich eine tödliche Erkrankung. Verglichen mit Krebs ist das Coronavirus bezüglich Todesrate praktisch völlig harmlos. Man sieht es auch beim Brustkrebs: Vor 50 Jahren war es eine Weltsensation, wenn eine Frau unter 40 an Brustkrebs erkrankt ist. Mediziner aus aller Welt sind dann angereist, um den Fall zu untersuchen. Heute ist Brustkrebs bei Frauen unter 30 eine Normalität!

Sie haben sicher schon einmal in einem Hochglanzmagazin eine diesbezügliche Geschichte gelesen: "Wie ich den Krebs besiegte" - oder so ähnlich betitelt - kommt darin eine berühmte Schauspielerin oder Sängerin zu Wort und verrät ihren ganz persönlichen Kampf mit der Krankheit. Verstirbt sie einige Monate danach an den Metastasen, so gibt es dann wieder einen Artikel in dem gleichen Hochglanzmagazin - bei weitem nicht so positiv natürlich, aber mindestens ebenso dramatisch.

Gut, es gibt auch Ausnahmen - aber sehr wenige. Bei Olivia Newton-John hat man angenommen, dass sie den Krebs besiegt hatte. 1948 geboren, war sie in den 1970er und Anfang der 1980er-Jahre eine der erfolgreichsten Sängerinnen der Welt mit insgesamt vier gewonnenen Grammy-Auszeichnungen. Sie erkrankte 1992, 2013 und 2017 an Brustkrebs. Aus meiner Sicht kann man hier nicht von "besiegt" sprechen, da der Krebs ja mehrmals zurückgekehrt ist.

Eine, die es wahrscheinlich geschafft hat, ist Marcia Barret - ebenfalls 1948 geboren. Sie war eine der zwei Leadsängerinnen der Popgruppe "Boney M", die vor allem in der zweiten Hälfte der 1970er-Jahre große Erfolge feierte. Sie ist in Jamaika aufgewachsen und als Teenager in das damalige "Mutterland" England übersiedelt. 1994 erkranke sie an Eierstockkrebs, 1997 kam der Brustkrebs, 2002 wuchs ein Krebstumor im Rückenmark, Kurz darauf entstand ein Krebsgeschwür in einem Lymphknoten. 2007 schließlich musste ihr ein Krebsgeschwür in der Speiseröhre entfernt werden. Da das jetzt schon einige Zeit her ist, hoffe ich für sie, dass sie den Krebs für immer besiegt hat - ganz sicher kann das aber natürlich niemand wissen.

Andere lassen sich vorsorglich gleich das gesamte Brustgewebe amputieren und mit einer Silikonmasse auffüllen (die 1975 geborene Schauspielerin Angelina Jolie ließ dies 2013 machen). So muss halt jeder Mensch in der westlichen Welt seinen persönlichen Weg mit den sich verschlechternden Lebensbedingungen finden - und manche dieser Wege sind grausam. Wenn Sie jetzt sagen sollten, ich jammere auf hohem Niveau, dann gebe ich Ihnen (noch) Recht!

Weiters gibt es auch noch das dramatische Insektensterben. Wer schon ein paar Jahrzehnte mit seinem Auto in Waldgebieten unterwegs ist, der weiß, dass er jetzt deutlich weniger tote Insekten von der Scheibe zu wischen hat als damals. Wenn aber die Insekten wegsterben, wer soll dann die Blüten bestäuben? Das Insektensterben kann zum Niedergang vieler Pflanzen führen und wenn diese zugrunde gehen, wird die Atmosphäre deutlich weniger Sauerstoff enthalten als heute. Man kann nur hoffen, dass wir Menschen dann noch genügend Sauerstoff zum Atmen vorfinden werden.

Dann gibt es noch die von Mobiltelefonen und kabellosen Computernetzwerken ausgesendete Strahlung. Ob die schädlich ist oder nicht, gilt ja als umstritten. Aber: Bei Gehirntumoren kann bereits ein Zusammenhang wissenschaftlich nachgewiesen werden: Diese entstehen eher in der linken Gehirnhälfte, wenn der Patient sein Handy öfter ans linke Ohr gehalten hat, als an das rechte - und umgekehrt. In Stichworten: Glioblastom / aggressivster Hirntumor der Welt / Todesrate 99 Prozent innerhalb von fünf Jahren (die meisten sterben im ersten Jahr) / wer es dennoch überlebt, kann als Buchautor berühmt werden. Haben Sie schon einmal einen Arzt mit einem Mobiltelefon telefonieren sehen? Die halten ihr Handy nämlich nie direkt ans Ohr. Warum? Weil sie in ihrem Studium um die Verletzbarkeit der Gehirnzellen durch Strahlenbelastung lernen und diese gefährlichste aller Krebserkrankungen kennen.

Na ja, und von der "Klimaerwärmung" will ich hier gar nicht anfangen - mittlerweile gibt es ja kaum mehr eine Nachrichtensendung, in der von diesem möglichen Untergangsszenario nicht gewarnt wird. Fast

so, als ob es das einzige Problem der Menschheit wäre und wir sofort
loshetzen müssen, um den Klimawandel überleben zu können, während
die anderen Probleme offenbar nicht einmal einer Randnotiz bedürfen.

Ich hoffe, ich habe niemandem die Laune verdorben. Wie schon gesagt:
Aus meiner Sicht wäre ich schon sehr glücklich, wenn dieser "Untergang unserer natürlichen Lebensbedingungen" so langsam vor sich ginge, dass wir, unsere Kinder und unsere Kindeskinder noch ein Leben so
halbwegs "wie heute" vorfinden können! Möglicherweise wird auch alles viel dramatischer hochgekocht, als es ist - möglicherweise aber auch
nicht. Ich kann es nicht beurteilen, und will mich daher auch nicht weiter damit befassen. Letztendlich tangiert es mich nicht. Ich lebe (und
genieße hoffentlich) den heutigen Tag. Alles andere - auch ob ich den
morgigen Tag noch erleben werde - kann ich nicht mit Bestimmtheit
sagen. Letztendlich gibt es für mich - wie für uns alle - nur das Jetzt.

KAPITEL 16

Das traurige Leben der Schlachthofrinder

Kommen wir zurück zur Biomasse: Alle Rinder zusammen weisen ungefähr die dreifache aller Menschen auf. Macht das das Rind zu einem erfolgreicheren Lebewesen als den Menschen? Nun, Sie werden hier vielleicht anmerken, dass die Rinder zu mehr als 95 Prozent in Tierfabriken vom Menschen kontrolliert werden - für seinen Fleischbedarf.

Ist das gut oder schlecht? Betrachtet man das "traurige" Leben eines einzelnen Tieres in der Tierfabrik, so werden viele Tierschützer ein Ende dieser Haltung fordern. Nur: Ohne diese - aus Sicht der Fleischproduktion äußerst effizienten - Haltung, würde es nur einen Bruchteil der Rinder geben, die es heute gibt. Sowohl in Deutschland, als auch in Österreich leben mehr als doppelt so viele Rinder wie Menschen. Aber sieht man die im Alltagsleben? Ja, irgendwann bei einer Bergwanderung hat man wohl schon einmal eine eingezäunte Herde gesehen. Aber wo sind denn all die ca. 200 Millionen Tiere in Deutschland? Die können ja nicht alle in so eingezäunten Gehegen leben!

Die Antwort sind die Tierfabriken: Dort leben die Tiere für zwei Jahre (mit Ausnahme der für Kalbfleisch vorgesehenen Tiere) in beengten Verhältnissen, ohne jemals die Sonne zu sehen. Diese erblicken sie nur einmal in ihrem Leben: An dem Tag, an dem sie in den Schlachthof abtransportiert werden. Das Leben wird ihnen dann unter Betäubung genommen. Gut, hie und da funktioniert diese Betäubung nicht und das Tier wacht mit dem Kopf nach unten an einem Nagel hängend auf - halb aufgeschlitzt - und erlebt qualvolle Minuten und Stunden, bis ein Schlachthofmitarbeiter es von seinem Leid erlöst. Gottlob sind in solchen Situationen meist keine Tierschutzorganisationen zur Stelle. Sowohl Tierfabriken als auch Schlachthöfe werden mit militärischer Strenge vor Besuchern abgeschirmt. All das passiert aber aus gutem Antrieb: Man will uns halt unser Steak nicht verleiden!

Wie gesagt würde es ohne so einer Haltung nur einen Bruchteil dieser Tiere geben - schätzungsweise maximal ein Zehntel. Was ist jetzt "besser" für die Tierart Rind? Aus ethischer (und damit menschlicher) Sicht wäre dieses Treiben zu beenden. Aber damit verlieren Milliarden noch ungeborener Rinder ihr Recht auf ein (bis zu zweijähriges) Leben!

Was zählt mehr: Die Qualität des Lebens oder die Quantität der Exemplare. Hier muss man wohl antworten: Die Quantität! Warum? Weil Lebewesen alles tun, um sich vermehren zu können - also MEHR zu werden. Dafür übersiedelte eine Seehundart in die Antarktis. Dafür ging eine Unterart des Leoparden auf schneebedeckte Berge. Nur um dort ihre Nische zu finden, wo Ver*mehr*ung für sie möglich ist. Keine Tierart fragt danach, wo das qualitativ schönere (meinetwegen auch "natürlichere") Leben möglich ist. Nein, es scheinen nur Zahlen zu zählen. Wo sich eine Tierart vermehren kann, dort wird sie auch angesiedelt bleiben, egal wie hart das Leben für das einzelne Exemplar dort sein mag!

Und so haben auch unsere Rinder ihre Nische gefunden. Sie haben ihr zweijähriges Leben (bei Kalbfleisch sind es sechs Monate) in den Tierfabriken als unser Eiweißvorrat. Exemplare, die besonders leicht Fleisch ansetzen, die die Vielzahl an verabreichten Medikamenten gut vertragen und die friedliebend sind, haben die besten Chancen auf Vermehrung - über die in diesem Fall der Mensch entscheidet. Früher - in freier Wildbahn - war eher entscheidend, dass ein Rind stark und schnell ist und sich und seine Nachkommen vor Raubtieren schützen kann. Das Rind von heute kennt kein anderes Leben mehr, als das in der Tierfabrik, und es lebt, genießt und leidet in diesem zweijährige Leben, das ihm - von der Evolution - geschenkt wurde. Ja, von der Evolution und nicht vom Menschen!

Denn der Mensch schenkt dem Rind nichts. Würde er heute einen günstigeren Weg der Fleischproduktion finden, so wären 90 Prozent aller Rinder morgen tot. Das Rind hat sich seinen Platz erkämpft - es ist einfach sehr geeignet für die menschliche Fleischproduktion. Und wer ist abhängiger vom anderen? Nun, in den Tierfabriken sind die Rinder sicher abhängig vom Menschen, weil sie dort gefangen sind. Ließe man sie aber frei, so würden sie - als Pflanzenfresser - den Menschen wohl nicht mehr benötigen. Umgekehrt benötigt der Mensch das Rind zur Deckung seines enormen Fleischbedarfs - vor allem in den Großstädten der westlichen Welt. Ohne die Nahrungsquelle Rind hätte sich der Mensch mit Sicherheit anders - wohl schlechter - entwickelt.

Kann man sagen, dass ein Rinderleben in der Tierfabrik nicht lebenswert ist? Wenn ja, wer könnte so eine Aussage machen? Und wie soll man das wissen? Möglicherweise gibt es einzelne Tierfabrik-Rinder, die ihr Leben dort lieben und jede einzelne Sekunde davon genießen, während so manch ein luxusverwöhnter Großstadtbewohner sein Leben nicht mehr zu genießen weiß.

Für eine Tierart zählt nur das Leben. Steinböcke leben hoch auf den Bergen in gebirgigem Gelände - über der Waldgrenze und unterhalb der Eisgrenze. Ist das ein lebenswertes Leben? Ständig in der Kälte? Sie tun es, da dort die Überlebenschancen am höchsten sind und es dort weniger Raubtiere gibt. Ja, solche Lebensbedingungen werden von uns Menschen für ein Tier goutiert, da wir sie als natürlich erachten.

Und wie sieht es aus beim Ameisenbandwurm "Myrmeconema Neotropicum"? Dieser Bandwurm - der erst vor wenigen Jahren entdeckt wurde - lebt in Ameisen. Die Länge eines erwachsenen Tieres beträgt etwas weniger als einen Millimeter, die Breite ungefähr einen Zehntel Zentimeter. Die Eier dieses Ameisenbandwurms sind im Vogelkot zu finden. Dieser wird von Ameisen häufig an ihre Larven verfüttert, da er wertvolle Nährstoffe enthält.

Sind die Eier einmal in der Ameisenlarve, so bewegen sie sich in deren Hinterleib. Dort schlüpfen sie und wachsen heran. Wenn sich die Ameisenlarve verpuppt, beginnt die Reproduktion. Die weiblichen Tiere produzieren Eier, die sie in ihrem Körper behalten, während die männlichen Tiere nach einiger Zeit absterben.

Trägt eine ausgewachsene Ameise diesen Parasiten in sich, dann schwillt ihr Hinterleib an und er verfärbt sich von schwarz auf rötlich. Die Ameise wird dann auch weniger ängstlich - das heißt sie flüchtet nicht so schnell vor herannahenden Vögeln. Wie genau das ausgelöst wird, ist noch nicht restlos geklärt. Fakt ist aber, dass die Hinterleiber der befallenen Ameisen von Vögeln häufig mit kleinen Beeren verwechselt werden. Daher essen sie sie. Die weiblichen Tiere gelangen so in das Verdauungssystems des Vogels, wo sie ihre Eier legen. Diese werden schließlich mit dem Vogelkot ausgeschieden. Um diesen Kot bemühen sich dann wiederum die Ameisen - als wertvolle Nahrungsquelle für ihre Larven: Der Kreis schließt sich und die nächste Generation wird geboren.

Und an alle, die meinen, das Leben eines Rindes in der Tierfabrik wäre nicht lebenswert: Das Leben eines Ameisenbandwurms ist demnach schon lebenswert? Er lebt lediglich in Ameisen- und Vogelkörpern. Der Ameisenbandwurm wird alles tun, um sich zu vermehren und seine Art zu erhalten - denn er liebt sein Leben in seinen Wirtskörpern so wie es ist. Natürlich hat dieser Bandwurm nicht immer so gelebt - er gelangte im Laufe der Milliarden Jahre andauernden Evolution irgendwann zu diesem Lebenspfad. Genauso wie die Rinder nicht schon immer in der Tierfabrik auf die Welt gekommen sind: Auch sie sind im Laufe der Evolution zu so einem symbiotischen Leben mit dem Menschen gelangt. Deshalb: Lasst dem Ameisenbandwurm sein natürliches Leben in Vogel- und Ameisenkörpern und den Rindern ihr natürliches Leben in unseren Tierfabriken!

KAPITEL 17

Die Tendenz des Menschen sich positive Ergebnisse zuzuschreiben

Es gibt sie wirklich, diese Tendenz des Menschen, sich selbst positive Ergebnisse zuzuschreiben. Wenn jedoch die Ergebnisse negativ waren, dann ist es die Schuld anderer. Woher kommt das?

Der Mensch hat ja eine Aufgabe zu erfüllen für die Menschheit: Sein Leben schützen, sich zu reproduzieren, seine Kultur verbreiten - die drei "Menschenziele". Die Aufzucht eines Kindes zu einem erwachsenen unabhängigem Menschen ist für die menschliche Gesellschaft ein Vorgang, der sehr viele Ressourcen verbraucht. (Anders als beim Krokodil, das viele tausend Eier legt, sich nach deren Schlüpfen aber kaum mehr um diese schert - nach dem Motto: Ein paar werden schon nicht aufgefressen werden.)

Es ist daher sehr wichtig für unsere Art, dass junge Menschen-Exemplare das Leben bejahen, dass sie Ziele und Träume haben, die mit den Menschenzielen kongruent sind. Nur dadurch wird die Art weiter getragen. Dies führt zu einer Art Urvertrauen in der jungen Generation.

Wenn man sich für überlegen hält und sich sicher ist, dass man bald Erfolg haben wird, dann startet man jeden Tag euphorisch und freut sich auf ihn. Aus diesem Winkel betrachtet ist es daher gar nicht so schlecht, sich in einem positiven Licht zu sehen. Das Problem tritt erst dann auf, wenn sich - trotz der angenommenen Überlegenheit - kein Erfolg einstellen will. Dann zweifelt man an sich, dann wankt das Bild von sich selbst. Daher wäre es nicht schlecht, etwas bescheidener zu sein. Ich tue hier schrecklich verallgemeinern. Ich will mich auf den durchschnittlichen jungen Menschen beziehen und diesen mit anderen Lebensstadien vergleichen - aus diesem Grund erlaube ich mir die Verallgemeinerung.

Der Gedanke, dass man besser ist als die anderen, kommt bei vielen Menschen ein Leben lang vor. So hat eine Umfrage unter Autofahrern ergeben, dass sich 75 Prozent für überdurchschnittliche Autofahrer halten. Das zeigt klar die Überschätzung. Es sind halt solche Gedanken, die glücklich machen.

Dieser Umstand wird zum Beispiel in Casinos ausgenutzt - unter anderem beim Poker-Spiel. Das Pokern ist ein komplexes Spiel, bei dem es um Mathematik, Wahrscheinlichkeitsrechnung und auch Psychologie geht. Es ist ein Spiel, welches man in der Regel nicht schnell meistern können wird. Es gibt zwar einen großen Glückseffekt, dieser gleicht sich aber umso mehr aus, je mehr Hände man spielt.

Wenn ein unerfahrener Spieler ins Casino geht, um Poker zu spielen, so kann es durchaus sein, dass er gewinnt - auch dann, wenn er besseren Spielern gegenübersitzt - einfach aus Glück. Er denkt dann aber vielleicht: "Das war mein Talent für dieses Spiel, das mir den Sieg geschenkt hat! Ich habe wohl das gewisse Etwas um im Pokern erfolgreich werden zu können." Wenn er dann beim nächsten Besuch verlieren sollte, schiebt er es nicht auf sich, sondern denkt: "Ich hatte heute einfach zu schlechte Karten, nur deshalb konnte ich von den anderen, schwächeren Spielern besiegt werden."

Da er seine Spielstärke nicht so betrachtet, wie sie ist, kann das Casino gute Gewinne mit ihm machen. Selbst die mathematisch eigentlich leicht zu bewältigende Rechnung, ob er in Summe im Casino gewinnt oder verliert, wird oft verklärt: Da werden dann Verluste nicht gezählt, wenn man nicht "voll bei der Sache war". Trotz eines Gesamtverlustes sieht man sich dann dennoch als Gewinner - "Denn wenn ich richtig spiele, gewinne ich auch." - oder so ähnlich - lautet dann die Rechtfertigung.

Nehmen wir ein anderes Beispiel: Sie bemühen sich darum, mit einer jungen hübschen Frau zusammen zu kommen. Trotz Ihrer Avancen scheitern sie letztendlich. Später erfahren Sie, dass sich Ihre Angebetete für einen Regisseur entschieden hat. Was denken Sie jetzt?

"Nun ja, da hat sie sich einfach für jemanden entschieden, der einen interessanten Beruf hat. Da kann ich nicht mithalten. Es war letztendlich keine faire Entscheidung, weil sie nicht nach dem wertvolleren Menschen gegangen ist, sondern nach dem Beruf." (Wobei Sie sich hier selbst als den "wertvolleren" Menschen erachten.)

Und was würde der Regisseur denken, den sie gewählt hat:

"Sie hat sich für mich entschieden, weil ich der wertvollere Mensch bin. Natürlich, denn das sieht man auch an meinem Beruf, den ja nicht jeder erfolgreich ausüben kann. Das geht nur, wenn man positive Persönlichkeitseigenschaften hat - so wie ich." (Auch er ist letztendlich "wertvollerer" - aber die Argumentationskette ist eine andere.)

Obwohl das hier natürlich eine Überzeichnung ist, soll es das Prinzip, das aus meiner Sicht herrscht, verdeutlichen: Jeder sieht sich in irgendeiner Weise als überlegen an. Das ist auch gut so, denn so macht ein Weiterleben für ihn Sinn, denn eines Tages wird "sicher der Erfolg kommen". Dies ist vor allem so lange wichtig, bis sich der Mensch fortgepflanzt hat und seine Kinder groß sind. Danach ist es nicht mehr so schlimm für die Menschheit, wenn einzelne Akteure depressiv werden oder den Glauben an sich selbst verlieren - da ihre Arbeit dann bereits verrichtet ist.

KAPITEL 18

Versicherungen

Es gibt auch ein anderes Beispiel dafür, wie das Denken des Menschen ausgenützt werden kann, wenn es nicht logisch ist. Und das ist auch bei Versicherungen der Fall. Der Mensch ist oft nicht in der Lage, ein kleines Risiko richtig einzuschätzen. Zum Beispiel bei einer Brandschutzversicherung für sein Haus.

Der Versicherungsagent erklärt, welch hohe Abdeckungssumme man für eine kleine monatliche Zahlung erhält im Rahmen einer Brandschutzversicherung. Der Kunde denkt jetzt: "Wow, das ist wirklich wenig. Und wenn mein Haus abbrennt, wird mir wirklich alles ersetzt - Wahnsinn! Das muss ich abschließen."

Dennoch werden die Versicherungen immer reicher. Sie haben all diese Versicherungsverträge mit Kunden abgeschlossen, die sie erfüllen und daher im Schadensfall zahlen müssen. Daneben müssen Sie aber auch noch allen ihren Mitarbeitern - und das sind sehr viele - gute Gehälter und Provisionen zahlen. Und dann brauchen sie auch noch Büros, wo die vielen Mitarbeiter arbeiten. Und das sind nicht etwa günstige unscheinbare Büros: Nein, die sind oft in supermodernen beeindruckenden Bürotürmen in den besten Lagen großer Städte angesiedelt. Wie kann sich eine Versicherungsgesellschaft denn so etwas leisten, wenn sie für kleine Versicherungsprämien im Schadensfall so viel bezahlen?

Versicherungsunternehmen arbeiten mit Statistiken. Sie wissen daher ganz genau, wie wahrscheinlich es ist, dass ein bestimmter Schaden eintritt. Bei einer Brandschutzversicherung wird also genau analysiert, wie wahrscheinlich es ist, dass ein Brand in einem Haus einer bestimmten Größe und Bauart auftritt. Danach sieht man sich die häufigsten Ursachen dieser Brände an. Die streicht man heraus. (Im Kleingedruckten des Versicherungsvertrags ist beschrieben, was von der Versicherung ausgenommen ist.) Dadurch wird ein tatsächlicher Schadenseintritt noch unwahrscheinlicher. Die Prämie wird dann so berechnet, dass - selbst wenn bei allen Schadenseintritten die Kunden voll entschädigt werden - ein satter Gewinn übrig bleibt. Und wenn dann einmal ein Schaden eintritt, der tatsächlich von der Versicherung abgedeckt ist, wird bei einigen Versicherungen alles versucht, um nicht zahlen zu müssen. Es gibt Versicherungsunternehmen die grundsätzlich einmal jeden Antrag auf Leistung der Versicherungsdeckung ablehnen und ihre Ablehnungsschreiben so aufsetzen, dass diese plausibel klingen. Warum? Weil ein gewisser Teil der Kunden - die in so einem Fall voll im Recht sind - danach einfach aufgibt. Entweder sie glauben der Versicherungsgesellschaft oder sie denken sich: "Ich habe ja eh noch Erspartes und kann es selbst abdecken." Oder sie sind zu verzweifelt, um gegen die Versicherung gerichtlich vorzugehen.

Wenn es ein Risiko eines Brandes von 0,001% pro Jahr geben sollte, dann heißt das, dass von 100.000 Häusern eines pro Jahr Feuer fängt. In 50 Jahren wären das 50 von 100.000 Häusern. Diese Chance entspricht 1:2.000. Wenn ein Kunde davon hört, denkt er sich: "Oh, mein Haus könnte tatsächlich abbrennen. Die Chance ist sehr klein, aber es könnte passieren. Und ich verliere alles, wofür ich so mühsam gearbeitet habe." Dieser Gedanken kann einen beschäftigen. Und wenn die Versicherung so günstig ist, schließt er sie dann ab - um "ruhig schlafen zu können". Und die Prämie? Angenommen die Deckungssumme beträgt eine Million Euro. Wenn ein Haus von 100.000 Häusern im Jahr abbrennt, dann müsste jeder dieser Hauseigentümer 10 Euro pro Jahr bezahlen. Nun, die häufigsten statistischen Brandursachen werden dann aus dem Versicherungsumfang entfernt: Zum Beispiel elektrische Schäden oder offene Feuer (Kerzen, Kamine). Wenn 80 Prozent der Brandschäden eine dieser zwei Ursachen haben, dann muss die Versicherung nur in einem Fünftel der Fälle bezahlen. Die effektiven Kosten wären dann statt 10 Euro nur 2 Euro pro Jahr. Hinzu kommt, dass die Rechtsabteilungen der Versicherungsgesellschaften im Schadensfall viel unternehmen werden, um trotzdem nicht zahlen zu müssen. Angenommen dadurch müssen 40 Prozent der berechtigten Deckungen nicht erfüllt werden. Dann bliebe noch eine effektive Prämie von 1,20 Euro mit dem ein Versicherungsnehmer die Deckung von einer Million Euro zu finanzieren hätte. Der tatsächliche Versicherungspreis wird dann beispielsweise mit 19,90 Euro pro Jahr festgesetzt. Der Kunde hält es für ein großartiges Angebot, dass für einen verschwindend geringen Betrag von weniger als 20 Euro im Jahr sein wertvolles Haus großzügig vor gefährlichen Brandschäden abgesichert ist, und er wird in der Folge ruhiger schlafen können. Aber - statistisch gesehen - macht er ein Verlustgeschäft.

Sollte es wirklich brennen, so wird die Versicherung zu 80 Prozent auf die Ausschlussgründe "Elektrischer Schaden" oder "Offene Feuer im Haus" verweisen und eine Schadensabdeckung ablehnen können. In den restlichen 20 Prozent wird sich die Versicherung gegen eine Zahlung zu wehren versuchen, was ihr zu zirka 40 Prozent gelingen wird. De facto wird ein Brandschaden somit nur zu 12% abgedeckt. Also in weniger als jedem achten Fall.

Nicht außer Acht lassen sollte man außerdem die "Überversicherung". Bei vielen Versicherungen wird eine maximale Schadenssumme vereinbart, die im Schadensfall abzudecken wäre. Dennoch wird in so einem Fall der tatsächliche Schaden ermittelt und letztendlich wird nur dieser abgedeckt. Wenn man sein Haus für eine Million versichern lässt, so wird im Schadensfall - sollte es tatsächlich zu einer Übernahme der Kosten durch die Versicherung kommen - nur der tatsächliche "Wert" erstattet, der von der Versicherung möglichst niedrig geschätzt wird. Und der wird im Normalfall deutlich unter der Deckungssumme liegen. So eine Überversicherung dient immer dem Versicherungsunternehmen und ist stets zum Schaden des Versicherungsnehmers. Denjenigen Anteil an der Prämie, der der Überversicherung entspricht, bezahlt er praktisch ohne irgendeine Gegenleistung. Wenn schon versichern, dann sollte man daher grundsätzlich "unterversichern" und damit Versicherungsbeiträge einsparen. Auch dann ist es im Schadensfall oft schwierig, die vertraglich vereinbarte Deckungssumme zu bekommen.

Dieses Versicherungsprinzip gilt immer dort, wo etwas versichert werden kann. Eine "günstige Versicherung" gibt es per definitionem nicht. Ein gutes Versicherungsunternehmen bietet solche Versicherungen an, die dem Kunden günstig erscheinen. Wie obige Feuerversicherung. Der Mensch kann kleine Wahrscheinlichkeiten nicht richtig einschätzen. Brennt ein Haus von 100.000 pro Jahr ab, sie ist die Chance praktisch null: Man muss sich also nicht weiter damit beschäftigen und braucht auch keine Versicherung. Außer mein weiß konkret, dass im eigenen Fall die Chance erheblich größer ist. Zum Beispiel weil in dem Haus viele Partys stattfinden und auf diesen viel geraucht wird und es obendrein noch leicht entzündbare Teppiche gibt. Wenn man diese Bedingungen nicht verändern kann oder will, dann kann sich eine Feuerversicherung natürlich schon auszahlen. Man muss aber die Versicherungsbedingungen unbedingt genau studieren!

Der Versicherungsnehmer zahlt praktisch dafür "ruhig schlafen zu können". Er ist daher froh über seine Versicherung und zahlt gerne, um sich keine Sorgen mehr mach zu müssen. Die Versicherung verkauft somit eine Art "Angstbefreiung" - zu äußerst überhöhten Kosten. Beim Abschluss eines Versicherungsvertrages wird der Makler zumeist auf eine hohe Deckungssumme drängen. Bestehen Sie hier auf einen niedrigeren Betrag - Sie werden dadurch regelmäßig weniger bezahlen und im Normalfall würde auch der mehr als ausreichen.

Für die meisten Menschen ist auch eine sehr geringe Wahrscheinlichkeit "real". Das zeigt sich auch beim Lotto spielen. Auch hier ist die Chance so gering, dass sie mit "praktisch null" beziffert werden muss. Der Geldeinsatz ist damit in der Praxis verschwendetes Geld. Für die meisten Menschen zählt aber nur, ob etwas möglich ist. Eine Wahrscheinlichkeit von eins zu einer Million ist zumindest möglich. Und daher kommt sie den Menschen eher so wie eins zu hundert vor. Das ist ja auch "sehr unwahrscheinlich" aber bei dauerhaftem Lottospielen könnte man eins zu hundert schon knacken. Diese menschliche Eigenschaft wird bei Versicherungen und im Glücksspiel ausgenutzt.

Alternativ dazu kann man sich ein Sparbuch anlegen. Und immer dann, wenn sich eine Versicherung anbietet - egal welche: Für Haus, Mietwagen, Gesundheit, et cetera - schließt man sie grundsätzlich nicht ab, sondern zahlt die Beiträge, die im Falle eine Abschlusses zu zahlen gewesen wären, auf dieses Sparbuch ein. Der Betrag auf diesem Sparbuch sollte bald ansehnlich werden. Man kann diesen dann dazu verwenden tatsächliche eingetretene Schäden abzudecken (für die man dann nicht versichert sein wird). Wie würde es langfristig mit dem Guthaben auf so einem Sparbuch aussehen? In der überwiegenden Mehrzahl aller Fälle würde das Guthaben auf diesem Sparbuch stetig wachsen - trotz Abhebungen für eingetretene "Versicherungsfälle". Ganz einfach deshalb, weil Versicherungsunternehmen gut rechnen können!

Das Gute an so einem Sparbuch ist aber: Ich muss mit niemandem herumstreiten, wenn ich Geld davon benötige. Und, sollte ich nie einen Versicherungsfall haben, kann ich das Geld danach für etwas anderes verwenden!

Eine andere wichtige Ausnahme möchte ich aber auch noch erwähnen: In bestimmten Fällen zahlt es sich trotzdem sehr wohl aus, eine Versicherung abzuschließen, Und zwar dann, wenn die eigene Existenz daran hängt und die Eintrittswahrscheinlichkeit halbwegs realistisch ist. Beispiel: Bauern in Afrika, die auf ihre Ernte angewiesen sind, die jedoch im Falle eines Dürrejahres diese nicht einfahren werden können. Da die Wahrscheinlichkeit dass eine Dürre eintritt in manchen Gegenden Afrikas recht hoch ist und es hier um deren Existenz geht, kann eine Versicherung in diesen Fällen eine gute Entscheidung sein. (Aber trotzdem, falls Sie afrikanischer Bauer sind: unbedingt die Versicherungsbedingungen vorher genau studieren!)

KAPITEL 19

Die Kriegskultur - Teil 2

A ls wir 2022 den Ausbruch des Krieges zwischen der Ukraine und Russland erlebt haben, waren viele von uns schockiert. Gehörten solche Kriege in Europa nicht der Vergangenheit an und war man nicht für immer darüber hinweg?

Ja, der Schock war groß. Aber wenn man es genau betrachtet, ist folgendes festzustellen:

Der Schock des zweiten Weltkrieges mit bis zu 100 Millionen Toten hat uns ins Gewissen gerufen, dass Krieg etwas Zerstörerisches ist, das wir nie wieder wollen! Wir wollen eine Gesellschaft ohne Krieg! Nur: Die Zeit vergeht. Mit jedem Jahr, das vergeht, rückt der zweite Weltkrieg mehr in die Vergangenheit. Und irgendwann wird er nur noch als eine "historische alte Zeit" betrachtet werden, die auf diese Weise eh nicht mehr kommen kann.

Sowohl die USA als auch Russland haben in den letzten Jahrzehnten ununterbrochen ihr Militär ausgebaut und neue Waffensysteme entwickelt. Es ist nach wie vor ein Rüstungswettlauf. Der Trumpf gegen die atomare Bedrohung war ein Atomwaffenschutzschild, an dem die USA seit vielen Jahrzehnten arbeitet. Die russische Antwort: Überschall-Atomraketen, die zu schnell sind, um von irgendeinem Schutzschild abgefangen werden zu können. Beide haben ihre Projekte erfolgreich umgesetzt und somit ist die atomare Abschreckung nach wie vor gegeben. Aber wieso sollten Unsummen in Aufrüstung gesteckt werden, wenn man ohnehin nie vorhat einen Krieg zu führen? An diesem Beispiel sieht man sehr gut, dass es führenden Staaten sicher nicht darum geht den Hunger in der Welt zu besiegen, sondern dass ein möglicher weltweiter Krieg - obwohl es viele Jahrzehnte keinen gab - bei den Regierenden ständig auf der Tagesordnung stand.

Blickt man auf die Atomsprengköpfe, so sieht man, dass China - als Nummer drei der Welt - langsam aufschließt und bereits ungefähr 350 Atomsprengköpfe produziert hat. Nach wie vor überlegen an der Spitze liegen hier Russland (zirka 6.300 Sprengköpfe) und die USA (zirka 5.600).

Wenn man nur gutes annimmt und daher zur Auffassung gelangt, dass all diese Waffen nur der Verteidigung dienen: Selbst dann wird die Aufrüstung weitergehen, da jedes Land - um sich gut verteidigen zu können - auf dem gleichen Niveau wie die Konkurrenz sein will - oder ein bisschen voran. Es ist daher kein Ende abzusehen.

Atomwaffen wurden seit dem zweiten Weltkrieg nicht eingesetzt, sehr wohl aber das "konventionelle" Militär immer wieder. Von den USA um Ländern dabei zu "helfen" eine demokratische Gesellschaftsform annehmen zu können. Von Russland um Länder in seinem Machtbereich - vor allem ehemalige Mitglieder der UdSSR - davon abzuhalten, sich mit der NATO zu verbünden. Genau das gleiche passiert jetzt in der Ukraine.

Auch nicht vergessen sollte man den Jugoslawien-Krieg in den 1990er-Jahren. Da haben wir gesehen, dass ein Krieg mitten in Europa nach wie vor möglich ist.

Die Politik der Sowjetunion fußte meiner Ansicht nach sehr auf dem Recht des Stärkeren. Einige der Warschauer Pakt-Staaten - zum Beispiel Ungarn 1956 ("Ungarischer Volksaufstand"), Tschechoslowakei 1968 ("Prager Frühling") sowie Polen 1980 ("Solidarnosc") - wollten das Bündnis verlassen beziehungsweise die Bedingungen ändern. 1956 und 1968 ist deshalb die Sowjetarmee in die betrefflichen Staaten einmarschiert. 1980 hat die Drohung damit gereicht. Der "Warschauer Pakt" war das von der Sowjetunion dominierte osteuropäische Verteidigungsbündnis, dem die Sowjetunion, die DDR (Deutsche Demokratische Republik), Polen, Rumänien, die Tschechoslowakei und Ungarn angehörten - allesamt kommunistische Staaten.

Und auch innerhalb der Sowjetunion, die aus Russland und vielen anderen Staaten bestand (zum Beispiel: Georgien, der Ukraine, Armenien, den baltischen Staaten), mussten diese kleineren Staaten mit militärischer Stärke in Schach gehalten werden. Wobei die Ukraine sicher nicht in Schach gehalten werden musste, sie war zu 100 Prozent loyal und quasi ein russisches Kernland. Sehr wohl gab es aber Unabhängigkeitsbestrebungen in den baltischen Staaten, Armenien oder Georgien.

Für Russland ist es eine Art Normalität geworden, ehemalige Sowjetunions-Mitgliedstaaten zu bedrohen und zu dominieren. Die Ukraine - früher auch als "Kleinrussland" bezeichnet, im Gegensatz zum eigentlichen "Großrussland" - gilt vielen Russen als wichtiger Teil Russlands - schließlich ist die russische Nation hier entstanden. Und so gibt es auch den Aberglauben, dass Russland seine Stärke verlieren würde, wenn sie einmal die Ukraine verlieren sollte. Die Ukraine (wortwörtlich "die am Rand gelegene" - am Rand Russlands / "u" = "bei", "kraj" = "Rand") ist damit schon aus der Sicht Russlands benannt worden.

Die russische Meinung, die sich in den letzten Jahren herausgebildet hat, ist dass - nachdem der Russland-freundliche ukrainische Präsident Janukowitsch angeblich mit Hilfe der USA abgesetzt wurde - mit Präsident Selenskyj ein von den USA dominierter Präsident eingesetzt wurde, der in der Folge dann auch einige der Russland-freundlichen Parteien verboten haben soll. Seit der Annexion der Krim - die Russland als gerecht ansieht, da sie bis 1954 zu Russland gehörte und außerdem die russische Schwarzmeerflotte dort stationiert ist - unterstützen die USA die Russland-feindlichen Kräfte in der Ukraine mit Waffen und bilden deren Soldaten aus. Russland musste deshalb eingreifen, da die ukrainischen Kräfte sonst irgendwann zu stark werden würden und eine Aufnahme der Ukraine in die NATO drohen würde. Soweit die Lesart mancher Russen.

1954 wurde die Halbinsel Krim vom damaligen Präsidenten der Sowjetunion, Nikita Chruschtschow, der Ukraine geschenkt anlässlich des dreihundertsten Jubiläums des Vertrags von Perejaslaw (1654), der als wichtigstes Ereignis in den russisch-ukrainischen Beziehungen gilt. Die Ukraine war zuvor ins damals sehr mächtige Polen-Litauen eingegliedert worden. Jedoch wurden die Ukrainer in der Folge aufgrund ihres christlich orthodoxen Glaubens dort dauerhaft diskriminiert. Unter der Führung der Kosaken gab es ukrainische Aufstände, aber erst als man sich mit dem Zaren von Russland verbündete, gelang es Polen-Litauen zu besiegen.

Zurück in die Jetztzeit: Vor dem Krieg versicherte sich der russische Präsident darüber, dass die NATO im Falle eines russischen Angriffes der Ukraine nicht helfen würde. Danach startete er den Angriff. Jedoch hat er sich wohl entscheidend verkalkuliert. Zum einen hat er die Kampfkraft der ukrainischen Armee deutlich unterschätzt, zum anderen auch den Willen der Ukrainer für ihr Land zu kämpfen. Er dachte sich wohl, dass zumindest die russischsprachigen Ukrainer auf der Seite Russlands stehen würden - ein Irrtum. Wie konnte so eine Fehleinschätzung passieren? Präsident Putin ist schon sehr lange im Amt - möglicherweise wurde er abgehoben und sonderlich. Möglicherweise hat er es auch sanktioniert, wenn seine Untergebenen ihm die unliebsame Wahrheit sagen wollten. Auch über eine mögliche Krebserkrankung wird spekuliert.

Wie auch immer: Jedenfalls mussten zehntausende Ukrainer dafür sterben, dass ihr Land sich gegen den Angriff zur Wehr setzte. Und auch tausende russische Soldaten sind zu Tode gekommen. Putin nimmt die Toten in Kauf für seinen Plan, die Ukraine dominieren zu können. Aber auch Präsident Selenskyj nimmt diese Opferzahlen in Kauf, um die Unabhängigkeit der Ukraine zu verteidigen. Dass Herrscher in dieser Form über Menschenleben entscheiden und sie "höheren Zielen" opfern, ist dabei keineswegs neu. Es ist normal in der Geschichte.

Dass sich die Weltöffentlichkeit so empört über den russischen Angriffskrieg zeigt, ist da schon eher eine (relative) Neuheit in der Geschichte. Auch die massiven Sanktionen waren vom russischen Präsidenten sicherlich so nicht erwartet worden (sonst hätte er sich teilweise dagegen absichern können). Präsident Selenskyj schreit laut um Hilfe und das macht die ganze Sache sehr unangenehm für Russland. Ich nehme an, dass die russische Seite am Boden Tatsachen schaffen wollte und gehofft hat, dass nach einigen Jahren Gras über die Sache gewachsen sein wird. Aber dass Präsident Putin jemals wieder so gesellschaftsfähig sein wird, wie er vor dem Krieg einmal war, ist aus heutiger Sicht unvorstellbar, selbst dann, wenn sein Plan irgendwie noch - zumindest zum Teil - aufgehen sollte.

Warum die Ukraine soviel für Russland wert ist? Drei Gründe soll es geben: Zum ersten einmal die Geschichte der beiden Staaten - auf diese bin ich bereits eingegangen. Zweitens soll das flache Russland mit seiner langen Grenze schwer zu verteidigen sein, wenn eine Armee auf dem Landweg aus Europa angreifen sollte. Würde man hingegen die Ukraine beherrschen und könnte schon an deren Grenzen verteidigen, wäre das wesentlich einfacher, da die Grenze nicht so lange ist und natürliche Gegebenheiten einer Verteidigung zugute kommen. Der dritte Grund ist, dass vor der ukrainischen Küste massive Gasvorkommen entdeckt worden sind. Sollte die Ukraine dieses Gas fördern und verkaufen können, würde sie zu einem ernsthaften Konkurrenten für Russland hinsichtlich Gas werden können - und das ist derzeit die wichtigste russische Einkunftsquelle. Auch aus diesem Grund plante man offenbar in Moskau, die gesamt ukrainische Küste einnehmen zu können, und die Ukraine damit vom schwarzen Meer abzuschneiden und so deren maritime Wirtschaftszone inklusive der Förderrechte einkassieren zu können.

Jetzt zu einem komplett anderen Thema: Der Wiederansiedlung der Wölfe in Europa. "Warum dieser Sprung?" werden Sie jetzt fragen. Der in Mitteleuropa ausgestorbene Wolf soll wieder angesiedelt werden, da wissenschaftlich erwiesen ist, dass bei Anwesenheit von Raubtieren der mittlere Gesundheitszustand der Wildtiere besser ist.

Eine logische Entscheidung also, oder? Nur, wie kommt es denn zu diesem besseren Gesundheitszustand? Nun, zum einen müssen die möglichen Beutetiere um ihr Leben laufen und wenn sie einmal wissen, dass es in der Gegend Wölfe gibt, müssen sie einfach vorsichtiger sein bei allen ihren Aktivitäten im Leben. Es ist mehr Arbeit (vorsichtig sein + laufen) und somit mehr Training für die Tiere, weshalb sie fitter werden. Und dann kommt dazu, dass kränkliche Tiere von den Wölfen am ehesten gerissen werden. Die fallen dann sozusagen aus der

Wertung - da nicht mehr am Leben. Dieser Vorgang ist auch verbunden mit einem wesentlichen gefährlicheren Leben der potentiellen Beutetiere. Aber wie heißt es so schön: Ist ja alles natürlich!

Jetzt stellen Sie sich einmal vor, Sie hätten eine Hütte in der Nähe der Alpen: Eines Tages finden Sie vor Ihrer Hütte ein verletztes Steinbockkalb. Sie geben ihm Milch und quartieren es einige Tage bei sich ein, ziehen auch den Tierarzt zu Rate. Nach einigen Tagen ist es wieder fit und kann in die Natur entlassen werden.

Sie verbindet danach eine lebenslange Freundschaft mit diesem Steinbock. Hie und da kommt er zu ihrer Hütte, und selbst wenn Sie ihm bei Spaziergängen über den Weg laufen, erkennt er sie und kommt zu Ihnen.

Und wie stehen Sie jetzt zum Aussetzen der Wölfe in diesen Wäldern? Ein mit Ihnen befreundetes Tier wird dadurch in Lebensgefahr gebracht - der Steinbock ist für Sie ein bisschen wie ein Haustier. Nun, wenn es so wäre, würden Sie wohl gegen eine Wiederansiedlung der Wölfe plädieren: Betrachten wir die Wildtiere mit der Anonymität der Distanz, so zählen einzelne Leben und einzelnes Leid nicht. Haben wir aber einen persönlichen Bezug, so fürchten wir um das Leben des von uns so geliebten Tieres.

Genauso ist es im Krieg: Ein paar zehntausend tote russische Soldaten werden die russische Regierung nicht stören. Die opfern sich halt für das größere Ganze - sie sind sozusagen nur ein Gefechtsfaktor im Krieg, so wie auch Panzer, Raketen oder Flugzeuge. Aber man stelle sich vor, ein Verwandter von Putin würde in der Ukraine mitkämpfen: Der Präsident würde alle Hebel in Bewegung setzen, um diesen sofort aus der Gefahrenzone zu bringen!

Seitdem die Herrscher kriegsführender Länder nicht mehr selber der Schlacht beiwohnen, sondern nur noch "Schreibtischtäter" sind, sind Kriege viel brutaler geworden.

Früher war das anders: Vor ein paar hundert Jahren waren Kriege bei weitem nicht so zerstörerisch, wie sie es heute sind. Bei einer Schlacht zwischen zwei Ländern hat jedes der beiden Länder eine Armee aufgestellt aus - sagen wir - 3.000 bis 5.000 Soldaten. Die trafen sich dann am Schlachtfeld. Dort wurde dann gekämpft und es sind dabei geschätzte 50-300 Soldaten gestorben - je nachdem, wie brutal es zuging. War eine Niederlage absehbar, so hat der Kommandant der besiegten Armee seine Truppen zurückgezogen - und das war oft der Herrscher des kriegsführenden Staates! Die Anzahl der Toten betrug somit zirka zwischen einem halben und vier Prozent der teilnehmenden Soldaten. Das ist sicherlich schlimm, aber es war wesentlich moderater als bei modernen Kriegen. Außerdem setzte sich die Armee eines Staates damals ja aus Berufssoldaten zusammen, die sich dazu entschlossen hatten, in der Armee zu dienen. Zumindest war das oft so.

Das normale Volk war daher nicht in Gefahr in einer Kriegsschlacht umzukommen. Das war natürlich nicht immer so. Es gab auch Situationen, in denen eine siegreiche Armee im besiegten Land geplündert und getötet hat - so wie zum Beispiel häufig im Rahmen der Kreuzzüge.

Spätestens im 20. Jahrhundert hat sich die Kriegsführung enorm geändert. Die beiden Weltkriege führten zu einem unvorstellbaren Massensterben. Die Weltkriege betrafen die gesamte Bevölkerung in den kriegsführenden Staaten. Du konntest jederzeit bei einem Bombenangriff umkommen oder auch durch Hunger, da die Versorgung der Bevölkerung sehr schlecht war. Viele Politiker haben eingesehen, dass man so mit der Kriegskultur nicht weitermachen kann. Und dann kam noch die Atombombe! Bei einem ernsthaften Krieg zwischen zwei hoch entwickelten Staaten kann diese natürlich gezündet werden und es ist klar, dass so ein Krieg am Ende für niemanden ein Erfolg sein kann. Deshalb gab es auch seit Ende des zweiten Weltkriegs keinen großen Krieg mehr zwischen Atommächten. Zumindest keinen direkten.

Interessant auch im Krieg Russland-Ukraine: Russland hat Atomwaffen, setzt sie aber (vorerst) nicht ein. Dies deshalb, da der Krieg offiziell eine "Befreiungsmission" ist. Man will also nur einen Wechsel der Regierung herbeiführen und ist angeblich auf der Seite der Bevölkerung. Atomwaffen würden zu dieser Geschichte nicht passen. Man führt den Krieg ja nur um die ukrainische Bevölkerung zu "schützen".

Ein anderer Grund für den Nichteinsatz von Atomwaffen ist sicherlich auch, dass man die Ukrainer nicht als Todfeinde haben will - wobei man das mittlerweile wahrscheinlich auch so erreicht hat. Russland wird jetzt in der Ukraine gehasst.

Es gibt ja sehr viele familiäre Bande über die Landesgrenze Ukraine-Russland hinaus. Viele Russen haben Verwandte in der Ukraine und umgekehrt. Für diese Menschen muss der Krieg ein Horror sein. Aber sie haben wohl momentan keine Stimme, mit der sie ihre Verzweiflung herausschreien können. Sollte sich das eines Tages ändern, wird es wohl viele Vorwürfe geben aufgrund von Verwandten im anderen Land, die gestorben sind.

Die mit Russland verbündeten Staaten sind ebenfalls relevant in der Frage eines Einsatzes von Atomwaffen. Ob die bei einem Atomwaffeneinsatz an der Seite Russlands verbleiben würden, ist mehr als fraglich. Da geht es einerseits um China aber auch um Staaten, die sich relativ neutral verhalten, wie Indien oder die Türkei. Aufgrund der scharfen Sanktionen ist jedes Land, das sich diesen nicht voll anschließt, wertvoll für Russland.

Nun ja, sicher ist letztendlich gar nichts. Es ist immer vorstellbar, dass Russland bei einem Krieg der verloren zu sein scheint, doch noch eine taktische (also begrenzte) Atombombe zünden lässt. Man muss sich das so vorstellen wie einen Boxkampf: Der eine Kämpfer verwendet nur seine Fäuste. Der andere hat zusätzlich einen Revolvergürtel mit geladener Waffe umgeschnallt. Läuft der Faustkampf nicht optimal für ihn, kann er diese jederzeit ziehen und feuern...

Kann das Kriege führen jemals enden? Nun, es endet zwischen Atommächten, die die gegenseitige Zerstörung befürchten müssen. Dafür muss halt sehr viel Geld und Arbeit in die ständige Verbesserung und in die Kontrolle der Atomwaffen gesteckt werden. Außerdem kann immer einmal ein Verrückter an die Macht kommen, der dann trotzdem auf den Knopf drückt - zum Beispiel aus Trotz, weil er von der Bevölkerung abgewählt wurde. (Manche befürchteten so einen Schritt vom früheren US-Präsidenten Donald Trump.) Der wahre Krieg zwischen Atommächten ist wohl ein Forschungskrieg: Gelingt einem der Kontrahenten die Entwicklung einer neuen Technologie, welche die Atomwaffen des Gegners unwirksam machen kann, so wäre der Krieg gewonnen, ohne dass ein einziger Schuss fallen muss.

Eine andere Möglichkeit wäre, dass es eine starke Macht auf der Welt gebe, gegen die es sinnlos wäre sich aufzulehnen. Sollten alle Länder zum Beispiel einmal eine "Weltregierung" wählen, dann könnte man dieser dann alle Atomwaffen anvertrauen. Aber, das halte ich doch für eine sehr unrealistische Variante: Diese Gedanken an eine "vereinte Welt": Schauen wir auf die Europäische Union. Die könnte ein Modell dafür sein, wie sich Staaten freiwillig unter eine gemeinsame Autorität stellen. Schaut man sich aber die Atommacht Frankreich in der EU an, so macht diese keine Anstalten ihre Atomwaffen der EU zu Verfügung zu stellen. Warum auch? Die eigene Macht würde dadurch nur sinken. Und letztendlich trachten die Staaten ja eher darum ihren Einfluss zu erhöhen - um ihre Kultur zu verbreiten. Es ist fraglich, ob die Staaten der EU jemals dazu bereit sein werden, ihre staatliche Unabhängigkeit völlig aufzugeben. Es kann auch sein, dass sie ein Projekt wie die EU nur solange bejahen, solange diese für ihren Staat Vorteile bringt. Besonders bei Mitgliedsländern wie Ungarn oder Polen scheint diese Einstellung vorzuherrschen. Und das Vereinigte Königreich ist ja ohnehin schon ausgeschieden...

Die Frage ist ja auch, ob eine "vereinte Welt" für uns wirklich vorteilhaft wäre. Wenn die Regierung eines Staates zu viel betrügen, zu viel Vetternwirtschaft betreiben und sich zu viel Geld des Staates aneignen würde, dann würde der Staat wirtschaftlich zurückfallen - im Vergleich zu anderen Staaten. Die Bevölkerung würde unzufrieden werden und die Regierung in der Folge abwählen. Aber wie wäre das in einer "vereinten Welt"? Da gebe es ja keinen anderen Staat mehr, den man als Vergleich heranziehen könnte - bezüglich wirtschaftlicher Effizienz und bezüglich Korruption.

Ein großer Staat, der nicht mehr mit anderen konkurrieren muss: Möglicherweise wird dieser alle seine Energien dafür einsetzen um seine Bürger "besser" zu erziehen? Meisterwerke der Literatur, wie "1984" oder "Brave new World", zeugen von möglichen Wegen in eine Diktatur, wenn ein Staat zu mächtig wird.

Ich habe gehofft, dass der Wettbewerb, den Staaten untereinander austragen zu wollen scheinen, sich vom Krieg mehr zu sportlichen Wettkämpfen hin verschieben wird.

Nehmen wir zum Beispiel Fußballspiele - Spiele der Nationalmannschaften untereinander, wie etwa bei der Fußball-Weltmeisterschaft: Es scheint dann, als würde nahezu die gesamte Bevölkerung eines Landes mit "seiner" Mannschaft mitfiebern. Im Falle des Titel-

gewinnes gibt es eine gigantische Siegesfeier und das Land ist in heller
Begeisterung. Verliert man aber unrühmlich, so ist das auch eine
Schmach für die Bevölkerung, und man ist nicht glücklich in dem Land.

Warum aber? Dort auf dem Rasen stehen doch nur 22 Spieler? Kann uns
das Resultat in derem Ballspiel nicht egal sein? Wie betrifft es uns? Es
hat doch keine wichtigen Folgen, oder?

Nun, so wie bei echten Kriegen, geht es auch bei solchen Fußballspielen
um einen Wettbewerb der Kulturen. Wird eine andere Nation in einem
Länderspiel besiegt, dann waren nicht nur "diese elf Spieler besser".
Nein: Die gesamte Fußballkultur in dem siegreichen Land gilt dann als
überlegen. Die Arbeit tausender Trainer, der Einsatz von Millionen
Hobbyfußballern führte dazu, dass das Fußballspiel in diesem Land ein
hohes Niveau erreicht hat. Und die Nationalmannschaft steht stellver-
tretend für diese Kultur. Aber sie steht auch für die gesamte Kultur eines Landes. Denn ein Land, das wirtschaftlich stark ist, das sicher ist,
das ein faires Gesellschaftssystem hat, das kann auch eher ein starkes
Level im Fußball erreichen, als ein wirtschaftlich schwaches Land, das
womöglich unsicher ist, und in dessen Gesellschaftssystem es ungerecht
zugeht.

Daher ist ein Sieg bei der Fußball-Weltmeisterschaft so bedeutend: Da
dadurch die gesamte Kultur eines Landes aufgewertet wird. Für mich
war diese Begeisterung für Fußball-Länderspiele ein Indiz dafür, dass
sich das Konkurrieren verschiedener Staaten (und damit Kulturen) vom
Krieg wegbewegen könnte. Solange aufgrund eines atomaren Patts tatsächlich kein Krieg zwischen den mächtigsten Staaten möglich ist, werden solche sportlichen Wettkämpfe tatsächlich immer wichtig sein für
das Konkurrieren der unterschiedlichen Kulturen miteinander.

Sollte sich eine "Atommacht" (ein Staat mit Atomwaffen) den anderen Atommächten überlegen fühlen, so wird es natürlich immer möglich sein, dass es zu einem Atomkrieg kommt. Das kann zum Beispiel dann der Fall, wenn ein Staat es wirklich schafft ein funktionierendes Abwehrsystem gegen die Atomraketen der anderen zu installieren.

Der Ausbruch des Krieges zwischen Russland und der Ukraine war in meinen Augen auch eine diplomatische Fehlleistung. Ich denke, dass die Diplomatie im Idealfall die Interessen verschiedener Länder so ausbalanciert, dass es nicht zu einem Krieg kommen muss.

Aus meiner Sicht kann eine Welt ohne Krieg nur dann möglich sein, wenn Meinungsverschiedenheiten durch Diplomatie gelöst werden. Und es wäre dann ein Regulativ notwendig, das es aufstrebenden Staaten erlaubt mehr Ressourcen zu erhalten und für Staaten, die auf dem absteigenden Ast sind, eine Verminderung der Ressourcen veranlasst. Denn in Kriegen geht es immer um diese Ressourcen. Es muss aus meiner Sicht gewährleistet sein, dass ein Land, welches optimal funktioniert und welches die anderen "überholt", mehr Ressourcen erhalten kann - ohne Kriege. Dann wären aus meiner Sicht keine Kriege mehr notwendig. Der Wettbewerb zwischen den Staaten wird - meiner Meinung nach - aber immer erhalten bleiben.

KAPITEL 20

Der Vertrag mit sich selbst

Vor einiger Zeit unterhielt ich mich mit einem Supermarkt-Mitarbeiter über dessen berufliche Tätigkeit. Dieser schien sehr überzeugt von seiner Arbeit im Supermarkt. Ich habe ihn gefragt, warum er denn so stolz darauf sei. Supermarktmitarbeiter genießen ja nicht die höchste Anerkennung. Auch wenn sie an der Kassa arbeiten, blickt man nicht gerade mit Hochachtung auf diese Tätigkeit. Man denkt sich eher: "Der Arme muss so viele Stunden an der Kassa sitzen. Ich hoffe für ihn, dass er einmal einen besseren Job finden wird." Aber er hat genau aufzählen können, wie lange er dort arbeiten müsste, um stellvertretender Filialleiter werden zu können. Er hat dann auch ganz genau gewusst, ein wie hohes Gehalt ihn in dieser Position erwarten würde und welche weiteren Aufstiegschancen es dort gebe. Auch war er sehr motiviert.

Für mich ist das die Motivation der Jugend. Wenn man jung ist und eine Arbeit macht, dann sieht man das sehr positiv. Man glaubt daran und will sein Bestes geben. Und wenn die Arbeit nicht die interessanteste, nicht die anspruchsvollste und auch nicht die bestbezahlte ist, na dann macht das nichts: Denn in ein paar Jahren würde man ja aufsteigen oder etwas Besseres finden. Und für einen jungen Menschen ist es natürlich keine Schande eine einfache Arbeit zu erledigen. (Für einen älteren auch nicht.) Diese Einstellung finde ich gut, und sehr lobenswert. Und ich denke mir, dass das auch ein Trieb oder ein Instinkt im jungen Menschen ist, seine Arbeit so positiv zu sehen. Denn in diesem Alter wird die Familie gegründet und die muss ernährt werden. Da wäre es schlecht, wenn der junge Mensch schon früh zweifelt und wenn ihm nichts gut genug sein kann. Für mich ist das auch einer der Triebe innerhalb der "Generationskette des Lebens", der dafür sorgt, dass die Produktion von neuen Menschen ungestört und effizient abläuft.

Wenn man sich jedoch mit alten Menschen unterhält, dann klingen deren Erzählungen oft nicht mehr so inspirierend und erfüllt von einem starken Glauben an sich selbst. Einer hat erzählt, dass er irgendwann in einem Büro hängen geblieben ist. Die Arbeit war nicht so besonders. Aber er hatte ein Gehalt, das ganz OK war, und konnte diese Arbeitsstelle behalten. Zwar war der Chef etwas ungerecht, aber er konnte die Zeit absitzen. Das klingt dann nicht mehr so enthusiastisch. Das ist dann schon ein Mensch, der den Glauben an sich ein bisschen verloren hat. Als junger Mensch hat er wahrscheinlich anders gedacht, aber irgendwann - als sich die Verdienstmöglichkeiten im Allgemeinen als nicht so rosig herausgestellt hatten, wie ursprünglich angenommen - hat man sich halt sein sicheres Plätzchen gesucht.

Junge Menschen sind auch oft überzeugt davon, dass sie besondere Eigenschaften haben und anderen überlegen sind. Das meine ich nicht im Sinne von Überheblichkeit. Es ist nicht so, dass sie sich für etwas Besseres halten. Sie sind einfach davon überzeugt, die richtigen Entscheidungen treffen zu werden und zu wissen, wo ein guter Platz für sie sein wird. Und viele sind vom Erfolg überzeugt! Oder zumindest von ihrer Tätigkeit. Das Schöne ist: Wenn man jung ist, kann der große Erfolg ja immer noch kommen. Das heißt selbst dann, wenn man zehn Jahre herumgrundelt, kann es danach bergauf gehen und die große Karriere kommt noch. Es ist einfach von den Jahren her möglich, die man noch hat - auch im Berufsleben. Wenn ein 70-jähriger vom großen Erfolg träumt, dann wird dieser Erfolg aufgrund der geringeren verbleibenden Lebenserwartung schon in seinen Träumen kürzer ausfallen müssen. Sollte er 50 Jahre irgendwo "herumgegrundelt" sein, dann ist auch die Frage, ob er selbst überhaupt noch daran glaubt, dass sich die Dinge zum besseren für ihn wenden werden. Viele ältere Menschen sind deshalb nicht mehr so enthusiastisch. Manche sind auch seltsam geworden - vielleicht weil sich das Leben nicht so entwickelt hat, wie sie es wollten. Vielleicht auch, weil sich viele charakterliche Besonderheiten im Alter noch verstärken.

Aufgrund ihres Glaubens und ihres Enthusiasmus schließen viele junge Menschen einen so genannten "Vertrag mit sich selbst" ab. Was ist so ein "Vertrag mit sich selbst"? Es kann zum Beispiel folgender Plan sein: "Ich studiere jetzt ein paar Jahre. Es ist anstrengend für mich, weil ich viel Zeit investieren werde müssen. Aber wenn ich es einmal abgeschlossen haben werde, dann werde ich dadurch eine wunderbare Karriere machen und ein sehr interessantes Berufsleben haben." Das ist so ein "Vertrag mit sich selbst". Derjenige, der ihn mit sich abschließt, ist bereit viel in sein Studium zu investieren, da er im Gegenzug dafür dann mit einer wunderbaren Karriere rechnet. Das Problem ist nur, dass diese Karriere ihm ja keineswegs garantiert ist. Sicher, mit einem abgeschlossenen Hochschulstudium wird er wohl einen guten Posten finden können. Aber ob die Arbeit dort auch nach seinem Geschmack ist, ob er viele Jahre dort glücklich sein wird und seine gute Stimmung behalten kann, das ist keineswegs sicher. Es wäre auch denkbar, dass er das Arbeitsleben in so einem Job, den er anstrebt, einfach nicht aushalten wird oder es ihn sehr langweilen wird. Oder er scheitert überhaupt schon im Studium - auch möglich.

Ein "Vertrag mit sich selbst" kann über vieles hinwegtrösten. Nehmen wir eine dickliche junge Frau als Beispiel. Sie würde gerne vieles unternehmen, tut das aber nicht. Sie sagt sich: "Zuerst werde ich abnehmen, und dann die Dinge machen, die ich mir schon immer gewünscht habe: Ausgehen, ausgedehnte Reisen unternehmen und oft und viel feiern." Aber zuerst will sie abnehmen und danach - sozusagen - die Früchte ihrer Bemühungen genießen. Das vielleicht auch mit dem Hintergedanken, dass sie - mit einer attraktiveren Figur ausgestattet - einfach generell beliebter sein wird und dass vielleicht eine etwaige Schüchternheit, die ihr jetzt zu eigen ist, dann nicht mehr vorhanden sein wird. Sie hat dann eine gute Entschuldigung, wenn sie jetzt nicht das macht, worauf sie Lust hat. Wiederum ist das Problem, dass der "Vertrag mit sich selbst" nicht aufgehen muss: Entweder sie nimmt nie ab. Manche Frauen haben einfach eine "weiblichere" Figur, und es gibt auch viele Männer, die das attraktiv finden. Für manche ist es sehr schwierig abzunehmen, beziehungsweise wäre es für ihre Körper nicht gesund. Also vielleicht nimmt sie nie ab. Dann kann sie den "Vertrag mit sich selbst" noch einige Jahre aufrecht halten - da dann die gute Zeit ihrer Meinung nach einfach etwas später kommen wird. Was aber, wenn es zu lange wird. Irgendwann altert sie bereits merklich und ist noch immer nicht bei ihrem Idealgewicht angelangt. Oder sie war schon dort, hat aber dann rasch wieder zugenommen? Und zu guter letzt: Was, wenn Sie ihr Traumgewicht erreicht, und die Dinge dann trotzdem nicht macht? Wenn es vielleicht andere Gründe gibt, die sie bisher davon abgehalten haben, und die ihr unter Umständen gar nicht bewusst sind?

Und bei dem Supermarktmitarbeiter, der damit rechnet stellvertretender Filialleiter zu werden: Was, wenn der Chef ihn nach drei Jahren einfach nicht befördert, obwohl er gute Arbeit gemacht hat? In Wahrheit kann er den "Vertrag mit sich selbst" gar nicht einhalten, weil andere mitspielen müssen. Der Chef hat diesen Vertrag aber nicht abgeschlossen. Wer weiß, vielleicht hat der nie vorgehabt ihn eines Tages zu befördern - oder es ist nur eine Täuschung gewesen, um leichter an junge motivierte Mitarbeiter kommen zu können?

Der "Vertrag mit sich selbst" ist gut, um ruhig und motiviert zu bleiben. Und wenn er am Ende aufgeht, dann ist alles super. Aber manche dieser Verträge sind einfach nicht realistisch. Sie decken anderes zu. Ist dieser "Vertrag mit sich selbst" nicht realistisch und erreichbar, dann wird man eines Tages wohl sehr frustriert werden.

Das Denken, dass man erfolgreich sein wird und dass man sehr gute Eigenschaften hat - vielleicht überdurchschnittliche Eigenschaften - ist an und für sich nichts Schlechtes. Aber es ist ganz gut, sich auch auszumalen, was in einem schlechteren Fall mit einem passieren wird. Wenn man nicht stellvertretender Filialleiter nach drei Jahren werden sollte: Bereut man es dann? Oder ist die Arbeit trotzdem OK? Sicher hat man ja nur das Jetzt. Einen Arbeitstag nach dem nächsten. Ja, Träume zu haben von der Zukunft mag schon gut sein. Aber sie sollen ja keine Träume bleiben, denn sonst werden sie zu Enttäuschungen. Deshalb kann ein wenig Bescheidenheit hier sehr hilfreich sein. Kann es vielleicht sein, dass ich den anderen gar nicht so überlegen bin? Für wen die tägliche Arbeit auch dann noch positiv scheint, wenn in der Zukunft keine große Karriere wartet, für den gibt es auch keine Enttäuschung. Er erwartet sich kein zukünftiges großartiges Ereignis, das ihn für die Arbeit "entschädigt". Bescheidenheit kann gut sein, damit man sich nicht selbst belügt. Denn etwas positiv sehen und enthusiastisch bezüglich etwas zu sein ist grundsätzlich ja nicht schlecht. Nur, es ist natürlich besser etwas auf realistische Weise betrachten zu können. Und zwar möglichst realistisch. Das ist besser als eine positive Sicht. Denn dann gibt es auch weniger negative Überraschungen.

Und das sich selbst belügen kommt bei uns Menschen sehr oft vor. Manches will man einfach nicht wahrhaben. Die eigenen Schwächen sieht man nicht gerne. Entweder man belügt sich oder man gibt anderen die Schuld, wenn die eigenen Pläne nicht aufgehen. Es kann gefährlich sein, anderen die Schuld zu geben: Denn dann nimmt man sich "die Macht etwas zu erreichen". Wer die Schuld abschiebt, der gibt auch seine Macht ab! Wenn man nicht stellvertretender Filialleiter wird, kann man sagen: "Der Chef mochte mich nicht, es ist seine Schuld!" Aber damit schwächt man sich auch selbst. Wie wäre es mit einer Aussage, wie "Ich bin dafür verantwortlich nicht stellvertretender Filialleiter geworden zu sein. Ich habe den Chef nicht richtig eingeschätzt. Ich habe es als für zu sicher angesehen. Und ich habe nicht bedacht, dass ja nicht jeder stellvertretender Filialleiter werden kann." Ja, damit gibt man einige Fehler zu. Aber die Grundbotschaft ist: ICH habe hier etwas übersehen. Und wenn ich es nächstes Mal nicht übersehen sollte, dann werde ich mein Ziel wohl erreichen können. Während, wenn man die Schuld dem Chef gibt, dann hat man das Schicksal nicht in der eigenen Hand. Man geht dann in die nächste Firma und hofft, dass der dortige Chef einmal fairer sein wird. Nun, den gleichen Enthusiasmus wird man nicht mehr haben. Man wird wohl schon ein bisschen skeptischer sein beim zweiten Mal. Ich halte es für wichtig, wie man Ereignisse beurteilt und wie man sie in seinem Kopf formuliert. Wichtig für das eigene Unterbewusstsein und die eigene Motivation.

Ein Vertrag mit sich selbst kann auch so gestaltet sein, dass man ihn zu 100 Prozent selbst erfüllen kann. Zum Beispiel: "Ich mache diesen Job jetzt drei Jahre und danach reise ich ein Jahr lang mit dem Ersparten um die Welt und besuche in jeder neuen Stadt ein Bordell." Vorausgesetzt das Ersparte wird hoch genug sein - das muss man sicherstellen - kann man so einen Vertrag selbst einlösen ohne auf die Entscheidungen von jemand anderem angewiesen zu sein! (Unabhängig, ob man so einen Plan für moralisch erstrebenswert erachtet oder nicht.)

KAPITEL 21

Die Menschenrechte

In den bisherigen Kapiteln ging es mir darum darzulegen, warum die Menschheit handelt, wie sie handelt. Während bei Tieren die "Kultur" praktisch gleichbedeutend mit deren Instinkt ist und dieser sich aufgrund der Evolutionsgesetze nur sehr langsam ändern kann (dadurch, dass Exemplare mit weniger effizientem Instinkt etwas geringere Fortpflanzungsaussichten haben), kann der Mensch neue Verhaltensmuster annehmen kraft seines Verstandes. Beim Menschen entscheidet die Kultur über sein Handeln. Da diese aber nicht - so wie bei den Tieren - mit dem Körper verbunden ist, kann die Kultur schneller gewechselt werden. Es ist nicht notwendig, dass ein Teil der Menschheit ausstirbt, damit deren Kultur zu Ende geht. Es ist auch denkbar, dass deren Reich erobert wird und die Besiegten die Kultur der Sieger annehmen (mehr oder weniger freiwillig). Dadurch ist aber auch ein Verändern der Kultur viel schneller möglich, als bei den Tieren - was wohl zum explosionsartigen Aufstieg des Menschen beigetragen hat.

Der Mensch ist von einem Wettbewerbsgedanken beseelt und will sich mit seiner Kultur ständig mit anderen Kulturen messen, um herauszufinden, welche Kultur die bessere ist. Dies geschah lange Zeit in Form von Kriegen. Kriege haben daher einen positiven Effekt auf die menschliche Entwicklung gehabt. In der Jetztzeit haben sich viele Staaten vom Kriegführen abgewandt - aber bei weitem nicht alle. Dennoch versuchen auch jene Staaten, die keine Kriege mehr führen wollen, ihre Kultur zu verbreiten.

Angesichts dieser Ausführungen - was für Empfehlungen könnte ich Ihnen als Leser jetzt geben, falls Sie diese Darlegungen als stimmig erachten und an einer Schlussfolgerung interessiert sind? Nun, es gibt von meiner Seite keine Empfehlung dahingehend, wie man sich verhalten soll - sei es als einzelner Mensch oder als Staat oder Kulturraum.

Dies deshalb, da ich ja zu erklären versuche, wie die Verbreitung der Kultur geschieht. Wenn ich jetzt irgendwelche Handlungsanweisungen ausgeben würde - wie zum Beispiel: "Achten Sie die Menschenrechte!" oder "Treten Sie gegen Kriege auf!" oder "Schützen Sie die Natur!", so wäre ich ja dann nur einer von Millionen, die versuchen ihre Kultur zu verbreiten, oder eben einen Beitrag zu liefern, der dann in der eigenen Kultur aufgenommen wird und dann sozusagen mitverbreitet wird, da jede Kultur ja die Tendenz hat, sich unter den Menschen zu verbreiten (initiiert von denjenigen, die sie bereits ausüben) - so es ihr gelingt zumindest.

Schauen wir auf die Erschaffer der Menschenrechte: Die haben es geschafft ihre Kultur zu beeinflussen. Die EU und die USA sind heute Verfechter der Menschenrechte. Sie belehren gerne andere Länder diese einzuhalten. Dies deshalb, da die Menschenrechte eine wichtige Stellung in unserer Kultur haben (der Kultur der EU und der USA). Und wenn wir die Menschenrechte verbreiten, verbreiten wir auch unsere Kultur.

Das soll aber nicht heißen, dass die Menschenrechte irgendeine Sonderstellung hätten - quasi als Endziel des Menschen oder so - als Ziel für ein gerechtes Leben. Nein, denn in der Praxis werden sie sowieso nicht eingehalten. Zum Beispiel das Recht auf Gesundheit: Um dieses für die ganze Menschheit zu gewährleisten müsste die EU ja jedes Monat Milliarden in alle Entwicklungsländer überweisen, damit Erkrankte dort ihr Recht auf Gesundheit wahren könnten.

Das ist unvorstellbar! Praktischerweise fühlt sich die EU nur direkt für die Menschenrechte innerhalb der EU zuständig. Außerhalb wird nur ermahnt. Und wer sich gut verhält - also wer die Kultur der EU zumindest teilweise annimmt - der erhält eine gewissen finanzielle Unterstützung.

Die Menschenrechte werden sicher noch öfters adaptiert werden, und sei es nur, um eine Ausrede zu haben, sie nicht umsetzen zu müssen. Außerdem: Was wird in 200 Jahren sein? Da werden die Menschenrechte bloß noch als Uralt-Grundsätze wahrgenommen werden: Jede Zeit schafft sich ihre eigenen Gesetze.

Niemand muss sein Verhalten verändern - obwohl manche glauben, dass es gut wäre, das zu tun. Einige von denen werden es auch gar nicht ändern können. Aber es ist in jedem Fall ein Vorteil, wenn einem das eigene Handeln bewusst wird. Was man unbewusst tut, darüber kann man auch nicht entscheiden. Man kann solches Verhalten nicht abstellen oder verstärken, da es einem eben nicht bewusst ist. Man muss sich also sein Verhalten bewusst machen. Falls irgendwann eine Änderung möglich - und auch gewünscht - ist, dann nur, weil einem das zu ändernde Verhalten zuvor bewusst wurde.

Quasi als Spaß zwischendurch will ich die Menschenrechte hier kurz auflisten (damit Sie wissen, worüber Sie lesen):

Die "Allgemeine Erklärung der Menschenrechte" ist 1948 erfolgt. Ich liefere hier aber jetzt nur eine - natürlich subjektiv zusammengefasste - Schnellübericht. Ich habe die Artikel gekürzt, damit es nicht zu langweilig wird:

Artikel 1: "Alle Menschen sind frei und gleich an Rechten geboren und sollen einander brüderlich begegnen."

Na ja, die Mitglieder der britischen Königsfamilie wurde natürlich "gleicher" geboren, als andere britische Staatsbürger. Aber auch die Kinder von sehr vermögenden Menschen haben natürlich mehr Möglichkeiten im Leben, da sie ein großes Erbe zu erwarten haben. Meiner Ansicht nach haben sie dadurch de facto schon mehr Rechte. Und dass alle Menschen einander brüderlich begegnen sollen, ist natürlich Utopie. Denn in Kriegszeiten bringen sie sich gegenseitig um - und das ist nicht brüderlich. In den letzten 100 Jahren gab es auf der Erde kein einziges Jahr, in dem es keinen Krieg zwischen zwei Staaten gab.

Artikel 2: "Jeder Mensch hat Anspruch auf die Menschenrechte unabhängig von Nationalität, Rasse, Farbe, Geschlecht, Sprache, Religion, Eigentum, Geburt sowie politischen oder sonstigen Überzeugungen."

Leider ist auch das Utopie, da viele Staaten die Umsetzung dieser "Menschenrechte" gar nicht anstreben. Aber selbst diejenigen Staaten, die die Menschenrechte in ihrer Verfassung verankert haben, sind meiner Meinung nach bei deren Umsetzung säumig - wie ich weiter unten noch zeigen werde.

Artikel 3: "Jeder Mensch hat das Recht auf Leben, Freiheit und Sicherheit der Person."

Auch das ist leider weltfremd, denn die Erde ist ein gefährlicher Ort. Aber natürlich ist es gut, wenn Staaten die Sicherheit ihrer Staatsbürger anstreben. Und viele Staaten - zum Beispiel in Europa - sind dabei sehr gut und haben in der Tat eine ziemliche Sicherheit auf ihrem Staatsgebiet geschaffen.

Artikel 4: *"Sklaverei und Sklavenhandel sind in allen Formen verboten."*

Es ist eine Errungenschaft, dass Sklaverei verboten ist. Natürlich müsste man sich hierbei noch genauer auseinandersetzen mit Autoritätsverhältnissen, die teilweise zu ähnlichen Beziehungen führen wie in der Sklaverei.

Artikel 5: *"Die Folter ist verboten."*

Diesen Artikel sollte man den amerikanischen Präsidenten vorlesen, die es genehmigt haben, dass die Insassen ihres Gefängnisses in Guantanamo, Kuba, mittels Waterboardings zum Reden gebracht werden sollten.

Artikel 6: *"Jeder Mensch hat überall Anspruch auf Anerkennung als Rechtsperson."*

Ich halte dieses Menschenrecht grundsätzlich für umgesetzt.

Artikel 7: *"Alle Menschen sind vor dem Gesetze gleich."*

Natürlich bietet nahezu jeder Staat seinen Staatsbürgern mehr Rechte als den Bürgern anderer Staaten, was auch völlig in Ordnung ist. Die Erben von großen Vermögen sind aber sicherlich bei der Vertretung ihrer Interessen vor den Gerichten wesentlich erfolgreicher als mittellose

Personen, und zwar weil sie sich die besten Rechtsanwälte leisten können.

Artikel 8: "Jeder Mensch hat Anspruch auf wirksamen Rechtsschutz."

Damit ist gemeint, dass mittelosen Personen ebenfalls der Gang vor ein Gericht offen stehen soll und dass sie eine gute anwaltliche Beratung vom Staat finanziert bekommen (um keinen Nachteil gegenüber vermögenden Personen zu haben).

In vielen Industriestaaten sind hierfür Regelungen in Kraft. Nur ist dieser staatlich finanzierte Rechtsschutz qualitativ meist wesentlich schlechter als das Service, welches vermögende Menschen von ihren Anwälten erhalten.

Welcher Kleinbürger riskiert heutzutage einen Prozess gegen ein Unternehmen? Selbst dann, wenn man sich absolut im Recht sieht, wird man zumeist von so einem Gerichtsverfahren zurückschrecken. Denn die Kosten eines verlorenen Gerichtsverfahrens können für einen Kleinbürger enorm sein, während ein Unternehmen sich diese viel leichter leisten können wird. Dadurch sind diese Artikel 7 und 8 de facto nicht umgesetzt.

Würde man sie wirklich umsetzen wollen, müsste man eine Regelung erfinden, wie zum Beispiel, dass jedem, der vor Gericht geht, zufällig ein Rechtsvertreter zugewiesen wird - unabhängig vom eigenen Reichtum. Und die zu tragenden Kosten, wenn man einen Prozess verliert, müssten klar begrenzt und so bemessen sein, dass auch ein Kleinbürger das Prozessrisiko auf sich nehmen kann.

Artikel 9: "Niemand darf willkürlich festgenommen werden."

Natürlich gibt es auch schwarze Schafe unter den Polizisten. Ich habe Respekt vor jedem Staat, der gegen Willkür in der Polizei vorgeht.

Artikel 10: *"Jeder Mensch hat Anspruch auf rechtliches Gehör."*

Hier geht es um ein faires Gerichtsverfahren. Hier möchte ich die gleiche Kritik äußern, wie bei Artikel 7 und 8. Aber auch wohlmeinende Dolmetscher sind dafür bereitzustellen, wenn wirklich jeder vor dem Recht gleich sein soll (unabhängig von Sprachkenntnissen).

Interessanterweise haben einige Staaten hier rechtliche Regelungen geschaffen, die sehr gut und sehr schön klingen. Dennoch bemüht sich so manche Regierung jedoch darum, dass nicht alle diese Regelungen auch wirklich ausnützen können. Das ist ein Widerspruch - er liegt vielleicht darin begründet, dass Politiker sehr um ihr Image besorgt sind, und oftmals als "die Guten" dastehen wollen, die alle Menschenrechte einhalten, obwohl sie in Wahrheit andere Absichten haben.

Artikel 11: *"Jeder Mensch ist so lange als unschuldig anzusehen, bis seine Schuld in einem fairen Verfahren erwiesen wurde."*

Ich respektiere, dass dieser Grundsatz in vielen Staaten umgesetzt wurde.

Artikel 12: *"Niemand darf willkürlichen Eingriffen in sein Privatleben, sein Berufsleben, seine Familie, sein Heim, seine Ehre oder seinen Briefwechseln ausgesetzt werden."*

Wenn wir uns die Lockdowns aufgrund des Corona-Virus vergegenwärtigen: Manche Unternehmen wurden dadurch in den Bankrott getrieben, da sie nicht mehr öffnen durften. Andere durften sehr wohl öffnen, und haben umso mehr verdient. Bedenkt man, dass die Todesrate beim Coronavirus praktisch gleich hoch ist, wie die bei einer herkömmlichen Influenza, dann frage ich mich, ob dieser Artikel 12 während der Lockdowns tatsächlich gewürdigt wurde.

Artikel 13: "Jeder Mensch hat das Recht auf freie Wahl seines Wohnsitzes innerhalb eines Staates sowie das Recht sein Land verlassen und wieder zurückkehren zu können."

Gut, dass dieses Prinzip umgesetzt wurde.

Artikel 14: "Jeder Mensch hat das Recht, in anderen Ländern vor Verfolgungen Asyl zu suchen."

Dies ist natürlich ein gutes Beispiel dafür, dass die Umsetzung der Menschenrechte praktisch von keinem Staat wirklich zu 100 Prozent angestrebt wird. Denn jeder Staat bemüht sich um eine Begrenzung der Zahl jener, die in ihm um Asyl ansuchen. Dies einfach deshalb, da ein Asylant gewisse von der Allgemeinheit zu tragende Kosten verursacht, die einfach nicht ausufern dürfen, um dem Staat keine zu hohen Kosten zu verursachen. Letztendlich ist dieser Artikel etwas weltfremd, da er die Anzahl der Asylsuchenden, die zu versorgen sind, in keiner Weise beschränkt.

Artikel 15: "Jeder Mensch hat Anspruch auf Staatsangehörigkeit und diese darf ihm nicht willkürlich genommen werden."

Auch dieses Prinzip finde ich gut.

Artikel 16: "Heiratsfähige Männer und Frauen haben ohne Beschränkung durch Rasse, Staatsbürgerschaft oder Religion das Recht, eine Ehe zu schließen und eine Familie zu gründen."

Auch ein Recht, welches ich hundertprozentig unterstütze.

Artikel 17: *"Jeder Mensch hat das Recht auf Eigentum und darf nicht willkürlich beraubt werden."*

Das Eigentumsrecht ist ein wichtiger Eckpfeiler einer sozialen Marktwirtschaft.

Artikel 18: *"Jeder Mensch hat Anspruch auf Gedanken-, Gewissens- und Religionsfreiheit."*

Auch ein sehr wichtiges Recht.

Artikel 19: *"Jeder Mensch hat das Recht auf freie Meinungsäußerung."*

Dieses Recht wurde stets dahingehend beschränkt, dass dadurch nicht die Rechte anderer eingeschränkt werden dürfen. In den letzten Jahren wurde es immer weiter und weiter eingeschränkt. Ein Grund dafür ist natürlich das Internet und damit verbunden, dass jeder seine Meinung im Internet so teilen kann, dass ein größerer Personenkreis diese einsehen kann - manchmal auch Millionen von Menschen. Man darf zum Beispiel keine generellen abwertenden Aussagen über Gruppen, die durch Nationalität, Religion, Rasse, Geschlecht oder andere aufgelisteten Eigenschaften definiert werden, tätigen. Positive Aussagen allerdings schon. Mache ich jedoch eine positive Aussage über eine Gruppe, so ist dies doch automatisch ein Zurücksetzen der anderen Gruppen, oder nicht? Sage ich etwa: "der Islam ist die beste Religion der Welt." So ist das doch eine Abwertung der anderen Religionen. Aber nicht nur deshalb halte ich die stets umfangreicher werdenden Beschränkungen der Meinungsfreiheit für falsch.

Artikel 20: "Jeder Mensch hat das Recht auf Versammlungs- und Vereinigungsfreiheit zu friedlichen Zwecken."

Das ist ein wichtiges Recht. Aber auch dieses wurde während der Lockdown-Krise nicht gewahrt. Man sieht: Ansteckende Krankheiten können in der Praxis als Grund hergenommen werden, um einzelne Menschenrechte außer Kraft zu setzen.

Artikel 21: "Jeder Mensch hat das Recht, an der Leitung öffentlicher Angelegenheiten seines Landes unmittelbar oder durch frei gewählte Vertreter teilzunehmen - also ein Wahlrecht."

Das Wahlrecht ist wahrscheinlich die wichtigste Säule unserer Demokratien.

Artikel 22: "Jeder Mensch hat als Mitglied der Gesellschaft Recht auf soziale Sicherheit."

Wieder eine sehr große Aussage. Aber dass alle Staaten, die sich zu den Menschenrechten bekennen, ein so engmaschiges Sozialnetz schnüren können, durch das wirklich niemand hindurch fällt, ist leider völlig unrealistisch.

Artikel 23: "Jeder Mensch hat das Recht auf Arbeit, freie Berufswahl sowie auf gleichen Lohn für gleiche Arbeit."

Das Recht auf Arbeit klingt sehr gut. Nimmt man diesen Artikel ernst, so dürfte es eigentlich keine Arbeitslosen geben. Wenn schon, wurden die Menschenrechte offenbar nicht korrekt umgesetzt. Man sieht, dass auch dieser Artikel eine Fantasterei ist - oder wir müssen alle zu Sowjetstaaten werden.

Artikel 24: *"Jeder Mensch hat Anspruch auf Erholung und Freizeit sowie auf eine vernünftige Begrenzung der Arbeitszeit und Urlaub."*

Dieser Artikel ist umsetzbar und aus meiner Sicht ebenfalls sehr wichtig für Demokratien.

Artikel 25: *"Jeder Mensch hat das Recht auf einen angemessenen Lebensstandard."*

Hierbei ist nur die Frage, was angemessen ist. Angemessen ist wohl immer das, was sowieso schon der Fall ist. So scheint es mir zumindest. Und damit wird dieser Artikel - mangels Konkretisierung - zu einem Null-Artikel.

Artikel 26: *"Jeder Mensch hat Recht auf Bildung. Der Unterricht muss in den obligatorischen Elementarschulen unentgeltlich sein. Die höheren Studien sollen allen nach Maßgabe ihrer Fähigkeiten und Leistungen in gleicher Weise offen stehen."*

In vielen Industriestaaten (vor allem im englischsprachigen Raum) ist das Absolvieren eines Hochschulstudiums eine teure Angelegenheit. Da solche Studien nicht Arm und Reich in gleicher Weise offen stehen, ist dieser Artikel 26 ebenfalls faktisch nicht umgesetzt.

Artikel 27: *"Jeder Mensch hat das Recht, sich der Künste zu erfreuen und am wissenschaftlichen Fortschritt teilzuhaben."*

Dies ist ein billiges Recht, da die Erfreuung an der Kunst wenig kostet. Es zielt wohl aber auch auf die freie Verbreitung der Kunst ab, wodurch ich es für wichtig erachte.

Artikel 28: "Jeder Mensch hat Anspruch auf eine internationale Ordnung, in welcher die Menschenrechte voll verwirklicht werden können."

Dieses Recht ist illusorisch. Die Menschenrechte sind eine subjektive Auflistung erdachter Rechte und auch aus diesem Grund werden sie von manchen Staaten schlichtweg abgelehnt. Was sollte denn - laut den Menschenrechten - in so einem Fall passieren? Sollten betreffliche Staaten erobert werden, um dort die Menschenrechte zwangsweise durchzusetzen? Nun, so eine Eroberung würde wiederum einige Menschenrechte der dortigen Bevölkerung verletzen. Dieser Artikel ist auch ein Beispiel dafür, dass bei der Schaffung der Menschenrechte mehr auf den guten Klang einzelner Rechte geachtet wurde, als auf einen praktischen Bezug zur Realität.

Artikel 29: "Jeder Mensch hat Pflichten gegenüber der Gemeinschaft. In seinen Rechten ist er dahingehend beschränkt, wo die Rechte anderer in Gefahr wären."

Das ist im Prinzip die Generalisierung der Beschränkung der Meinungsfreiheit. Die Beschränkungen sind aus meiner Sicht in der Praxis so weit auslegbar, dass damit wohl auch Diktaturen kein Problem haben werden, die Menschenrechte nominell einzuhalten und daher ad absurdum zu führen.

Artikel 30: "Kein Menschenrecht darf so ausgelegt werden, dass damit ein anderes Menschenrecht quasi genommen wird."

Das ist im Prinzip eine Wiederholung des Artikels 29 mit anderen Worten.

Mein Fazit: Die Menschenrechte sind meiner Meinung nach mehr ein Appell an die Staatengemeinschaft als eine praktisch durchdachte

Rechtsgrundlage, deren Einhaltung tatsächlich auf Punkt und Beistrich überprüft werden kann. Es gibt keinen Staat, der jetzt schon alle Menschenrechte einhält und wohl auch keinen, der überhaupt keines dieser Menschenrechte gewährt. Aber die Menschenrechte wurden ja auch dafür geschaffen, um Kulturen zu beeinflussen, und da ist nun einmal ein romanähnlicher Appell effizienter als eine juristisch wasserdichte und überprüfbare Gesetzessammlung.

KAPITEL 22

Sich seines Verhaltens bewusst werden

Grundsätzlich ist es möglich, sich zu ändern. Wobei das eigentlich schon zuviel gesagt ist. Ob man sich wirklich ändern kann, ist eigentlich äußerst fraglich und die meisten, die es sich vornehmen, haben eine sehr geringe Aussicht darauf, sich wirklich in die Richtung ändern zu können, die sie anstreben. Die Frage ist auch immer, was eine Änderung ist und was eine (vorhersehbare) Entwicklung. Denn dass sich der Charakter eines Menschen im Laufe seines Lebens zumindest leicht abändert, ist völlig normal: Und dadurch ist der Mensch nun mal in jeder Lebensphase anders als in der vorherigen.

Der erste Schritt ist sicher, sich so zu sehen, wie man wirklich ist. Viele Menschen haben ein positiveres Bild von sich, als es andere von ihnen haben. Ein Beispiel dafür ist, wenn man sich auf Videoaufnahmen nicht sehen kann, weil man der Meinung ist, nicht gut aufgenommen worden zu sein und in Wahrheit besser auszusehen. Die anderen werden aber sagen: "Nein, das bist du, so wie du immer aussiehst."

Das Bild, das du selbst von dir hast, wird auch als Ego bezeichnet. (Es gibt noch andere Definitionen von "Ego", aber dies ist eine, die hier passt.)

Wer sich aber selbst vorteilhafter sieht, als er wirklich ist, kann sich natürlich nicht so leicht ändern. Für eine Änderung muss ich von einem Ist-Zustand zu einem Soll-Zustand gelangen. Ist es mir aber nicht möglich, den Ist-Zustand korrekt erfassen zu können, wie soll dann eine Änderung zum Soll-Zustand hin möglich sein? Stellen Sie sich vor, Sie sind auf einem Schiff unterwegs und haben vor eine bestimmte Insel zu erreichen. Wie sollen Sie die richtige Route finden, wenn Sie die Position Ihres Schiffes falsch einschätzen?

Es ist daher zuerst einmal eine Herausforderung, sich so zu sehen, wie man wirklich ist - auch wenn es wehtun kann. Dann erst kann es zu einer Veränderung kommen.

Eine Veränderung ist definitiv möglich. Auch die Hindus haben das bereits vor mehreren tausend Jahren erkannt. Für die Hindus ging es jedoch nicht so sehr darum sich zu ändern, sondern mehr darum von äußerlichen (nicht beeinflussbaren) Faktoren unabhängig zu werden. Dafür wurde das Yoga erschaffen. Bei der körperlichen Variante begibt man sich hierbei in körperlich sehr unangenehme (ja durchaus schmerzhafte) Stellungen und versucht diese dann zu genießen. Es geht dabei darum, auch das Unangenehme - also den Schmerz - genießen zu können. Denn die angenehmen Seiten des Lebens genießt man sowieso. Und wenn man es erlernen kann, auch in unangenehmen Lagen Freude zu empfinden, ja dann gibt es überhaupt nur noch Freude für einen auf der Welt! Soweit die Idee. Es gibt aber auch andere Formen des Yogas, darunter auch eine rein Geistige (Bhakti-Yoga). Bei dieser stellt man sich unangenehme Situationen vor, die man erlebt hat, und versucht dieses Gefühl dann zu genießen.

Beim Yoga steht nicht so sehr eine Änderung an sich im Vordergrund, es geht eher darum, unabhängig von - sagen wir - Beschwerden zu werden (geistigen und körperlichen), die normalerweise zu einer bestimmten eigenen Verhaltensweise führen. Ist man durch diese Beschwerden nicht mehr sonderlich beeindruckt, kann ein neues Verhalten gewählt werden.

Wie aber oben schon erwähnt: Nur wenn ich mein derzeitiges Verhalten realistisch einschätzen kann, wird mir auch eine Änderung möglich sein. Nehmen Sie an, Sie würden gerne gut mit Ihren Mitmenschen kommunizieren. Ein Aspekt dabei ist sicher, wie viel Sie reden. Nehmen wir an, Sie gehen davon aus, dass Sie ein bisschen mehr sprechen als der Durchschnitt. Sie nehmen sich unter anderem also vor, etwas weniger zu sprechen. Ist aber schon die Selbstanalyse falsch - also wenn Sie gar nicht MEHR, sondern im Gegenteil WENIGER reden als der Durchschnitt, dann wird auch die Änderung nicht den gewünschten Erfolg bringen - Sie werden letztendlich noch stiller werden!

Das eigene Verhalten erkennen! Nehmen wir dazu ein noch anderes Beispiel her: Jemand sagt grundsätzlich, wenn er zu einer Veranstaltung (einer Feier, einem Spieleabend, einem Essen oder etwas anderem) eingeladen wird, dass er für die Einladung sehr dankbar ist, aber leider nicht kommen kann. Sagen wir dieser jemand hat diese Kultur von seinen Eltern übernommen, die das immer genauso gepflegt haben. Mit der Idee, dass der Einladende die Einladung sicherlich wiederholen wird, wenn er einen tatsächlich bei der gegenständlichen Veranstaltung dabei haben möchte. So ein Verhaltensmuster ist per se weder gut noch schlecht. Es kann auch interessant machen, denn jemand, der zu einer Einladung erstmals nein sagt, der wird wahrscheinlich so oft eingeladen, dass er nicht immer ja sagen muss. Er ist also ein besonderer Gast und hat einen hohen Status. Auf der anderen Seite kann es natürlich auch sein, dass man dann kaum einmal wo dabei sein kann, wenn man selten ein zweites Mal zu der gleichen Veranstaltung eingeladen wird. Es hängt von vielen Variablen ab, ob so ein Verhalten den Einzelnen glücklicher oder unglücklicher machen wird. Sind Sie zum Beispiel eine wahnsinnig attraktive, sehr beliebte und duftende junge Frau, wird vielleicht nach Ihrer ersten Ablehnung noch eine zweite Einladung folgen. Handelt es sich bei Ihnen hingegen um einen dicken, alten Mann, der für gewöhnlich zu viel redet und nicht immer gut riecht, wird eine zweite Einladung hingegen eher nicht so oft erfolgen (da man vielleicht über Ihre Absage froh sein wird).

Unabhängig davon ist es aber jedenfalls ein Gewinn, sich so eines Verhaltens bewusst zu sein. Somit zu wissen: "Ich lehne jede Einladung erst einmal ab. Andere sind wahrscheinlich nicht so wie ich." Denn bevor es zu so einer Erkenntnis kommt, kann es sein, dass man meint, jeder andere würde auch so auf Einladungen reagieren - dass man also in diesem Verhalten völlig "normal" sei. Oder man ist überzeugt davon, gar nicht jede Einladung abzulehnen, aber wenn es dann zu einer kommt, tut man es dann doch, da man aus Gewohnheit immer diese gleiche Antwort gibt (aber der Meinung ist, man hätte die Wahl). Erst wenn man sich dieses Verhaltensmusters bewusst ist, könnte man eine Änderung einleiten.

Warum sollte man so eine Änderung wollen? Meistens dann, wenn irgendetwas nicht so läuft, wie man es möchte. Ein Grund könnte sein, dass man das Gefühl hat, dass Freunde öfters bei solchen Veranstaltungen dabei sind, als man selbst. Und erst dann wird einem das eigene Verhalten bewusst - da man dann nach einem Grund suchen wird.

Es gibt viele Verhaltensmuster, die einem ein Leben lang nicht bewusst werden - und das macht auch überhaupt nichts. Angenommen Sie halten die Gabel beim Essen anders, als andere Menschen. Wenn dies niemals irgendeinen Einfluss auf ihr Dasein haben sollte, wird es Ihnen wahrscheinlich ein Leben lang nicht bewusst werden, bis Sie in Ihren Sarg gelegt werden werden. Es kann auch sein, dass Sie dadurch Nachteile hatten: Dass es einmal oder zweimal in Ihrem Leben dazu geführt hat, dass Sie - von sehr genauen Zeitgenossen - dadurch als etwas "sonderbar" eingestuft wurden. Und dass Sie dadurch andere Leute kennen gelernt haben, als Sie es mit üblicher "Gabelhaltung" hätten. OK, das mag jetzt ein seltsames Beispiel sein. Aber es gibt so viele unbewusste Eigenschaften und Handlungsweisen, die man im Leben hat. Und diese können häufig einen Einfluss im Leben haben auf das, was einem passiert. Was können solche unbewusste Eigenschaften sein? Die Körperhaltung, mit was für einer Stimme man spricht, ob man warm- oder kaltherzig wirkt, wie man sich (unbewusst) kleidet, wie reinlich man ist, und so weiter.

Das Bewusstwerden eines Verhaltensmusters ist meist kein schöner Vorgang. Wird einem etwas bewusst - wie etwa das zuvor angesprochene Verhaltensmuster - so kommt als erstes die schmerzliche Schlussfolgerung: "Wie viele Einladungen habe ich in der Vergangenheit verpasst, weil ich immer alles abgelehnt habe!" Das kann einen dann sehr traurig machen. Hinzu kommen weitere Gedanken: Wenn das eigene Verhalten nicht perfekt war, wie viele der Einladenden haben die eigene Reaktion damals als unfreundlich empfunden und sich deshalb von einem abgewandt? Aber es ist ganz logisch: Vergrößert man seinen Handlungsspielraum, dann sieht man natürlich in der Rückschau den damals noch kleineren Handlungsspielraum. Und da man es jetzt für möglich hält, ihn zu erweitern, warum hätte das in der Vergangenheit nicht möglich sein sollen? Folglich liegt es nahe, sich dafür zu verurteilen. Das ist aber absolut nicht nötig, da die Kernaktion, die man gesetzt hat, ja eine äußerst positive war (man ist sich etwas bewusst geworden)!

Weil dieser Vorgang schmerzhaft sein kann, ist es möglich, dass manche Menschen sich unbewusst dagegen wehren, dass ihnen eine eigene unbewusste Handlung bewusst wird. Ein Grund dafür kann sein, dass sie sich innerlich ohnehin für viele andere Dinge verurteilen und dass es ihnen so weh tut, zu hören, dass sie wieder etwas falsch gemacht hätten. Sie wollen einfach nichts mehr falsch gemacht haben! Und so schauen sie bei ihren eigenen Handlungen weg. Deshalb ist es überaus häufig, dass Personen, die in einem Aspekt ein bisschen sonderbar sind, davon wirklich keine Ahnung haben, während alle Freunde und Bekannte das ganz genau und klar sehen (und deswegen vielleicht schon sehr lange genervt sind).

Grundsätzlich ist eine Einstellung, nach der man sich "bestraft" für Dinge, die man "nicht gut gemacht hat", nicht förderlich für den eigenen Lern- und Wachstumsprozess.

Letztendlich ist es auch eine Frage der eigenen Haltung, ob man auf seine Fehler schauen kann oder nicht. Viel davon kommt auch aus dem eigenen Elternhaus. Wird einem Kind gesagt, dass bei ihm nie alles in Ordnung ist, so kann dieses Gefühl ein Leben lang bei dem (später) Erwachsenen bleiben. Ein Kind, das dagegen ständig gelobt wird, hat dann möglicherweise von Anfang an ein (bleibendes) Gewinner-Gefühl. Aber das sind natürlich einfache Stereotypen, die man einer komplexen Welt nicht so ohne weiteres überstülpen kann.

Oft ist es so, dass man in einer Lebenskrise - wenn das Leben absolut nicht so läuft, wie man es gerne hätte, oder wie man es erwartet hätte - ohnehin schon in der Defensive ist. Man fühlt sich dann vielleicht selbst schuld daran und will nicht noch mehr Offenbarungen hören, durch die man sich dann noch übler fühlen würde.

Das oben gewählte Beispiel - man sagt zu allen Einladungen erstmals nein - ist ja ein sehr extremes Beispiel. Wohl hätte man mit so einem Verhalten in der Praxis kein Problem es zu erkennen. Schwieriger wäre es da schon, wenn man oft antwortet "ich überlege mir, ob ich kommen kann" oder so ähnlich. Dass der Einladende vielleicht das Gefühlt bekommt, man will gar nicht kommen, obwohl man es nicht dezidiert sagt. So ein Verhaltensmuster wäre schwieriger zu identifizieren.

Die Frage ist immer, wie man sich selbst sieht und bewertet. Statt möglicher "Bestrafungen" für gewisse Aktionen, die man gesetzt hat, wäre es empfehlenswerter ein "Mindset" zu finden, mit dem man nur gewinnen kann. Ein Beispiel dafür:

"Ich habe in meinem bisherigen Leben viel erreicht und wertschätze mich für meine Arbeit. Dennoch bin ich mir bewusst, dass ich nicht immer alles optimal erledigt habe. Ganz einfach deshalb, da kein Mensch fehlerfrei ist und immer alles optimal erledigen kann. Wann immer ich jetzt drauf komme, dass ein Handlungsmuster von mir nicht ideal ist, so habe ich zusätzlich dazugelernt und damit etwas erreicht. Und wenn mir klar wird, dass ich dadurch in der Vergangenheit weniger erreicht habe, als möglich gewesen wäre, so macht das überhaupt nicht, da das das Wesen des Lernens ist."

Auch jemand, der deutlich weniger "erreicht hat" als andere, kann sich wertschätzen für seine Bemühungen, seine Wünsche und seinen Lebensweg - auch dann, wenn ihm meist nicht der gewünschte Erfolg beschieden war.

KAPITEL 23

Sich ändern

Unsere Gesellschaft ist sehr auf "sich ändern ausgelegt": Sich weiterbilden, um eine höhere Position bekleiden zu können. Sich selbstständig machen. Abnehmen. Mit dem Rauchen aufhören. Mit einem Fitnessprogramm beginnen. Sich ab sofort gesünder ernähren. Einen IT-Kurs belegen. Eine Fremdsprache erlernen. Und vieles mehr. Sich zu ändern scheint dass zu sein, was gerade in Mode ist.

Grundsätzlich ist das erklärbar mit der Entwicklung der menschlichen Gesellschaft. Da wäre einmal die stets steigende Verwendung von IT-Lösungen am Computer oder am Mobiltelefon, die es notwendig macht sich weiterzubilden. Sie können spaßeshalber bei Ihrer nächsten U-Bahn Fahrt mitzählen: Was passiert öfter, wenn Sie in einen Waggon einsteigen: Dass alle Fahrgäste, die in dem Waggon sitzen, gebannt auf ihr Handy starren? Oder dass es mindestens einen gibt, der das nicht tut? (Wobei Sie sich selbst natürlich nicht mitzählen dürfen!)

Auch die Politik in der Europäischen Union propagiert das "Lebenslange Lernen". Viele Arbeitnehmer, die vor einigen Jahrzehnten ihre Berufsausbildung absolvierten, können einfach keinen geeigneten Job mehr finden. Dies betrifft vor allem ältere Arbeitnehmer im Alterssegment von zirka 45 bis 55 Jahren. Daneben kommt noch hinzu, dass einige dieser Leute ein hohes Gehalt gewohnt sind - etwa weil sie in ihrem früheren langjährigen Beruf gut verdient und sich daher einen gewissen Lebensstandard zu Eigen gemacht haben. Da ist es dann schwierig gehaltsmäßig weiter unten einzusteigen. Auch deshalb, da sich die Arbeitslosenunterstützung vielleicht auch noch an dem letzten hohen Gehalt orientiert. Der Arbeitslose würde daher finanziell kaum besser gestellt, wenn er die Arbeitsstelle antritt. Und dort hat er auch nicht mehr das Renommee, über welches er in seinem früheren Beruf verfügte. Nein, er muss jetzt wieder neu beginnen, ein bisschen so wie Auszubildender - und das in seinem Alter! Hinzu kommt, dass im fortgeschrittenen Alter vielleicht auch die körperlichen Kräfte zu schwinden beginnen: Man ist nicht mehr so belastbar, arbeitet vielleicht nicht mehr so schnell, bewegt sich nicht mehr so gerne. All diese Faktoren begünstigen dieses Phänomen einer hohen Arbeitslosigkeit ab einem gewissen Alter.

Und wie kann man sich jetzt ändern? Ich frage jetzt nicht speziell bezüglich dieses Problems älterer Arbeitssuchender, sondern generell. Meistens hat jeder, der sich ändern möchte, dazu irgendeinen Grund, der ihm davor bewusst wird. Zum Beispiel, wenn man feststellt, dass die meisten Bekannten, die man hat, mehr Fremdsprachen sprechen, als man selbst. Daraus könnte dann der Wunsch erwachsen, einen Sprachkurs zu beginnen. Oder ein Mann hat wenig Erfolg in der Damenwelt. Es erwächst daraus der Wunsch, attraktiver zu werden. Der Mann schreibt sich in ein Fitnesscenter ein, damit seine Muskeln größer werden, um in der Folge dem schönen Geschlecht besser zu gefallen. Oder ein junger Mann, der an der Straßenbahnhaltestelle eine sehr hübsche junge Frau gesehen hat, die ihn dort mehrmals angelächelt hat. Er hat aber nichts zu ihr gesagt, bis sie in eine andere Straßenbahn eingestiegen ist. (Er hat auf eine andere gewartet.) Auch er bereut es vielleicht jetzt und möchte sich verändern: Er möchte in Zukunft in solchen Situationen kommunikativer sein.

Vielen geht es ab und an so. Sie bereuen es, wie sie sich in einer bestimmten Situation in der Vergangenheit verhalten haben und denken sich: "Warum habe ich es damals nicht anders gemacht?" Sie sagen sich: "Wenn ich noch einmal in dieser Situation wäre, würde ich sicher anders agieren!" Wenn das dann aber wirklich passiert - also wenn sie wieder in so eine Situation oder in eine ähnliche Situation kommen - agieren sie allerdings oft genauso wie beim letzten Mal. Obwohl sie sich davor vielleicht mehrmals geschworen haben, nächstes mal anders zu agieren - wie vielleicht der junge Mann, die die hübsche junge Frau gesehen hat. Aber wie kann das passieren?

Es ist eine Sache, in einer bestimmten Situation zu sein. Und es ist eine andere, danach - wenn es vorüber ist - sich zu sagen, wie man besser hätte agieren sollen und dass man es nächstes Mal unbedingt anders machen möchte. Das ist so wie mit Lampenfieber: Du kannst dir vor deinem Bühnenauftritt hundertmal sagen, dass du ruhig bleiben willst und dich beschwören, dass es doch überhaupt keinen Grund geben kann, auf der Bühne nervös zu sein. Wenn du dann deinen Auftritt hast, wird womöglich das Lampenfieber erneut einschießen und du wirst mitunter wenig dagegen tun können.

Grundsätzlich gibt es meistens gute Gründe, warum man sich in einer Situation auf eine bestimmte Weise verhalten hat. Manche dieser Gründe mag man nicht mögen - z.B. das Eingeständnis schüchtern zu sein: Gegenüber dem anderen Geschlecht oder bei Bühnenauftritten. Wenn man sich so sieht, wie man wirklich ist, dann kann einen auch das eigene vergangene Verhalten nicht überraschen. "Sich so zu sehen, wie man wirklich ist": Ist das überhaupt möglich? Wahrscheinlich nie zu hundert Prozent, aber man kann sich annähern.

Sich bewusst zu werden, warum man in einer bestimmten Situation so agiert hat, wie man es getan hat, ist ein guter Anfang. Nach Gründen dafür zu suchen, warum die eigene Persönlichkeit so ist, wie sie ist, ebenfalls. Und natürlich muss man sich selbst gegenüber viel Verständnis entgegenbringen - eben dafür nicht fehlerlos zu sein. Wir alle haben viel zu lernen. Und zu sehen, dass es in einem bestimmten Bereich noch etwas zu lernen gibt, ist ja eigentlich etwas Positives. Es ist ein Bewusstwerden seiner selbst.

Wie aber kann man sich ändern? Am besten dann, wenn man sich des eigenen Verhaltens bereits bewusst geworden ist und es so akzeptiert, wie es ist. Das ist besser, als sich für eine Eigenschaft zu verteufeln. So wird zum Beispiel das Lampenfieber eher größer, wenn man es zu vermeiden sucht, als wenn man dem Lampenfieber erlaubt, sich zu entfalten. (Dann verschwindet es eher.)

Wollen Sie zum Beispiel mit dem Rauchen aufhören, so ist es natürlich gut, wenn Sie ihre Eigenschaften als Raucher kennen. Sie wissen, wie viele Zigaretten sie jeden Tag rauchen und wann Sie das für gewöhnlich tun. Und vielleicht wissen Sie auch schon, wie Sie darauf reagieren, wenn Sie einige Zeit lang nicht rauchen können. Also wenn Sie an einem Ort sind, an dem man nicht rauchen darf, oder wenn Sie in der Vergangenheit probiert haben, mit dem Rauchen aufzuhören.

Wenn Sie zu wenige Zigaretten rauchen, werden Sie eher Lust dazu verspüren mehr zu rauchen. Auf der anderen Seite: Wenn Sie etwas zu viele Zigaretten rauchen, wird sich in Ihnen eher der Wunsch entfalten, etwas weniger zu rauchen. So, dass Sie halt immer in Ihrer Balance sind!

Diesen Umstand kann man sich zu Nutze machen. Möchte man mit dem Rauchen aufhören, so besteht ein Weg darin, zuviel zu rauchen. Sie können sich beispielsweise vornehmen, jeden Tag mehr Zigaretten zu rauchen als am Vortag. Mit der Zeit wird das immer härter werden, und immer mehr wird das zur Qual werden und kein Genuss mehr sein.

Wenn Sie nach einigen solcher Tage mit dem Rauchen aufhören, dann werden Sie wahrscheinlich recht froh darüber sein und auch ihrem Körper wird es gut tun. Es wird sich wohl angenehm anfühlen. Vielleicht werden Sie es dann schaffen für einen, für zwei, für drei Tage nicht zu rauchen - eventuell auch länger. Aber irgendwann - je länger es dauert - wird dann der Wunsch kommen, sich doch wieder eine Zigarette anzuzünden.

Hat ihre innere Balance es ihnen zuerst erleichtert, für einige Tage mit dem Rauchen aufhören zu können, so drängt sie sie jetzt dazu, wieder mit dem Rauchen zu beginnen. Der Körper verspürt wieder eine stärkere Sehnsucht nach Nikotin, da er in den letzten Tagen nichts davon erhalten hat. Auch der in den letzten Tagen durch die Abstinenz "gereinigte" Körper ist wieder bereit für die nächste Zigarette. Jetzt wird es schwierig für Sie. Vielleicht halten Sie noch einige Tage durch. Irgendwann geht es dann wahrscheinlich nicht mehr, und Sie zünden sich wieder einen "Glimmstängel" an. Ihr Vorhaben ist für Sie gescheitert und Sie zweifeln vielleicht daran, irgendwann mit dem Rauchen aufhören zu können.

Das ist aber nicht notwendig! Denn letztendlich war es ein Erfolg: Sie haben ja mit dem Rauchen aufgehört! Wenn auch nur für einige Tage. Sobald Sie wieder mit dem Rauchen beginnen, wird dann wahrscheinlich auch wieder die Motivation kommen, es sein lassen zu können. Es ist in dieser Situation wichtig, sein Vorhaben nicht als gescheitert anzusehen, sondern als temporären Erfolg. Sie können jetzt eine Zeit lang wieder normal rauchen. Wenn Sie nach wie vor den Wunsch verspüren mit dem Rauchen aufzuhören, beginnen Sie anschließend wieder damit, ihren Zigarettenkonsum beständig zu erhöhen, um damit die nächste (kurze) Pause vom Rauchen realisieren zu können. Wenn Sie es schaffen abwechselnd für einige Zeit nicht zu rauchen und dann wieder für einige Zeit zu rauchen, dann ist das ein wichtiger erster Schritt und kein jedes Mal gescheiterter Versuch aufzuhören.

Sie sind ja jetzt bereits Nichtraucher - aber eben nur temporär. Wenn Sie es aber schaffen sollten, die Zeiten des Nichtrauchens ein wenig auszudehnen und umgekehrt die Zeiten des Rauchens etwas zu verkürzen, dann werden Sie langsam immer mehr in die Richtung eines kompletten Nichtrauchers gehen.

Sie werden sich jetzt vielleicht denken: "Was soll denn so großartig sein an diesem Verfahren? Warum wird nicht empfohlen einfach von einem auf den anderen Tag aufzuhören?" Natürlich, wenn Sie es können, dann tun Sie das! Hören Sie von einem Tag auf den anderen auf! Aber die hier gegebene Anleitung ist für Personen, bei denen das nicht geklappt hat. Ein Aufhören von einem auf den anderen Tag ist auch nicht natürlich. Es ist völlig normal, dass man eine lange (langjährige?) Gewohnheit auch genießt und sie bis zu einem gewissen Grad auch benötigt. Somit sind Rückfälle absolut normal.

Es ist ein bisschen so wie ein Gummiband: Sie wollen weg von der alten Gewohnheit, aber das Gummiband zieht sie wieder zurück - und zwar umso stärker, je weiter Sie schon weg sind, bis Sie wieder zu ihr zurückkommen. Beim nächsten Versuch kommen Sie dann noch etwas weiter weg - weil das Gummiband in der Zwischenzeit schon ein bisschen ausgeleiert ist. Dennoch werden Sie von ihm erneut wieder zurückgezogen werden. Alles was Sie tun können, ist das Gummiband immer mehr auszudehnen - also sich immer länger an ein Leben ohne die alte Gewohnheit zu gewöhnen. Irgendwann ist dann das Gummiband so überdehnt, dass es reißt. Es kann Sie dann nicht mehr zurückziehen! Sie haben dann den X-ten Versuch gemacht mit dem Rauchen aufzuhören. Nur diesmal vergeht die Zeit und Sie sehnen sich nicht nach einer Zigarette. Nach einigen Monaten werden Sie begreifen, dass Sie es geschafft haben.

So wäre die Erfahrung, wenn es am Ende klappen sollte. Aber genauso ist es auch möglich, dass Sie in diesem "on and off"-Status verbleiben. Aus meiner Sicht ist das auch eine Errungenschaft. Denn Sie sind dann kein hundertprozentiger Raucher mehr, können aber nach wie vor Zigaretten genießen. Man muss einfach den Wert einen solchen Zustandes erkennen.

Oft ist es auch so bei Ex-Freundinnen. Nachdem man sich getrennt hat, idealisiert man die Dame wieder ein bisschen und hinterfragt die Entscheidung. Man will es dann doch wieder mit ihr probieren. Aber erst dadurch sieht man dann, dass es schon einen Grund gab, warum man eine Trennung anstrebte. Diese temporäre Wiederauferstehung der Beziehung kann Gold wert sein: Dadurch werden Sie das Beenden der Beziehung in Zukunft nämlich wesentlich weniger stark hinterfragen!

Beim Rauchen ist den meisten Menschen klar, dass sie es in der Hand haben, damit aufzuhören - und nur sie. Dadurch ist es einerseits umso bitterer, wenn es einem nicht gelingen will, andererseits kann man es auch alleine schaffen.

In anderen Bereichen des Lebens liegen die Dinge nicht so einfach. Nehmen wir beispielsweise an, dass Sie mit den Aufgaben im Rahmen Ihrer Anstellung bei einem IT-Unternehmen nicht zufrieden sind. Angenommen Sie sind dort als Programmierer angestellt, erhalten aber stets nur einfache Aufgaben, wie das Installieren von Programmen und das Schreiben von Dokumentationen. Sie fühlen sich aber zu Höherem berufen und würden Ihrem Chef gerne klar machen, dass er Ihnen anspruchsvollere Aufgaben übertragen soll.

Hier scheint es nicht mehr so sein, dass Sie es alleine in der Hand haben, ihr Problem zu lösen. Schließlich ist hier auch die Zustimmung Ihres Chefs notwendig, um zu der notwendigen Änderung zu gelangen. Im Prinzip gibt es somit zwei Akteure: Sie und Ihr Chef sind die beiden, um die es geht. Wenn Sie sich jetzt beklagen sollten, dass Sie das eh nicht erreichen können, da der Chef ja zustimmen muss und der möchte nicht, dann ist dies ein Weg, die Verantwortung abzuschieben. Nämlich die Verantwortung dafür, dass Sie nicht alles unternehmen, damit Ihr Chef in Ihrem Sinne entscheidet. Alternativ könnte man auch die ganze Verantwortung übernehmen. So könnte man sagen: "Zwar muss schon mein Chef zustimmen, damit ich anspruchsvollere Aufgaben übertragen bekommen werde. Dieser wird das aber sicher tun, wenn ich ihm glaubhaft mache, dass ich diese ohne Probleme meistern können werde." Dies ist eine herausfordernde Ansage! Hier übernehmen Sie die volle Verantwortung: So wie beim Rauchen, liegt es jetzt alleine in Ihrer Hand, ob ihr Wunsch in Erfüllung gehen wird. Sie haben sich soeben stärker gemacht. Sie betrachten sich jetzt im Umfeld Ihrer Anstellung als stärker, werden dadurch auch stärker agieren - und dadurch stärker sein.

Niemand kann natürlich wissen, ob Ihr Chef - selbst wenn Sie ihm auf intelligente Weise klar machen können, wozu Sie in der Lage sind - schlussendlich in Ihrem Sinne entscheiden wird. Vielleicht ist er ein Querkopf, der grundsätzlich nicht nachgibt, oder er kann nicht frei entscheiden, da er selber Vorgaben hat. Er könnte natürlich auch fürchten, dass Sie dadurch im Unternehmen zu wichtig würden, und Sie deshalb klein halten wollen.

Dennoch werden Sie mit dieser Haltung gute, starke Initiativen starten können. Das heißt, die Chance dass der Chef zustimmt, wird auf jeden Fall größer sein als im ersteren Fall, in dem sie sich als schwach empfinden.

Wenn Sie so eine starke Haltung der Eigeninitiative annehmen können und trotzdem nicht zu dem von Ihnen gewünschten Ergebnis kommen sollten, wird es Ihnen vielleicht nach einiger Zeit reichen, und Sie werden überlegen, ob Sie vielleicht in einem anderen Unternehmen die gewünschten Arbeitsaufgaben bekommen können. Und das wäre dann auch eine starke, selbstbewusste Reaktion. Und ihr bisheriger Chef würde es vielleicht auch bereuen, sie verloren zu haben.

Auf jeden Fall führt eine andere Art zu denken zu einer anderen Art des Handelns. Beim Rauchen, indem der "on and off"-Status nicht als Scheitern, sondern als eine bleibende Errungenschaft betrachtet wird, beim Anstreben einer Beförderung, indem man selbst die Verantwortung dafür übernimmt, ob man die gewünschte Stelle erhält.

KAPITEL 24

Gerechtigkeit

In der Praxis gibt es oft Situationen, die man als ungerecht erachtet. Anderen Leuten scheint es besser zu ergehen als einem selbst. Und das, obwohl man augenscheinlich mehr gemacht hat, um sein Ziel zu erreichen als diese anderen. Das erscheint einem dann als ungerecht!

Ist es aber wirklich ungerecht? Gibt es überhaupt Gerechtigkeit auf der Welt? Wenn es keine Gerechtigkeit gibt, dann könnte ja auch nichts ungerecht sein. Also muss es sie geben, nicht? Der Begriff "Gerechtigkeit" enthält auch das Wort "Recht". Es geht bei Gerechtigkeit auch um Rechte, die man hat.

Ein Beispiel: In einem Geschäft wird Hafermilch um 1,50 Euro pro Liter angeboten. Zwei Kundinnen würden gerne jeweils einen Liter kaufen. Die erste Kundin legt ihr Geld auf den Tresen, woraufhin der Verkäufer es in die Kassa legt und ihr einen Liter Hafermilch übergibt. Die zweite Kundin legt ihr Geld auf den Tresen und der Verkäufer legt es in die Kassa und beginnt in Richtung Hafermilch zu greifen, um ihr einen Liter auszuhändigen - da läutet auf einmal das Telefon. Der Verkäufer führt ein fünfminütiges Telefonat. Danach kann er sich nicht daran erinnern, das Geld bereits erhalten zu haben. Er fordert die zweite Kundin dazu auf, zuerst 1,50 Euro zu bezahlen!

Eine sehr unangenehme Situation. Wie soll die zweite Kundin beweisen, dass sie bereits bezahlt hat? So etwas kommt leider immer wieder vor. Der richtige Weg seitens des Verkäufers wäre es, das Geld der Kundin am Tisch liegen zu lassen und es erst in die Kassa zu legen, wenn diese entweder bereits die Milch erhalten hat oder zumindest eine Rechnung (samt allfälligem Wechselgeld).

Das, was in dieser Situation passiert ist, ist eine Ungerechtigkeit: Beide Kundinnen haben das gleiche getan und nur durch einen zufälligen Anruf erhielt die zweite Kundin keinen Gegenwert für ihre Zahlung.

Das Recht, um das es hier geht, ist der Erhalt der Hafermlich bei Zahlung von 1,50 Euro. Dieses Recht hat man der zweiten Kundin verwehrt. Sie wurde daher ungerecht und auch rechtswidrig behandelt - wenn auch nicht aus böser Absicht heraus.

Im Geschäft gilt, dass wenn Du eine Ware bestellst und der Verkäufer deine Zahlung dafür entgegen nimmt, dies einem Kaufvertrag gleichkommt (der durch diese Handlungen - stillschweigend - abgeschlossen wird). Der Kaufvertrag wurde daher abgeschlossen, aber nicht erfüllt. Da die Kundin keinen Beleg für die Erfüllung ihres Teils des Vertrags hat, wird es für sie schwierig werden, ihr Recht durchzusetzen. Es sei denn, sie hätte einen Zeugen, oder es gebe eine Kamera, die den ganzen Vorgang aufgenommen hätte.

Der Händler wird gut daran tun, einer Beschwerde der Kundin in so einer Situation Glauben zu schenken, außer er hat klare Hinweise darauf, dass es sich bei ihr um eine Betrügerin handelt. Denn, wenn er ihr wirklich die Rückgabe dieser 1,50 Euro verwehren sollte, so wird sie wahrscheinlich nicht mehr in dieses Geschäft kommen, um dort einzukaufen. Außerdem wird sie die Geschichte vielleicht in ihrem Bekanntenkreis erzählen, was keine gute Werbung für dieses Geschäft sein würde. Es geht ja schließlich nur um einen lächerlich geringen Betrag. Diese Kundin wird möglicherweise in Zukunft um wesentlich mehr Geld in diesem Geschäft einkaufen, wenn er ihr gegenüber jetzt Verständnis zeigt!

Eine Ungerechtigkeit liegt hier vor, weil ein Recht verletzt wurde. Bei Rechten handelt es sich in der Praxis um Regeln, die einzuhalten sind: In diesem Fall dass man ein Produkt erhält, wenn man zuvor dafür bezahlt hat. Wird die Regel verletzt, dann liegt eine Regelwidrigkeit vor.

Ähnlich ist es beim Sport. So gibt es in verschiedenen Sportarten verschiedene Regeln. Hält sich eine Mannschaft nicht an die Regeln, so spielt sie "unfair" - das ist ein anderer Ausdruck für ungerecht.

Auch mit den Menschenrechten ist es so: Es gilt die Regel, dass diese Rechte von einem Staat zu beachten sind, wenn er der Menschenrechtskonvention beigetreten ist. Beschränkt jetzt ein Staat Ihre Menschenrechte - zum Beispiel indem er verhindert, dass Sie Ihre Meinung öffentlich äußern, so liegt eine Ungerechtigkeit vor. Ihr Recht wurde verletzt - die Regel wurde nicht eingehalten.

Wenn Sie in Ihrer Arbeit auf eine Beförderung hoffen, dann aber ein anderer Kollege befördert wird. Liegt in diesem Fall ebenfalls eine Ungerechtigkeit vor? Das hängt davon ab, ob eine Regel verletzt wurde. Es könnte zum Beispiel so sein, dass nur befördert werden darf in der Reihenfolge des Diensteintrittes. Sind Sie schon länger in der Firma, dann hätten Sie die Beförderung erhalten müssen. Oder es geht darum, wer in den letzten zwei Jahren die meisten Provisionen verdient hat: Derjenige wäre zu befördern.

Solche Regeln gibt es bei Beförderungen manchmal, meistens aber nicht. Daher denken sich Angestellte in so einer Situation - wenn es um eine Beförderung geht - ihre eigenen Regeln aus. Oder besser gesagt: Sie versuchen einfach die Regeln zu verstehen, die dort zu gelten scheinen. Und obwohl weder das Unternehmen noch der Chef jemals explizit eine Regel für Beförderungen ausgesprochen haben mögen oder so eine bestätigen würden, nehmen die Angestellten dann an, "dass es in der Praxis so läuft". Für sie ist das dann eine Regel (die sie sich letztendlich konstruiert haben). Wird sie nicht erfüllt, fühlen sie sich ungerecht behandelt.

Angenommen es wäre bisher immer so gewesen, dass ein Kollege befördert wurde, der auch im Verkauf - neben anderen Kriterien - eine recht gute Leistung erbracht hat und dementsprechend schon hohe Provisionen verdient hat. Sie - als Angestellter - hoffen jetzt auf die nächste Beförderung und die Summe der Provisionen, die Sie bis jetzt erhalten haben, ist höher, als bei allen ihren Konkurrenten. Trotzdem wird am Ende einer von denen befördert, und nicht Sie. "Ungerechtigkeit!" werden Sie sich denken. Denn es wurde eine Regel verletzt. Zwar nur eine, die Sie abgeleitet haben bei ihrem Versuch zu verstehen, nach welchen Kriterien ein Kandidat ausgewählt wird, aber dennoch. Ihr Chef kennt von der Regel freilich nichts. Vielleicht war es auch nur Zufall, dass bisher immer Kollegen befördert wurden, welche gut im Verkaufen waren. Er wird dann die Beförderung nicht als ungerecht erachten.

In der Praxis macht sich fast jeder Mensch seine eigenen Regeln. Und zwar beim Versuch, die Welt und die menschliche Gesellschaft zu verstehen, und sich ihr anzupassen. Diese Regeln, die die Menschen als gegeben erachten, sind sehr mächtig und man sollte sie ernst nehmen.

Denn wenn Menschen etwas für ungerecht halten, dann ist es für sie tatsächlich ungerecht.

Entscheidender als die Frage, was gerecht ist, ist immer die Frage, was die Menschen für gerecht halten. Das ist in der Praxis wichtig, da Menschen generell jene Entscheidungen akzeptieren, die sie als gerecht erachten. Und sie werden protestieren, wenn sie eine Entscheidung als ungerecht ansehen - auch wenn sie dem Gesetz entsprechen sollte. Das ist vor allem wichtig für Politiker, für die die Beurteilung ihrer Taten durch das Volk ja immer von größtem Interesse ist - zumindest in Demokratien.

Neben anderen Faktoren ist beim Thema Gerechtigkeit auch stets das eigene Fortkommen von zentraler Bedeutung: Eine Entscheidung, bei der man selber befördert wird, wird eher als gerecht erachtet, als wenn ein Konkurrent zum Zuge kommt. Neben dem eigenen Fortkommen ist natürlich auch entscheidend, ob eine Entscheidung für den eigenen "Clan" gut ist beziehungsweise für den eigenen Kulturraum.

Wird im Fußball bei einem Länderspiel in der 90. Minute auf Elfmeter für Deutschland entschieden, so wird man das als Deutscher eher als gerecht erachten, als wenn man die Staatsangehörigkeit der gegnerischen Mannschaft hat.

Und wenn die eigene Tochter befördert wird - oder einen Preis bekommt - wird man dafür auch mehr Verständnis haben, als wenn ein anderes Kind gewinnt. Im letzteren Fall wird man die Entscheidungsfindung wohl eher hinterfragen.

Als Deutschland wiedervereinigt wurde, haben die Bundesbürger gejubelt: Klar, ihr Staat wurde größer - eine Belohnung für ihre Kultur!

Als sich Slowenien - welches eine sehr kurze Küstenlinie an der Adria hat - darum bemühte, dass ein Teil einer Bucht, in deren Bereich die Staatsgrenze zu Kroatien nicht exakt definiert war, zu slowenischem Staatsgebiet erklärt würde, war Kroatien dagegen. Und das, obwohl Kroatien eine wesentlich längere Küstenlinie an der Adria hat. Jetzt könnte man doch meinen: Wenn Slowenien eine sehr kurze Küstenlinie hat und Kroatien eine sehr lange, dann wäre es doch nur gerecht, wenn man Slowenien ein wenig mehr gibt, so dass beide Staaten ausreichend Zugang zum Meer haben, nicht? Mitnichten! Für Kroatien wäre das eine Entscheidung gegen den eigenen Kulturraum gewesen: Kroatien würde damit etwas kleiner. Daher empfand man einen solchen Vorschlag als ungerecht.

Und man muss auch verstehen, dass die vorherige Argumentationslinie nicht schlüssig ist: Denn wenn man sagt, Slowenien müsse die Bucht kriegen, da es eine kürzere Küstenlinie hat, dann käme vielleicht Österreich mit dem Argument daher, dass es ja überhaupt keinen Zugang zum Meer hätte und man die Bucht zur österreichischen Exklave erklären sollte. Da wären dann Slowenien und Kroatien jedenfalls dagegen.

Natürlich gibt es auch Deutsche, die bei einem Strafstoß für Deutschland in der 90. Minute dennoch hinterfragen würden, ob er gerechtfertigt war - oder nicht vielleicht eine Fehlentscheidung des Schiedsrichters. Die Entscheidung des Schiedsrichters würde jedoch sicher von mehr Deutschen in Frage gestellt, wenn der Elfmeterpfiff zu Gunsten der gegnerischen Mannschaft erfolgt wäre. Denn für die Menschen geht es letztendlich immer um die Verbreitung der eigenen Anzahl. Und innerhalb der Menschheit um die Verbreitung der eigenen Kultur über möglichst viele Exemplare der Gattung Mensch. Und da ist ein Sieg in einem wichtigen Fußballspiel ein Zeichen einer möglichen Überlegenheit der eigenen Kultur - und damit ein zusätzlicher Motivationsschub in Richtung mehr Ausbreitung.

Noch ein Beispiel: In Afrika ist der Löwe vom Aussterben bedroht. Und zwar so stark, dass man rechnet, dass es in ungefähr 20 Jahren dort keine frei lebenden Löwen mehr geben wird. Was für ein Verlust! Das Problem ist, dass der Löwe ein sehr territoriales Tier ist. Die Löwenrudel stellen die stärkste "Raubtier-Fraktion" dar. Obwohl sie weglaufen müssen, wenn größere Tiere kommen - z.B. Elefanten, Büffel oder Nashörner - so können sie solche Tiere auch erlegen, wenn die Bedingungen günstig sind. Die Löwen zeigen daher in der Regel ihre Präsenz und ihre Dominanz. Sie verstecken sich nicht sondern greifen jedes andere kleinere Tier offen an, welches sich in ihrem Revier befindet.

Das ist natürlich fatal, wenn es um den Menschen geht und dessen Besiedelung von immer größeren Gebieten. Mensch und Löwe - das passt einfach sehr schlecht zusammen. Daher werden die Lebensräume für die Löwen immer kleiner. Da ein Löwenrudel ein recht großes Territorium benötigt (die Beutetiere müssen ja rechtzeitig "nachwachsen" um den Löwen genügend Fleischnahrung bieten zu können), wird die Anzahl der Löwen immer kleiner. Und ist mitunter schon so klein, dass viele Tiere Probleme haben, geeignete Fortpflanzungspartner zu finden.

Anders beim Leoparden: Auch er ist ein ziemlich großes Raubtier (das drittgrößte Landraubtier in Afrika). Er steht in Körpergröße und -gewicht dem Löwen um nicht so viel nach. Da er aber nicht in Gruppen jagt, kann er beim Jagen mit den Löwen nicht mithalten. Seine Beutetiere sind in der Regel kleiner. Der Vorteil des Leoparden ist aber, dass dadurch dass er nicht das stärkste Raubtier ist, er sich vor stärkeren Raubtieren - wie dem Löwen - verbergen muss. Er versteckt sich daher oft und agiert im Verborgenen. Und das kommt ihm jetzt bei der fortschreitenden Besiedelung Afrikas durch den Menschen zugute: Er kann unbemerkt neben dem Menschen leben. Er versteckt sich und er jagt relativ leise und außerdem meist in der Nacht. Er kommt dem Menschen daher nicht in die Quere, und so sieht die Bestandsprognose für diese auf das Klettern spezialisierte Großkatze relativ positiv aus.

Und was macht der Mensch jetzt, wenn er vom baldigen Aussterben der Löwen hört? Er versteht, dass die Löwen ein biologischer Schatz sind. Vor allem natürlich für afrikanische Staaten, die mit Safaris viel Geld verdienen. Aber gibt der Mensch dem Löwen jetzt seinen Lebensraum zurück - zumindest teilweise? Sagen wir, ein Drittel: Gibt der Mensch dem Löwen ein Drittel von Afrika zurück, so dass der Löwe wieder gedeihen und sich ausbreiten kann? Nein, natürlich nicht. Der Löwe erhält ein paar Reservate - relativ klein und dort, wo der Mensch nichts Besseres vorhat. Und es wäre ja auch gegen die Evolution! Der Löwe ist zum Aussterben verdammt. In einer vom Menschen dominierten Welt ist er zu groß und zu laut um Überleben zu können. Er wird in der Folge nur noch dort existieren, wo er dem Menschen als nutzbringend erscheint - so ähnlich wie unser Schlachtvieh, aber in wesentlich geringerer Zahl.

Ist das nun schlecht, dass der Welt eine Art wie der Löwe verloren gehen wird? (Zumindest in "echter" freier Wildbahn?) Es ist die Evolution! Als die Erde von den Dinosauriern regiert wurde, haben nur jene Säugetiere überleben können, die klein waren, schnell laufen und sich gut verstecken konnten. So wurden ihre Körper nicht zur Beute der Dinosaurier. Die Dinosaurier sind dann (am Ende des Mesozoikums - mehr dazu später) großteils ausgestorben und lediglich einige der Dinosaurier, die fliegen konnten, überlebten und wurden zur heutigen Vogelwelt - zu unseren "gefiederten Freunden". Mittlerweile können aber nicht mehr alle Vögel fliegen - wie zum Beispiel der Pfau. Das heißt, einige der Nachfahren der Saurier haben sich schlussendlich von den Lüften wieder auf die Erde gewagt und wurden wieder größer. (Bis vor wenigen hundert Jahren existierte eine Art Riesen-Pfau auf Madagaskar, der zur Gruppe der so genannten "Elefantenvögel" gehörte, der

"Moa". Er wurde bis zu dreieinhalb Meter groß und wog bis zu 300 Kilo. Früher ausgestorbene Elefantenvögel sollen sogar ein Körpergewicht von über 700 Kilo erreicht haben.) Die Vögel haben also möglicherweise wieder versucht - so wie die Dinosaurier als ihre Ahnen - groß zu werden. Letztendlich ist das Vorhaben jedoch durch den Menschen gescheitert - die Moas wurden im 14. Jahrhundert von uns Menschen ausgerottet.

Der Mensch zimmert sich die Gerechtigkeit immer so, wie es seinem eigenen Fortkommen dienlich ist. Das passiert aber nicht bewusst, sondern das ist ganz natürlich. Das eigene Fortkommen - das eigene Leben - ist für den Menschen von größter Wichtigkeit. Dies ist auch völlig logisch, denn auf einem lebensfeindlichen Planeten wie der Erde, muss der Mensch stets dafür arbeiten, am Leben bleiben zu können: Er muss Nahrung herbeischaffen, er muss sich vor wilden Tieren schützen, er muss sich vor Kälte schützen und vor Krankheit. Sie haben jetzt sicher gemerkt, dass ich mich jetzt eher auf die Urzeit beziehe als auf unser Leben im Heute!

Der Mensch arbeitet am Erhalt seines Lebens und am Erhalt seiner Art, indem er sich reproduziert. Viele Charaktereigenschaften die wir haben, sind darauf ausgerichtet. Oder soll ich sagen: Alle? Alle Charaktereigenschaften sind darauf ausgerichtet die Überlebenschancen zu erhöhen? Könnte das denn sein?

Wird Recht verletzt, dann liegt eine Ungerechtigkeit vor. Das gilt beim Einkaufen, im Sport und auch gegenüber dem Staat, der die Menschenrechte einhalten muss. Manchmal gibt es aber kein genau definiertes Recht, dann entwickeln einzelne Menschen eigene Vorstellungen davon, nach welchen Regeln etwas abläuft. Respektiert man diese nicht, kann man die Menschen gegen sich aufbringen. Als gerecht wird auch empfunden, was einem selber Vorteile bringt oder seinen Verwandten oder seiner Gruppe - oder der Menschheit generell. Der Mensch ist voll und ganz auf das Überleben auf einem lebensfeindlichen Planeten ausgerichtet, so dass es für ihn normal ist, dass jeder Vorteil, den er erlangen kann, von ihm als "gerecht" wahrgenommen wird. Was ihm "recht" ist, betrachtet er als "gerecht". "Gerecht" hat ja auch eine zweite Bedeutung im Sinne von "artgerecht". Man muss eine Schildkröte so halten, wie es dieser Art gerecht ist. Man sieht hier schon im Wort, in welche Richtung es geht.

Also alles, was dem Menschen gefällt, dient zum Erhalt seines Lebens. Richtig? Alle diese Beispiele haben das wiedergegeben. Wäre es überhaupt möglich, dass dem Menschen etwas gefällt, was seine Überlebenschancen NICHT erhöht oder diese sogar schmälert? Nach der Evolutionsgeschichte eher nicht, denn solche Exemplare hätten eine etwas geringere Reproduktionsfähigkeit und würden daher über viele Generationen gesehen aussterben. Aber kann es in der heutigen Zeit anders sein? Jetzt, wo wir - quasi - im Überfluss leben und in jedem Mülleimer Essensreste zu finden sind, die ein Hungriger verzehren könnte. Nun ja, evolutionsgemäß gesehen eher nicht, da sich die Eigenschaften des Menschen in so kurzer Zeit nicht anpassen können - an den "Überfluss". Dieser existiert ja erst über relativ wenige Generationen.

Aber was für Interessen - oder Talente - können existieren, die nichts mit dem Überleben oder der Reproduktion zu tun haben? Wie sieht es aus mit Schauspielern und Sängern? Ein Sänger kann die Gruppe mit seinem schönen Gesang (hoffentlich) verbinden, so dass sie noch mehr zusammenhält und ihre Mitglieder gegen externe Gefahren schützt. Ein Schauspieler kann die Gruppe unterhalten: Je mehr sie ihre freie Zeit genießen kann, desto motivierter wird sie am nächsten Tag bei ihren Bemühungen sein, Nahrung herbeizuschaffen. Was ist mit jeder Art von Spielen? Diese sind ein Wettbewerb, um die Eigenschaften des Menschen zu trainieren. Mildtätige Eigenschaften, wie das Spenden an alte und Kranke? Auch das kann das Überleben fördern, dass schwächere Mitglieder einer Gruppe so von stärkeren am Leben erhalten werden, wodurch die Gruppe größer bleibt. Der Spaß am Schreiben? So kann Wissen von Generation zu Generation getragen werden und geht nicht verloren.

Es ist natürlich nur eine Theorie! Aber diese besagt, dass alles was dem Menschen Spaß macht, auch seine Überlebens- (und Reproduktions)chancen erhöht. Während alles, was ihn langweilt, das nicht tut. Natürlich muss im Zuge der Aufteilung der Aufgaben in der menschlichen Gesellschaft auch ab und an etwas gemacht werden, was nicht Spaß macht, der Gesellschaft aber dennoch hilft. Aber das macht man ja dann auch nur aus Liebe zu seiner Gruppe, und man macht es nur für seine Gruppe und nicht für eine fremde. Hier ist also die Verbundenheit zur eigenen Gruppe der Antrieb - der letztendlich Spaß macht.

Es wurde ein Experiment mit Arbeitnehmern gemacht. Dabei hat man Leute gesucht für einen Job mit einem Arbeitsaufwand von zehn Stunden pro Woche. Diesen wurden dann Aufgaben übertragen. Die Aufgaben waren in der Arbeitszeit von zehn Stunden bewältigbar und die rekrutierten Arbeitnehmer konnten alles problemlos erledigen.

Als Nächstes hat man einen Vollzeit-Job inseriert (40 Stunden pro Woche). Den Bewerbern wurden die gleichen Aufgaben übertragen, wie zuvor den zehn Stunden-Angestellten. Auch diese Vollzeit-Arbeitnehmer haben alle Aufgaben bewältigen können. Logischerweise, denn sie hatten viermal mehr Zeit als die erste Gruppe. Aber sie haben allesamt ihre gesamte Arbeitszeit von 40 Wochenstunden für die Erledigung der Aufgaben benötigt. Keiner hat gemeint, dass man diese Aufgaben ja auch wesentlich schneller erledigen könnte. Und das obwohl es auch in einem Viertel der Zeit möglich gewesen wäre.

Wahrscheinlich sagen Sie jetzt, dass das eh klar ist! Natürlich, wenn ich für eine Tätigkeit, die zehn Stunden dauert, vier mal soviel Zeit habe und vier mal soviel bezahlt bekomme: Warum sollte ich mich dann beschweren? Ja, Sie haben Recht. Das stimmt natürlich! Dennoch war es bei diesem Experiment so, dass vielen der Vollzeitkräfte gar nicht klar war, dass man die Arbeiten auch in einem Bruchteil der Zeit erledigen könnte. Aber warum ist das so?

Das hängt zusammen mit Gerechtigkeit. Wenn es als gerecht betrachtet wird, wenn man sein Fortkommen sichert, wenn man seine Reproduktionschancen erhöht, dann kann es auch nur gerecht sein, dass man eine Arbeitsstelle zugesprochen bekommt, die einen dabei unterstützt.

Eine lockere Aufgabenzuordnung, bei der kein Stress entsteht, ist ja dafür auch nicht schlecht: Man wird sich nicht darüber beschweren und das letztendlich auch als gerecht erachten (aus den dargelegten Gründen), dass man in seinem Job nicht gestresst wird.

Natürlich wird es den einen oder den anderen geben, dem klar ist, dass die Arbeit unterfordernd ist und überbezahlt. Aber vielleicht werden auch die es bald akzeptieren, da es jetzt Realität ist. Und an eine "gerechte" Realität gewöhnt sich der Mensch schnell. (Außer natürlich, wenn ihnen durch die wenige Arbeit zu langweilig werden sollte.)

Der Fokus auf dem eigenen Fortkommen und der eigenen Reproduktion führt natürlich auch dazu, dass man die eigenen Erfolgsaussichten viel genauer betrachtet als diejenigen von anderen. Habe ich ein Problem in meiner Arbeit, so ist das schwerwiegend für mich - zum Beispiel ein ungerechter Chef, der meine Leistung nicht würdigt. Mein eigenes Fortkommen scheint dadurch gefährdet, es kann eine Krise für mich werden. Erzählt mir jedoch ein Freund das Gleiche über sich, so mag mich das interessieren, aber es ist für mich nichts anderes als Konversation. Ob er mir vom letzten Film, den er gesehen hat, vorschwafelt oder von seinen Problemen in der Arbeit - es ist mir gleich. Betrifft es mich aber selbst, dann hat es einen viel höheren Stellenwert für mich.

Natürlich, das ist auch völlig logisch. Denn am Arbeitsplatz verbringt man jede Woche eine Menge Stunden. Und der Arbeitsplatz ist in der Regel auch jener Lebensbereich - möglicherweise sogar der einzige Lebensbereich - in dem man dienen muss und in dem man sich in einem autoritären Verhältnis befindet.

Im Privatleben ist man frei in seinen Entscheidungen. Man kann treffen, wen man will, machen was man will. Das Gleiche gilt, wenn man Kunde ist: Kunde im Kino oder Theater, im Fitnesscenter oder in einem Nachtlokal. Auch hier kann man tun, was man will. Man kommt, wann man will. Man geht, wann man will. Man sitzt, wo man will. (Oder tanzt, wann man will). Anders im Job: Hier hat man einen Vorgesetzten (auch dann, wenn man selber einer ist). Der Vorgesetzte sagt Ihnen, was Sie zu tun haben. Der Vorgesetzte sagt Ihnen, wann Sie zu kommen haben und wann Sie gehen dürfen. Der Vorgesetzte sagt ihnen, wie sie zu arbeiten haben. Der Vorgesetzte beurteilt, ob Sie gut oder schlecht gearbeitet haben. Es ist ein autoritäres Verhältnis und Sie sind in der schwachen Position. Natürlich gibt es häufig eine Unternehmenskultur, in der das nicht mehr so wirkt, in der das nicht mehr so augenscheinlich gemacht wird und wo man das so nicht mehr spürt. Es kann auch sein - wenn Sie nicht selbst Vorgesetzter sind - dass Sie ein Spezialist sind, der am Arbeitsmarkt nicht leicht zu finden ist. In diesem Falle tut Ihr Arbeitgeber gut daran, Sie mit Samthandschuhen anzugreifen. Dennoch: Auch dann ist es ein Autoritätsverhältnis und dessen Natur scheint hie und da unter der Freundlichkeitsmaske durch. Der Arbeitnehmer muss sich anpassen und es muss für ihn klar sein, dass er die Aufgaben erledigt, die ihm sein Vorgesetzter aufträgt und zwar so, wie dieser es haben möchte. Je nach persönlicher Beziehung zum Vorgesetzten, Unternehmenskultur, Ihrem Wert für die Firma, Ihren Möglichkeiten leicht einen vergleichbaren Job finden zu können und anderer Faktoren, kann die Realität in Ihrem Arbeitsleben natürlich ganz verschieden aussehen. Aber als Angestellter steht das Autoritätsverhältnis immer im Hintergrund - auch weil es die gesetzliche Grundlage des Angestelltenverhältnisses ist.

Wenn es dort ungemütlich für Sie wird, ist das eine große Krise! Vor allem dann, wenn Sie auf den Job angewiesen sind. Und interessanterweise "riechen" das manche Vorgesetzten und werden genau dann so richtig ungemütlich. Das ist also etwas ganz anderes, als wenn ein Freund von Ihnen sich über seine Job-Situation ausweint.

Klar, Sie leben Ihr Leben - und kein anderes! Daher können auch nur Sie spüren, wie es Ihnen wirklich geht. Und wenn Sie andere belügen - zum Beispiel vorheucheln, dass im Job eh alles OK ist - sich selbst können Sie nicht belügen. Letztendlich müssen Sie Ihre Probleme selbst erkennen und in irgendeiner Weise selbst lösen. Und damit meine ich nicht nur Probleme im Job, ich meine alle Probleme: Wenn Sie keine Freunde finden, wenn Sie keine Partnerin finden, wenn Sie gesundheitliche Probleme haben, wenn Sie Drogenprobleme haben, wenn Sie aus einer Gruppe ausgeschlossen wurden, und so weiter.

Da nur Sie ihr Leben leben, sind Sie praktisch der Hauptdarsteller darin - der Held. Und das, was Sie tun erscheint Ihnen dadurch automatisch als wichtiger. Weil Sie dadurch wesentlich stärker beeinflusst werden als vom Tun anderer. Deshalb ist es auch oft so, dass man die eigene Tätigkeit überbewertet. Dass zirka drei Viertel aller Autofahrer sich für überdurchschnittliche Autofahrer halten, wurde bereits erwähnt. Wenn Sie Arzt sind, werden Sie der Medizin einen besonderen Stellenwert in der Gesellschaft einräumen. Sind Sie hingegen Lehrer, so werden Sie wahrscheinlich das Bildungswesen in einem Staat als substantiell erachten. Wenn Sie Software-Entwickler sind, dann werden Sie die Erstellung guter Computerprogramme als wichtige Kernaufgabe der Menschheit sehen. Und wenn Sie ein Veranstalter von Festen sind, dann werden Sie womöglich der Meinung sein, dass sich auf solchen Festen das eigentliche Leben abspielt und dass hier die wesentlichen Entscheidungen in der Gesellschaft getroffen werden.

Da es ja nur gerecht ist, wenn Sie einen guten Job haben, muss der Job, den Sie haben, auch wichtig sein - wichtiger als die Jobs anderer. Sie sehen sich selbst als Helden in ihrem Leben. Und das sind Sie ja auch. Wenn alles gut läuft, kann das zu einem guten Selbstvertrauen führen (hoffentlich nicht zu Arroganz). Es ist natürlich auch deshalb wichtig, dass man die eigene Tätigkeit als "weltbewegend" betrachtet, da man jeden Tag aufstehen muss um diese zu verrichten. Das fällt natürlich leichter, wenn man eine Kernaufgabe der Gesellschaft ausübt, als wenn man in irgendeinem Lager die Fliesen säubert.

Läuft es hingegen nicht so gut, dann befindet man sich in einer Krise. Etwa wegen dem ungerechten Chef. Oder man wird nicht befördert - jedenfalls nicht so, wie man es sich vorgestellt hat. Manche arrangieren sich irgendwie mit der Realität, anderen bricht der innere Traum zusammen.

Fragt man Teenager, was Sie einmal werden wollen, so klingen deren Antworten oft sehr inspirierend: Schauspieler, Politiker, Tennisspieler, Investmentbanker, Geschäftsführer, Artist - und so weiter. Und sie sehen ihren Erfolgsweg voraus: Einer, der Tennisspieler werden will, der denkt wohl an die bekanntesten und besten Tennisspieler der Welt. Er träumt von so einer Karriere und stellt sich vor, das einmal erreichen zu können. Da im Tennis aber nur ungefähr zweihundert Spieler und noch mal so viele Spielerinnen gut von dieser Tätigkeit leben können - was eine relativ kleine Zahl ist im Vergleich zu anderen Sportarten - kann halt nicht jeder, der als Teenager diesen Weg einschlägt, dorthin kommen. Die meisten müssen feststellen, dass sie nicht stark genug sind. Das ist natürlich nicht leicht. Man will ja nicht zu früh aufgeben - das haben die großen Idole ja auch nicht getan. Man träumt, solange es geht, und redet sich die Misserfolge schön. Irgendwann tingelt man dann als Tennistrainer von Club zu Club, um genügend Geld für den Lebensunterhalt verdienen zu können. Dann wird es einem langsam klar werden.

Tennisspielen ist eine Sportart, in der es sehr hart ist Profi zu werden und gut zu verdienen. Das ist auch so bei den Berufswünschen Schauspieler und Politiker. Es gibt einfach zu viele junge Menschen, die von einer Karriere als Schauspieler träumen. Und auch in der Politik - wenn es da auch nicht so viele gibt - gilt ab einer gewissen Stufe das Ellbogenprinzip: Es will dann jeder den besser bezahlten Posten und tut alles dafür, dies zu erreichen. Wer da nicht besonders talentiert ist, wird irgendwo als Provinzpolitiker eine Nebeneinkunft erhaschen, muss aber daneben in einem normalen Brotberuf sein Auskommen erwirtschaften. Geträumt haben Sie vielleicht davon Bundeskanzler zu werden - oder ein Minister. Die Realität sieht meist anders aus.

Natürlich gibt es (bescheidenere) Berufswünsche, bei denen das Ziel durchaus erreichbar ist: Geschäftsführer, Mitarbeiter in einer Bank, Rechtsanwalt, Arzt, Krankenschwester, Steuerberater. Je höher das Ziel, desto mehr scheitern. Je niedriger, desto eher erreicht man es.

Aber auch wenn man es erreicht, muss das kein schönes erfolgreiches Berufsleben bedeuten. Ein Anwalt kann unter Kundenschwund leiden oder seiner Klienten überdrüssig sein. Wenn man viel investiert hat in die eigene Karriere, kann es schwierig werden, wenn man erkennt, dass

Autoritätsverhältnisse, die bereits weiter oben angerissen wurden: Durch die kann einem jeder Beruf verleidet werden.

Ein Wort noch zu Recht und Gesetz: Die Gesetze sind unsere verschriftlichte Gerechtigkeit. Alles, was in unseren Gesetzen steht gilt als gerecht. Und an unseren Gesetzen kann man gut sehen, wes Geistes Kind unsere "Gerechtigkeit" ist:

So ist es zum Beispiel völlig gesetzeskonform, ein Tier zu töten um es anschließend zu essen. Wird aber ein Mensch getötet, so ist das ein Verbrechen. Wir Menschen sind Rechtssubjekte, die über nicht verhandelbare Menschenrechte verfügen. Die Tiere sind Rechtsobjekte, über die man verfügen kann, solange gewissen Bestimmungen eingehalten werden: Unsere Gesetze sind also Menschengesetze! Aber es geht noch weiter.

Jeder Staat beschließt seine eigenen Gesetze. Diese Gesetze dienen dem Staat und seinen Bürgern. Diese Gesetze geben den eigenen Staatsbürgern mehr Rechte als Nicht-Staatsbürgern. Und sie geben dem Staat auch mehr Rechte als anderen Staaten, wo dies der Staat durchsetzen kann. Die Erkenntnis daraus ist: Jeder Staat macht sich seine eigenen Gesetze - und zwar die, die ihm selbst am meisten zugute kommen!

KAPITEL 25

Die eigene Verantwortung und die Freiheit

Es gibt im Leben viele Dinge, die wir gerne ändern würden, aber nicht ändern können. Letztendlich bleibt nur ein recht kleiner Teil, über den wir die volle Entscheidungsfreiheit haben. Wir könnten uns natürlich klein und unbedeutend fühlen, wenn uns dieser Verantwortungsbereich als zu klein erscheinen sollte. Oder aber wir verstehen, dass unser Verantwortungsbereich auf dieser Welt immer ein beschränkter sein wird - egal wie bedeutend oder unbedeutend wir sind. Was wir aber immer tun können, ist unsere Zeit und Energie in diesen Verantwortungsbereich zu stecken und aus ihm das Beste zu machen!

Man sollte sich darüber klar werden, dass man in Wahrheit doch kaum wirklich für etwas verantwortlich ist, vor allem für Dinge die man nicht "in den Griff bekommen" kann. Es gibt so viele Faktoren, die über Erfolg oder Misserfolg entscheiden. Es gibt so viele "Helfer" die bei einem Erfolg mitwirken oder eben nicht, wenn es zu einem Misserfolg kommt. Grundsätzlich ist es gut, Verantwortung zu übernehmen für sich und sein Leben. Aber man muss auch sehen, was einem tatsächlich im hier und jetzt auch möglich ist - und was nicht. (So schmerzlich es auch sein mag.)

So gibt es immer wieder "Traumkarrieren": Michael Jackson - der Popstar. Steven Spielberg - der Regisseur, Warren Buffet - der Investor, Bill Gates - der Gründer von Microsoft, Phil Ivey - der legendäre Pokerspieler, Michael Schuhmacher - der Rennfahrer, Peter Scholl-Latour - der Journalist, Usain Bolt - der Sprinter.

Nun gut, man sollte sich vielleicht nicht mit diesen Allzeitgrößen vergleichen. So ein Vergleich geht immer schlecht aus - für einen selber. Aber wenn man deren Geschichten betrachtet, so wird eines klar: Diese Personen hatten alle großes Talent, welches aber auch von ihrem Umfeld gefördert wurde. Und sie hatten wohl auch alle das richtige "Mindset" um in ihrer Karriere weiter zu kommen. Überdies hatten sie wohl kein gröberes Problem, durch das ihr weiterer Karriereweg behindert worden wäre. Und sie hatten auch Fürsprecher, die sich für sie einsetzten - keiner kann so Großes alleine leisten. Daher hatten sie wohl auch die Fähigkeit sympathisch herüber kommen zu können: Gerade gegenüber den Unterstützern die zur richtigen Zeit zur Stelle waren.

Warren Buffet, könnte man sagen, brauchte als Investor doch keine Unterstützer, oder? Nun, er hatte mit Benjamin Graham einen ausgezeichneten Lehrer und Förderer. Und er hatte auch eine Familie, die ihm Geld für das Investieren anvertraute - das ist auch keine Selbstverständlichkeit.

Und Bill Gates? Hat der nicht das Betriebssystem Microsoft DOS größtenteils alleine programmiert? Ja, schon. Aber alleine den Auftrag hierfür zu bekommen und die Aussicht, dass das von ihm erstellte Betriebssystem dann auf zigtausenden Personal Computern auf der ganzen Welt zum Einsatz kommen sollte, dafür haben seine Unterstützer gesorgt.

Und bei uns - die wir als "Normalbürger" nicht zu so großen Taten berufen sind - ist es nicht anders: Auch wir brauchen das richtige Umfeld, um Erfolg haben zu können. Da wäre einmal das Elternhaus, das einen großen Einfluss dabei hat, ob man ein guter Schüler werden kann, ein erfolgreicher Student an der Universität oder ob man als junger Sportler schon eine gewisse Klasse erreichen kann. Die Eltern können hier eine Grundlage schaffen, aber sie können ihren Kindern auch einiges "zerstören".

Und auch im späteren Leben braucht es diese Unterstützer - Personen die an einen glauben, einem eine Chance geben oder dafür sorgen, dass etwas am Ende klappt. Es ist gut, die Verantwortung grundsätzlich bei sich selbst zu suchen, aber man muss die Dinge auch so sehen können, wie sie wirklich sind. Das kann sowieso niemand in seiner Absolutheit. Aber je realistischer man sie sehen kann, und je realistischer man sein eigenes Handeln bewerten kann, desto eher kann man konstruktiv dazulernen. Denn wer ein Problem ausmacht, das gar keines ist, der arbeitet mitunter in die falsche Richtung. Es gilt: Zuerst einmal sehen können, was wirklich stattfindet. Und nur wenn dieses Bild stimmig ist, kann ich als nächstes analysieren, welche Veränderung notwendig ist, damit ich mein Ziel erreiche - so es so ein Ziel überhaupt gibt.

Man kann sich und sein Tun großzügig betrachten, aber auch überkritisch. Beide Betrachtungsweisen haben Vor- und Nachteile. Überkritisch ist gut, wenn es darum geht, etwas fachlich zu verbessern. Dann ist es gut, alles zu hinterfragen. Aber am Ende des Tages - bevor man zu Bette geht - wäre es natürlich auch gut das Erreichte auf großzügige Weise und mit einer gewissen "Selbstliebe" zu betrachten. Also das Gute in einem selber zu sehen, der seine Energie investiert hat, um etwas Bestimmtes zu erreichen. Und unabhängig davon, wie das Ergebnis aussieht, war die Absicht und die Energie gut. Und so sollte man sich immer auch alles verzeihen können, so wie eine liebende Mutter das für gewöhnlich macht.

Viele Menschen werden nervös und können nicht ihr Bestes geben, wenn sie eine Aufgabe unbedingt erfolgreich bewältigen müssen. Viel leichter fällt es ihnen, wenn sie "ergebnisunabhängig" arbeiten - also alleine ihre Aktivität zählt, und nicht das, was am Ende herauskommt.

Nehmen wir einen Medizinstudenten als Bespiel, der dafür bekannt ist, alle seine Prüfungen stets auf Anhieb mit exzellenten Noten bestanden zu haben. Jetzt naht die letzte Prüfung des Studiums. Dieses Mal - anders als bei allen anderen Prüfungen - hatte er überhaupt keine Zeit für eine gute Vorbereitung. Er fürchtet daher, zum ersten Mal bei einer Prüfung zu scheitern!

Das wäre überraschend für seine Studienkollegen - er war immer stolz auf seinen Nimbus, alle Prüfungen erfolgreich absolvieren zu können. Aber auch die Professoren könnten enttäuscht von ihm sein, wenn er zum ersten Mal scheitert.

Warum er dennoch antritt? Wenn er diesen Prüfungstermin verpasst, dann verliert er ein ganzes Jahr, denn diese Prüfung gibt es nur einmal pro Semester - und wenn man trotz Anmeldung nicht antritt, wird man für das nächste Semester gesperrt?

Mit was für einer Einstellung kann er jetzt zu der Prüfung gehen?

Vielleicht denkt er sich: "Ich habe zuwenig gelernt, es wird sehr schwierig. Und es ist mir auch unangenehm, wenn ich scheitern sollte." In diesem Fall wird die Prüfung wirklich schwierig für ihn. Nämlich neben dem Stoff, den er schlecht kann, hängt auch das Damoklesschwert des Scheiterns über ihn. Er befindet sich in einer Stresssituation, bei der es einen negativen Ausgang unbedingt zu vermeiden gilt. Er wird wohl bei der Prüfung einen unangenehmen Druck verspüren.

Eine Alternative wäre, er denkt sich: "Ich hatte zu wenig Vorbereitungszeit und habe daher keine realistische Chance, diese Prüfung zu schaffen. Ich trete nur an, um die kleine Chance zu nützen, mein Studium zu beschleunigen. Ich werde das allen meine Freunden und auch den Professoren vor der Prüfung erzählen und so wird keiner überrascht sein, wenn ich die Prüfung nicht schaffe. Ich schaue mir einfach einmal an, was für ein Ergebnis ich erzielen kann, wenn ich ganz schlecht vorbereitet bin. Da ich nicht damit rechne, die Prüfung zu schaffen, plane ich schon alles für einen Antritt im nächsten Jahr." Mit dieser Einstellung kann er die Prüfung mit Freude und ohne Druck absolvieren. Da er nichts mehr zu verlieren hat, könnte die Prüfung auch ein Spaß für ihn werden - eine Art Herausforderung nach dem Motto: "Jetzt probiere ich einmal, ob ich es ohne guter Vorbereitung nicht auch schaffen kann!"

Es geht im Leben auch darum, sich auf solche Weise seinen Aufgaben zu stellen, dass es OK ist, etwas nicht zu schaffen, damit der Versuch interessant bleibt. Und nicht so, dass das Leben aus Zwängen und Verpflichtungen besteht, die unbedingt bewältigt werden müssen.

In der Situation des Studenten wäre es fatal, wenn er diese Prüfung unbedingt schaffen müsste (weil er aus anderen Gründen nicht ein Jahr warten kann). Dann würde es noch schwieriger für ihn mit einer positiven Einstellung ohne Druck in diese Prüfung zu gehen.

Wenn das so wäre, dann hätte er sich - in den meisten Fällen - diese Situation aber selber so aufgebaut. Er hat vielleicht schon einen Arbeitsvertrag abgeschlossen (für die Zeit des erwarteten Studienendes). Oder er hat kein Geld mehr um weiter an der Uni zu bleiben. Es könnte auch sein, dass er seinem Vater zugesagt hat in einer gewissen Zahl von Semestern fertig zu werden, und der ihn darüber hinaus finanziell nicht mehr unterstützen will. Oder er hat der Freundin eine Heirat in drei Monaten zugesagt - nach dem erwarteten Abschluss des Studiums. Oder er hat sie geschwängert und ihr versprochen vor der Geburt das Studium abgeschlossen haben zu werden. In allen diesen Fällen ist er auch selbst schuld, weil er zu eng geplant hat - sich also keinen Freiraum gelassen hat. Das pflanzt sich dann fort in Richtung Druck bei einer Prüfung. Auch wenn man in die Zukunft blickt, sind zwei Sichten empfehlenswert: Eine super-positive, nach der einem alles gelingen wird und eine super-negative, nach der man in allem scheitern wird. Man sollte sich dann auf die positive Variante freuen, zugleich aber auf die mögliche negative Variante vorbereitet sein.

Jeder von uns kann sein Leben strikt planen oder er kann Freiräume für sich schaffen.

Angenommen Sie haben eine Vollzeitanstellung und verdienen im Monat 1.500 Euro netto. Sie wohnen in einer Wohnung für die Sie - inklusive Nebenkosten - 600 Euro im Monat aufwenden müssen. Ihre weiteren regelmäßigen Kosten betragen 250 Euro im Monat (Heizung, Strom, Bankkonto, Mitgliedschaften, Telefon, Auto). 50 Euro legen Sie jedes Monat für Reisen zur Seite. Somit bleiben Ihnen noch 600 Euro zum leben - und damit kommen Sie auch aus und können damit ihr Leben "genießen".

So weit so gut: In ein paar Jahren haben Sie sich hochgearbeitet. Jetzt verdienen Sie 3.000 Euro netto. Bravo! Sie sind mittlerweile umgezogen in eine teurere Wohnung. Diese kommt auf 1.200 Euro im Monat - inklusive Nebenkosten. Die weiteren regelmäßigen Kosten, die bei Ihnen jetzt anfallen, betragen 500 Euro im Monat. Dies deshalb, da

Heizung und Strom für die luxuriösere Wohnung teurer geworden sind, außerdem haben Sie jetzt ein größeres Auto und sind in teureren Clubs Mitglied. Jetzt legen Sie 100 Euro pro Monat für Reisen zur Seite. Ihnen bleiben also noch 1.200 Euro für ihre täglichen Ausgaben. Damit kommen Sie - in ihrem jetzt höheren Lebensstil - gut aus.

Sie haben jetzt ein doppelt so hohes Einkommen, aber sind Sie damit reicher geworden oder nicht? Sie sind dahingehend reicher, dass Sie eine teurere Wohnung, ein teureres Auto haben, in teureren Clubs Mitglied sind und teurere Reisen machen können. Aber wenn es einmal eine Drucksituation in der Arbeit gibt - wenn gar ein Jobverlust droht - dann wird so oder so - doppeltes Gehalt hin oder her - alles für Sie am Spiel stehen! Denn Ansparen für schwierige Zeiten können sie so nicht - weil sich zwar ihr Einkommen verdoppelt hat, genauso haben sich aber Ihre Ausgaben verdoppelt.

Was aber, wenn Sie trotz der Verdopplung des Gehalts bei Ihren niedrigen Ausgaben geblieben wären? Immer noch in der günstigen Wohnung leben würden, immer noch ein kleines Auto fahren würden, und so weiter? Nun, sie könnten 1.500 Euro jedes Monat auf die Seite legen. Das wären im Jahr 18.000 Euro. Ein kleines Vermögen. Ist das nicht echte Unabhängigkeit? Na gut, von 18.000 Euro kann man im Falle eines Jobverlustes auch nicht lange leben. Aber doch einige Zeit - vor allem dann, wenn die eigenen Ausgaben noch unten geblieben sind. Es bedeutet halt eine gewisse Freiheit. Man muss die Gewohnheiten bei einem Jobverlust nicht ändern, da wahrscheinlich die Arbeitslosenunterstützung, da sie von dem hohen Gehalt berechnet wird, einige Zeit lang ausreichen wird. Und dann sind da noch die Ersparnisse, die einem zusätzliche Freiheiten erlauben.

Gesagt werden muss auch folgendes: Arbeitet jemand von Januar bis Juni für ein Nettogehalt von 3.000 Euro und verliert ab Anfang Juli seinen Job, so hat er für das Gesamtjahr eine Steuerrückzahlung zu erwarten! Denn unsere Steuersysteme - ich spreche jetzt vom deutschsprachigen Raum, aber das gilt für die Mehrzahl der Staaten dieser Welt - sind so aufgebaut, dass der Steuersatz so berechnet wird, als würden Sie das ganze Jahr über arbeiten.

Weiters wird der Steuersatz prozentuell immer höher, je mehr man verdient. Arbeitet jemand aber tatsächlich nur die ersten sechs Monate, so muss am Ende des Jahres geschaut werden, wie viel er in Summe in diesem Jahr verdient hat und dieser Teil dann durch zwölf Monate dividiert werden. Man kommt dann auf ein niedrigeres Gehalt - in diesem Fall die Hälfte - und somit sinkt auch der prozentuelle Steuersatz: Deshalb sollten Sie eine Rückzahlung vom Finanzamt erhalten!

Wenn Sie vorsichtig haushalten, wird Ihnen ein höheres Einkommen eine tatsächlich höhere Freiheit ermöglichen: Erstens dadurch, dass Sie Geld ansparen können, zweitens aber auch dadurch, dass Sie auf Ihre Einkunftsquelle problemlos für eine gewisse Zeit verzichten können.

Halten Sie diese Darlegungen für übertrieben? Mir wurde einmal ein Linienpilot einer Fluglinie vorgestellt, der bereits mehr als 20 Jahre im Dienst war und hohes Ansehen genoss. Aufgrund zahlreicher Zulagen kam er auf ein brutto Monatsgehalt von über 12.000 Euro. Mittlerweile hasste er seine Arbeit aber und verfluchte jeden Tag, den er weiter als Linienpilot absolvieren musste. Nun, jetzt könnte man sagen: Bei diesem Gehalt muss er doch alle Möglichkeiten gehabt haben für eine Änderung. Er was sicher finanziell sehr unabhängig! leider nein:

Das gesamte Gehalt ging drauf für die Kreditabzahlungen seines Hauses, für sein teures Auto und für sein mittlerweile sehr luxuriöses Leben. Er konnte praktisch nichts sparen. Und was für Alternativen hatte er? In welcher Branche konnte er ein Gehalt in ähnlicher Höhe erwarten? Nun, in praktisch keiner! Er war zum Sklaven seines hohen Gehaltes geworden.

Was aber, wenn Sie bei 1.500 Euro "feststecken". Sie würden gerne mehr verdienen, ihre Fixkosten aber niedrig halten. Nur leider klappt es nicht mit einer Gehaltserhöhung. Was also sollen Sie tun für mehr finanzielle Freiheit? Die harte Antwort lautet: Ihre Fixkosten senken.

Angenommen Sie verdienen weiterhin 1.500 Euro netto. Sie haben Ihre Wohnung aber aufgegeben und sind in ein Wohngemeinschaftszimmer umgezogen - Preis: 300 Euro monatlich. Ihre regelmäßigen Kosten betragen nur noch 125 im Monat, da Sie ihr Auto verkauft haben. 25 Euro legen Sie jedes Monat fürs Reisen zur Seite. Da Sie darüber hinaus nur 300 Euro insgesamt im Monat ausgeben - dank eines sparsamen Lebensstils mit viel selber kochen in der WG-Küche - betragen ihre Gesamtausgaben jetzt 750 Euro im Monat.

Und damit können Sie ebenfalls die Hälfte Ihrer Einkünfte zur Seite legen - wenngleich auf einem bescheideneren Niveau. Das klingt natürlich leichter, als es in der Praxis umgesetzt werden kann. Aber das Prinzip sollte damit verdeutlicht sein: Finanzielle Freiheit besteht nicht (alleine) aus einem hohen Gehalt. Es kommt auch sehr auf die Ausgaben an.

Ich möchte hier noch kurz auf die Lottogewinner eingehen. Laut Statistik verliert die Mehrheit aller Personen, die im Lotto Millionenbeträge gewinnen, den gesamten Gewinn binnen zwei Jahren wieder. Aber wie ist das möglich?

Angenommen ein Lottospieler verdient ebenfalls ein Nettogehalt von 1.500 Euro pro Monat. Er gewinnt jetzt im Lotto die Summe von einer

Million Euro! Was macht er? Er kündigt seinen Job, er bestellt sich einen Sportwagen und er kauft sich ein Haus!

Eine Million Euro ist viel Geld. Nehmen wir einmal an, dass der Lottospieler noch 30 Jahre vor sich hätte, bis er in Pension gehen kann. Wenn er jetzt nie wieder arbeiten will - was natürlich nicht sein muss, aber angenommen - müsste er also diese Million auf 30 Jahre aufteilen: 1,000.000 Euro / 30 Jahre = 33.333,33 Euro pro Jahr.

Wie viel hat er dann monatlich zu Verfügung: 33.333,33 Euro / 12 Monate = 2.777,78 Euro pro Monat. Also dieser Betrag ist knapp das Doppelte seines bisherigen Nettogehalts. Aber, wenn er die nächsten 30 Jahre nicht mehr arbeitet, dann zahlt er auch keine Beiträge an die Pensions- und Gesundheitskasse ein. Er hat daher eine niedrige Pension zu erwarten (wenn er überhaupt eine bekommt) und hat keine Krankenversicherung. Wenn er also 700 Euro im Monat für eine Pensions- und Gesundheitsversicherung ausgibt, dann bleiben noch 2.077,78 - gerundet 2.078 Euro. Das ist etwas mehr als seine 1.500 Euro Nettogehalt. Gut, er muss dafür gar nicht mehr arbeiten, hat fortan unendlich viel Freizeit. Aber diese Berechnung ist gemacht, ohne irgendeine Investition (Haus, Sportwagen, et cetera). Jede dieser Investitionen verringert das Vermögen und daher das Geld, das er sich monatlich auszahlen kann.

Diese Berechnung ist sehr dramatisch. Denn sie zeigt, dass es wohl unklug ist, die Arbeit zu kündigen im Falle so eines Millionengewinns. Und auch die großen Investitionen in Haus und Sportwagen sind letztendlich gut zu überlegen.

In dieser Berechnung wurde ein wichtiges Detail nicht beachtet: Und zwar die Zinsen, die er für sein Vermögen erhält. Wenn man annimmt, er kann das Geld gut investieren und erhält dafür fünf Prozent pro Jahr, dann erhielte er an Zinsen 50.000 Euro pro Jahr ohne das Vermögen überhaupt antasten zu müssen. Das wären 50.000 Euro / 12 Monate = 4.166,67 Euro im Monat Zinseinnahmen. Davon sind noch Steuern zu bezahlen, aber selbst nach Abzug von angenommenen 25 Prozent bleiben noch: 4.166,67 * 3 / 4 = 3.125 Euro pro Monat über. Man kann es nicht exakt so rechnen, da durch die Inflation das Geld ja ständig weniger wert wird wird. Er müsste also ein bis zwei Prozent der Zinseinnahmen im Kapital lassen, sich daher nur drei bis vier Prozent auszahlen. Das würde aber immer noch reichen.

Grundsätzlich müsste man mit so einem Millionengewinn - richtig veraltet - tatsächlich nicht mehr arbeiten. Wenn man konsequent ist, das Vermögen optimal und tatsächlich nur auf das zugreift, was der monatliche Plan hergibt - und das über viele Jahre. Aber wer ist schon so konsequent? Das erste Problem ist das Investieren. Kann der Lottogewinner sein Geld überhaupt mit fünf Prozent Verzinsung anlegen? Will er das überhaupt? Vielleicht will er viel höheren Gewinnen nachjagen - und verspekuliert sich. Es kann natürlich auch sein, dass er schlecht oder falsch beraten wird. Außerdem wollen die meisten erst einmal große Käufe erledigen, wodurch das Kapital einmal erheblich schrumpft und dann natürlich umso weniger Zinsen abwerfen kann. Und dann ist noch das Problem des "nichts tun". Denn, so sehr man auch froh sein mag, nicht mehr arbeiten zu müssen, so herausfordernd ist es in einem Leben ohne Arbeit glücklich und ausgeglichen zu bleiben.

Was kann man daraus lernen? Gewinnt man im Lotto, so sollte man in der Regel seinen Lebensstil weiterführen, man sollte seine gewohnte Beschäftigung weiterhin ausüben. Man sollte möglichst auch nichts von dem Gewinn schnell einmal für große Käufe verwenden. Sondern man sollte das Geld sicher und mit einer gewissen Verzinsung anlegen.

Und damit hat man seinen Lebensstil nicht verbessert. Damit ist man aber wirklich sehr reich geworden: Nicht nur reich an Geld, sondern auch reich an Freiheit und reich an Möglichkeiten!

Geld ist in unserer Gesellschaft ein Mittel zur Freiheit. Man muss aber auch aufpassen, was mit einem passiert, wenn man zuviel Geld hat. Da viele Leute sehr viel für Geld machen, besteht die Gefahr, dass man ein bisschen arrogant werden kann, wenn man zuviel davon hat. Man nimmt sich dann vielleicht zu wichtig, weil es so scheint, dass andere sich gegenüber einem sehr unterwürfig benehmen und sehr freundlich sind. Aber das tun sie natürlich nicht, weil man so eine großartige Persönlichkeit ist, sondern einfach deshalb, weil sie ihren Job machen und Kunden freundlich behandeln müssen, vor allem Kunden, welche die Mittel haben viel zu kaufen beziehungsweise auch hochpreisige Produkte zu kaufen.

Ein ähnliches Problem tritt auf, wenn man eine leitende Stelle in einem Unternehmen oder einer Behörde innehat. Auch dann wird man von vielen Kollegen - vor allem von Untergebenen - mit sehr viel Freundlichkeit und Respekt behandelt werden. Ganz klar, denn auf dessen Berufsleben hat man ja dann einen großen Einfluss. Manche Vorgesetzte nehmen das alles persönlich und glauben, sie sind wirklich dermaßen beeindruckende interessante Menschen, und dass es deshalb ganz natürlich ist, dass so viele Kollegen sie umwerben und sich um sie scharen.

Manche sagen ja auch, dass sich in solchen Situationen die wahre Persönlichkeit eines Menschen zeigt: Wenn er reich ist oder eine Vorgesetztenposition innehat. Denn dann hat er dadurch Macht über andere Menschen. Und manche Menschen lassen in so einer Position die dunkle Seite ihrer Persönlichkeit zum Zuge kommen: Sie manipulieren andere, sie setzen andere herab, beleidigen sie. Und sie kommen damit durch, da die Menschen auf der anderen Seite um ihren Job fürchten müssen. In einem Angestelltenverhältnis muss man oft viele Unfreundlichkeiten tolerieren. Das ist eigentlich - in unserer menschlichen Gesellschaft - die Hauptsituation wo man Ungerechtigkeiten und schlechtes Benehmen oft akzeptieren muss, ohne wirklich etwas dagegen unternehmen zu können.

In den anderen Bereichen der Gesellschaft ist dies - zumindest nominell - normalerweise ausgeschlossen. Wird man als Kunde schlecht behandelt, oder wird man im Privatleben beleidigt oder vor einer Behörde, so kann man sich im Allgemeinen dagegen wehren - wobei auch das nicht immer leicht ist. Als Angestellter aber, da gibt es nach wie vor Abhängigkeitsverhältnisse, in denen jahrelang und völlig offen Menschen schlecht gemacht und ungerecht behandelt werden können, ohne dass diese faktisch etwas dagegen unternehmen können (oder wollen). Auch deshalb muss man überlegen, ob man seine berufliche Karriere voll auf eine Tätigkeit im Angestelltenverhältnis konzentrieren will - so es überhaupt andere Optionen gibt.

Und je weniger man auf eine Anstellung angewiesen ist, desto weniger muss man sich auch gefallen lassen. Hat man einen Kredit über mehrere hunderttausend Euro laufen und kann ohne sein gutes Gehalt die Rückzahlungen nicht mehr tilgen, ja dann ist man de facto schon fast eine Art "Sklave" des eigenen Chefs. Wenn dieser dann noch einen üblen Charakter haben sollte, und vielleicht auch noch um die eigene angespannte Situation Bescheid weiß, dann kann es richtig ungut werden.

Auch deshalb ist es natürlich wichtig auf seine Ausgaben zu achten. Ersparnisse geben einem einen gewissen Grad an Unabhängigkeit in solchen Situationen. An die Stelle von Ersparnissen können natürlich auch ein gut situiertes Elternhaus oder vermögende Freunde oder Verwandte treten, die unterstützen können. Verfügt man über solche und kann sich im Notfall an sie wenden, wird man gegenüber einem Chef auch selbstbewusster auftreten können, als wenn man finanziell völlig auf sich alleine gestellt ist.

KAPITEL 26

Die verrückten Alten

Sie werden sich vielleicht fragen, warum ich Vieles so schlecht rede. Warum suche ich überall nur das Schlechte und sehe alles, was einem passieren kann, wo es doch auch viele erfolgreiche Karrieren und glückliche Beschäftigte gibt. Will ich mich vielleicht einfach nur über alles beklagen?

Ich will Verständnis schaffen für die "verrückten Alten". Ist man ein junger Mensch, so findet man das Leben cool und aufregend. Man plant seine Karriere und träumt vom Erfolg. "Was ich nicht habe, das wird noch passieren, wenn ich nur hart genug daran arbeite!" Das oder so ähnlich ist oft die Devise. Und der junge Mensch ist sehr gesund und - oft – gut aussehend.

Wie sieht es mit dem alten Menschen aus? Der alte Mensch hatte einmal Inspiration und Träume. Und er war jung und guter Gesundheit. Jetzt aber ist er durch das Alter geschwächt, häufig auch krank - da es viel herausfordernder ist als alter Mensch gesund und stark zu bleiben. Da gibt es schwere Krankheiten, da gibt es aber auch Schicksalsschläge mit

Unfällen und irreversiblen Gesundheitsbeeinträchtigungen. Hinzu kommt noch die fehlende Aussicht auf Besserung.

Wenn ein junger Mensch nicht mehr gehen kann, sagt er: "Ich werde hart daran arbeiten, doch wieder eines Tages gehen zu können." Wenn ein alter Mensch nicht mehr gehen kann, so findet er sich oft damit ab. Er hat in der Regel keine Besserung mehr zu erwarten - nur die Erlösung durch den Tod.

Und die Realität ist praktisch nie so wie die schönen Träume, die man als junger Mensch einmal hatte. Man hat sich eine Familie gewünscht: Es klappte nie und man blieb alleine. Oder man hat sich gute Verhältnisse zu seinen Kindern gewünscht - die reden aber nicht mehr mit einem. Viele alte Menschen vegetieren auch mehr, als sie leben.

Unter "vegetieren" verstehe ich ein Leben ohne Inspiration. Warum machst Du eine Sache? Du machst sie, weil es Dir unendlich viel bedeutet. Du machst es, weil Du dieses Erlebnis ersehnst. Oder Du machst es, um es auf eine ganz spezielle Art zu machen - sei es künstlerisch, sei es athletisch, sei es intellektuell - besonders! Und wenn Du es so machst, dann lebst Du. Wenn Du es aber nur machst, um Geld für Deine nächste Mahlzeit (oder als Drogenabhängiger den nächsten Stich) zu haben. Wenn Du es nur machst, damit die Zeit vergeht, dann vegetierst Du.

Ein weiteres Problem vieler alter Menschen ist, dass Vieles woran sie geglaubt haben, keinen Wert mehr zu haben scheint. Angenommen jemand hatte als junger Mann ein Idol: Einen prominenten Sportler, Künstler oder Wirtschaftstreibenden, der ihn inspiriert hat und dem er nachgeeifert ist. Wenn er aber dann ein alter Mann ist, dann ist sein Idol wohl tot. Oder das Idol hat selbst abgebaut - wurde Trinker oder hat stark zugenommen - was auch immer. Es ist nicht mehr dasselbe!

Auch das, was man sich im Leben angeeignet hat, scheint bei der jungen Generation nichts mehr zu zählen: Die jungen Menschen haben andere Umgangsformen - man wird als altmodisch wahrgenommen. Aber auch die eigene Ausbildung ist in die Jahre gekommen und nicht mehr aktuell - vor allem in der heutigen Zeit. Und so ansehnlich wie früher ist man natürlich auch nicht mehr. Selbst wenn man in Schönheit altert - also nicht stark zunimmt, nicht schwer erkrankt, kaum unbeweglich wird - ist man immer noch alt. Das ist nun mal nicht mehr so attraktiv, wie man als Junger einmal war. Und das macht auch den Unterschied aus zwischen der Seele eines jungen Menschen und derjenigen eines alten. Zweiterer hat den eigenen Verfall - körperlich, gesellschaftlich und wissensmäßig - über Jahrzehnte langsam zur Kenntnis nehmen müssen. Und das verkraftet nicht jeder so einfach.

Schauen Sie sich die alten Menschen doch an: Sie gehen auf der Straße in Uraltkleidung aus dem vorherigen Jahrhundert herum. Sie schleppen ihre kränklichen Körper durch die Straßen und können auch ihren geistigen Verfall nicht verbergen. Da gibt es welche, die alles schwarz sehen. Da gibt es welche die, dauerreden. Da gibt es welche, die überaufdringlich sind. Da gibt es die Überängstlichen. Da gibt es auch viele, die nicht gut riechen. Da gibt es viele, die weltfremd wirken und viele die sich daneben benehmen. Und es gibt auch die, die mit ihrem Hund reden oder andauernd über ihren Hund sprechen.

Ich glaube wir alle sollten verstehen, warum unsere Alten so sind, wie sie sind. Sie sind das, was der "Fleischwolf Leben" aus ihnen gemacht habt. Man muss verstehen, dass sie die gleichen verletzlichen Seelen wie wir haben, nur haben sie keine Zukunft mehr - und vielfach auch keine Träume. Sie haben ihr Alles für dieses Leben gegeben: Ihre ganzen Emotionen, ihre ganze Kraft, ihre ganze Euphorie. Und dennoch sind sie körperlich und geistig jetzt im Verfallen. Ich sehe sie ein bisschen wie Kinder zweiter Klasse. Während normale Kinder eine Zukunft haben und ein ganzes Leben vor sich, haben die Alten nichts mehr zu erwarten außer den Tod. Und möglicherweise sollte man sie als so eine Art "Kinder" behandeln, damit sie sich wohl und gut verstanden fühlen.

KAPITEL 27

Die zwei Welten

In unserer Gesellschaft spielen die Geschlechtsorgane eine wesentliche Rolle. Sex gilt als das höchste Vergnügen und die Menschen streben nach der perfekten Partnerin / dem perfekten Partner. Aber bevor ich mich mit diesem Thema auseinandersetzen möchte, möchte ich noch etwas anfügen über das, was ich über die älteren Menschen in unserer Gesellschaft geschrieben habe.

All das Negative, was ich oben über unsere ältere Generation angeführt habe, das ist für mich ein Beispiel für die "Hinterwelt". Warum "Hinterwelt"? Was wäre denn dann die vordere? (Werden Sie jetzt vielleicht fragen.) Hier ist ein Beispielabsatz für die "Vorderwelt":

"Wenn Du 70 Jahre alt geworden bist, blickst Du auf ein reiches Leben zurück. Du hattest eine schöne Kindheit und ein behütendes Elternhaus. Du schlugst Deinen Bildungsweg ein und erlerntest die Profession, die Dir schließlich zur Berufung werden sollte. Als junger Mann warst Du aber nicht nur engagiert im Berufsleben, Du hast Dich auch verliebt in die Frau Deines Lebens und eine wunderbare Familie gegründet. Mit

Deiner Partnerin bist Du in einem goldenen Wagen durchs Leben gefahren. Nachdem Du viele Jahrzehnte verlässlich Deine Pflicht erfüllt hast, blickst Du heute zurück auf ein erfülltes schönes Leben und das, was Du Dir im Leben aufgebaut hast. Umringt von Deinen Enkelkindern genießt Du heute Deinen goldenen Lebensabend und die Freundschaften, die Du ein Leben lang gepflegt hast."

Ein Text dieser Art wäre "Vorderwelt". Ein Text dieser Art - ja, der hier ist vielleicht etwas zu schmalzig - ist im Großen und Ganzen das, was ein Fernsehmoderator über das Altern sagen würde - oder ein Politiker. Es ist auch das, was man auf einem großen Familienfest über das Altern sagen kann. Keiner wird widersprechen, viele werden einem gratulieren.

Die "Vorderwelt" ist ein gewisses Denkmodell über das Leben, welches herzeigbar ist. Dieses Denkmodell kann man "verkaufen". Wem soll man es verkaufen? Man kann es jungen Menschen verkaufen, die dann einen Grund haben, ein Leben lang zu arbeiten. Man kann es auch schwerkranken alten Menschen verkaufen, die dann vielleicht ihr Schicksal anders betrachten können und ihre "Leistung" im Leben sehen - und vielleicht dann auch stolz darauf sind (zum Beispiel, wenn es ein Politiker in einer Rede so sagt).

Die "Vorderwelt" geht hinein in alle Aspekte und Felder des Lebens und gibt auch Handelungsanleitungen und - noch wichtiger - "Haltungsanleitungen" für diese vor. Haltungsanleitung im Sinne von: "Was für eine Haltung soll ich in einer Situation haben." Die "Vorderwelt" kann man auch mit "public opinion" umschreiben. Die "Vorderwelt" ist die Haltung, auf der für gewöhnlich Zeitungsberichte und Fernsehbeiträge aufsetzen. Wenn ein Ereignis in der "Vorderwelt" Verwunderung auslöst, so kann auch eine Zeitung berichten, dass es Verwunderung ausgelöst hat.

Die Vorderwelt ist natürlich in jedem Kulturraum verschieden. Vor dem ersten Weltkrieg war es in der Vorderwelt des Deutschen Reichs ziemlich klar, dass Deutschland Frankreich militärisch bei weitem überlegen ist, genauso wie die deutsche Kultur der französischen. Umgekehrt war in der Vorderwelt Frankreichs genau das Gegenteilige die Selbstverständlichkeit: Nämlich dass Frankreich militärisch dem Deutschen Reich bei weitem überlegen wäre und dass dies auf eine überlegene Kultur zurückgehen würde.

Dadurch war dann der Krieg nicht mehr weit. Heute gibt es eine gewisse gemeinsame Vorderwelt der Europäischen Union. Man weiß, was gut ist und was schlecht ist. Man weiß auch, welche anderen Staaten gut beziehungsweise schlecht sind. Vereinfacht kann man es wie folgt abkürzen: Staaten, die eine Kultur haben, die ähnlich oder gleich der Kultur in der EU ist, werden positiv gesehen. Weiters werden Staaten, die förderlich sind bei der Verbreitung der EU-Kultur, als positiv wahrgenommen. Negativ sind hingegen alle Staaten, die eine abweichende Kultur haben oder einer Ausbreitung der EU-Kultur im Wege stehen.

Daher sind die USA ein Staat, der sehr positiv wahrgenommen wird (gleiche Kultur). Während zum Beispiel Russland (keine Demokratie, daher andere Kultur, die sich auch noch verbreiten will) und die Türkei (andere Religion, ebenfalls Verbreitungswillen) negativ gesehen werden. Für China gilt Gleiches (andere Kultur, da keine Demokratie, und auch Verbreitungsabsichten).

Interessanter ist aber die Vorderwelt im alltäglichen Leben. Da sie medientauglich ist, kann man eine Vorderwelt-Haltung stets vor einer Öffentlichkeit verlautbaren und wird dabei gesellschaftlich nie getadelt werden, da sie als eine gute Haltung gilt.

Nehmen wir einmal an, man rittert um eine Beförderung. Man kann dann etwas sagen, wie "Ich gebe mein Bestes für die Firma und sollte ich zu einer höheren Aufgabe berufen werden, werde ich die Herausforderung gerne annehmen." Das klingt jetzt zu altmodisch und fast schon religiös. Besser: "Ich arbeite gerne in meinem Job und kann mir durchaus vorstellen auch mehr Verantwortung zu übernehmen." Das klingt moderner - zeitgemäße Vorderwelt. Was wäre die Hinterwelt? Eine Hinterwelt-Haltung eignet sich nicht für die Öffentlichkeit. Es ist typischerweise etwas, was man dem besten Freund / der besten Freundin erzählt, wenn klar ist dass er / sie das nie weitererzählen wird. Beispiel: "Dieses Arschloch hat mich damals vor zwei Jahren niederträchtig behandelt, jetzt tue ich alles, um ihn bei der Beförderung auszustechen." Oder besser - ich "gendere" ja zuwenig: "Dieses Arschloch hat mich damals vor zwei Jahren niederträchtig behandelt, jetzt tue ich alles, um SIE bei der Beförderung auszustechen."

Ein junger Mann, der den Kommunismus bewunderte, übersiedelte in die Sowjetunion. Dort wurde ihm seine Eishockey-Ausrüstung gestohlen. Er konnte es nicht verstehen: Warum sollte jemand in der Sowjetunion so etwas tun, wenn dort doch für alle gesorgt wird - und jeder seine Eishockey-Ausrüstung vom Staat erhält. Das war ein Hinterwelt-Erlebnis.

Während man sich eine Vorderwelt-Haltung durchaus durch Medienkonsum und Bücher, aber natürlich auch im Bekanntenkreis aneignen kann, so geschieht das bei einer Hinterwelt-Haltung eher durch persönliche (negative) Erlebnisse.

Es gibt durchaus Personen, die - wenn sie stolze junge Erwachsene sind - eine Vorderwelt-Einstellung an den Tag legen. 50 Jahre später aber, im Rentenalter, haben sie eine Hinterwelt-Einstellung übernommen.

Filme oder Fernsehserien sind gute Quellen für eine Vorderwelt-Haltung - zum Beispiel manche Hollywoodfilme, aber auch viele deutsche Produktionen. Ein paar typische Vorderwelt-Statements:

- "Ehrlichkeit zahlt sich aus."
- "Wer sein Bestes gibt, wird eines Tages dafür belohnt werden."
- "Die wahre Liebe findet man wie von alleine."
- "Man spürt es, wenn es die Richtige ist." (Hier geht's um die Partnerwahl.)

Interessanterweise gibt es aber durchaus offene Widersprüche in der Vorderwelt. Da gibt es zum Beispiel das Unternehmen Starbucks, dem vorgeworfen wird, es zahle keine Steuern. In der Vorderwelt ist das Allgemeinwissen, dass sich Starbucks vor Steuerzahlungen drückt. Es gibt daher einige Leute, die schauen, dass sie keine Starbucks-Produkte konsumieren - da dies ja unethisch wäre. Man braucht nur das Wort "Starbucks" in einer Diskussion einwerfen, und schon weiß jeder: "Das sind doch die, die sich vor einer gerechten Zahlung von Steuern drücken!"

Es gibt zwei große Steuern für Unternehmen: Die Umsatzsteuer und die Körperschaftssteuer. Die Umsatzsteuer ist ein gewisser Prozentsatz, der auf den Preis jedes Produktes, das verkauft wird, aufgeschlagen wird. Grundsätzlich ist es so, dass Unternehmen normalerweise ungefähr genauso viel Körperschaftssteuer wie Umsatzsteuer bezahlen. Starbucks kann die bezahlte Umsatzsteuer nicht drücken - das erlaubt das Gesetz nicht. Das Unternehmen zahlt somit den vollen Umsatzsteuerbetrag an den deutschen Staat und das ist eine sehr hohe Summe. Bei der Körperschaftssteuer wird der Gewinn nach Irland verlagert. Dies funktioniert so, dass Starbucks Deutschland an die irische Muttergesellschaft eine Franchisegebühr bezahlen muss, um hier Starbucks-Kaffeehäuser betreiben zu können. Diese Franchisegebühr ist so hoch, dass dadurch nahezu der gesamte Gewinn aufgefressen wird, den Starbucks Deutschland macht. Der Gewinn verringert sich deshalb gegen null. Dafür ist der Gewinn von Starbucks Irland um diese Franchisegebühr höher. Das heißt Starbucks Irland weist einen enormen Gewinn auf. Der Körperschaftssteuersatz ist in Irland jedoch wesentlich geringer als in Deutschland. Durch die Franchisegebühr erspart sich Starbucks somit viele Millionen.

Nun ist es aber so, dass dies gesetzlich gedeckt ist. Und der deutsche Bundestag könnte dieses Gesetz sofort abändern, so dass eine Franchisegebühr nicht mehr abgezogen werden darf. Dann wäre die in Deutschland zu zahlende Körperschaftssteuer mit einem Schlag wesentlich höher. Wieso wird so ein Gesetz also nicht vom Bundestag beschlossen? Nun, es gab eine Initiative, aber nicht in Deutschland. Sondern diese Initiative ging von den USA aus. Die USA haben nämlich dasselbe Problem. Auch dort können Unternehmen die Besteuerung von den USA in ein Niedrigsteuerland wie Irland verlagern. Aus diesem Grund wollte die amerikanische Regierung ein Gesetz verabschieden lassen, welches vorsah, dass die Körperschaftssteuer so wie die Umsatzsteuer zu berechnen gewesen wäre. Das Ergebnis wäre gewesen, dass Apple in den USA keine Franchisegebühr mehr vom zu versteuernden Gewinn abziehen hätte können und die dortige Steuerzahlung des Unternehmens wäre mit einem Schlag viel höher gewesen.

Dagegen wurde dann seitens der EU wild protestiert: Die deutsche Regierung hat erklärt, dass dies zum großen Schaden der deutschen Autoindustrie wäre, da diese sehr viele Ausgabenposten in ihren US-amerikanischen Tochtergesellschaften von der Steuergrundlage abziehen würden. Daraufhin wurde das Vorhaben tatsächlich eingestellt und die Welt war wieder in Ordnung.

Was sind nun die Fakten? Fakt ist, dass Starbucks eine in Deutschland gesetzeskonforme Regelung nutzt um den besteuerten Gewinn nach Irland zu "verschieben". Dennoch zahlt Starbucks in Deutschland die Umsatzsteuer in voller Höhe. Medienberichte, die angeben, Starbucks würde weniger Steuern zahlen, als so manches winzige deutsche Familienunternehmen, sind daher falsch. Und das Ganze ist eine zulässige Konstruktion, die vom deutschen Bundestag sofort geändert werden könnte. Man tut es aber nicht, da viele deutsche Unternehmen mit diesen steuerlichen Gestaltungsmöglichkeiten ganz gut fahren und der deutsche Staat mehr verlieren würde, wenn er das Gesetz ändern würde, als er von Starbucks mehr hereinbekommen würde.

OK, das war jetzt eine lange Darlegung. Es relativiert auf jeden Fall die Vorderwelt-"Falschinformation" von Starbucks als unethischem Steuersünder. Denn sie halten sich an die Gesetze. Und wer Starbucks boykottiert, der müsste auch viele deutsche Unternehmen boykottieren - die das Gleiche machen.

Aber, wer sein Selbstverständnis in der Vorderwelt hat, der boykottiert Starbucks und ist danach glücklich im Glauben, damit ein besserer Mensch geworden zu sein!

Warum wähle ich die Begriffe "Vorderwelt" und "Hinterwelt" für eine Haltung die man zur Welt hat - man kann auch sagen: eine "Einstellung" oder eine "Gesinnung"? Weil so eine Einstellung einen in eine komplett andere Welt versetzt.

Wenn zwei Personen exakt dasselbe Leben haben: Sie sind allein stehend, sie haben Wohnungen in demselben Wohnblock, sie haben denselben Job mit denselben Aufgaben und auch denselben Vorgesetzten. So können die beiden - einfach aufgrund ihrer Einstellung zur Welt - komplett andere Realitäten haben.

Die eine Person denkt vielleicht: "Ich bin so glücklich, alles ist so super. In meiner Arbeit sind alle so freundlich und auch im Wohnblock sind alle Bewohner mir gegenüber so freundlich."

Während die andere Person denken mag: "Ich bin so unglücklich, alles ist schrecklich: In der Arbeit sind alle mir gegenüber sehr feindlich eingestellt. Und auch in dem Wohnblock meiden mich alle."

Diese beiden Einstellungen entsprechen jetzt nicht exakt der Vorder- oder Hinterwelt. Aber wahrscheinlich ist die Einstellung der glücklichen Person der Vorderwelt näher, und jene der unglücklichen eher der Hinterwelt.

Ist man in der Vorderwelt verhaftet, so kann es Momente geben, die einem für einen Augenblick den Blick auf die Hinterwelt öffnen. Und in diesen Augenblicken ist man dann meist sehr geschockt.

Was für Augenblicke können das sein? Zum Beispiel, wenn man nur knapp einem Unfall entgeht. Oder wenn man beinahe Opfer eines Verbrechens wird. Es kann allerdings schon ausreichen, dass man einfach die Einstellung einer Person mitbekommt, die eventuell vorhat ein Verbrechen zu begehen. Dann erfasst eine in der Vorderwelt verhaftete Person plötzlich ein gewisses Grauen. Zumeist beschäftigt sich diese Person danach einige Zeit mit dem Erlebten, da dieses schockierend auf sie wirkt. Entweder das Erlebnis wird dann verdrängt und die Illusion der Sicherheit wird wieder hergestellt oder die Haltung ändert sich ein wenig - verschiebt sich etwas von der Vorder- in die Hinterwelt.

Ich möchte ein weiteres Beispiel bezüglich einer Beförderung geben: Eine neue Ministerin wird ernannt. Der Vorderwelt-Kommentar dazu könnte wie folgt lauten:

"Frau Sabine S. wurde gestern zur neuen Bürokratieministerin ernannt. Nach ihrem Wirtschaftsstudium war sie fünf Jahre für einen großen Baukonzern tätig. Danach war sie vier Jahre lang Generalsekretärin im Kartellamt. Frau S. besticht durch fundiertes Know How im Bereich Bürokratie und gilt als ausdauernde Team-Playerin und gute Networkerin."

Ein Hinterwelt-Kommentar zu der gleichen Bestellung könnte beispielsweise wie folgt lauten:

"Frau Sabine S. hat es endlich geschafft, als Ministerin angelobt zu werden. Sie konnte genügend mächtige Parteikollegen davon überzeugen, dass diese mit ihrer Bestellung Vorteile haben werden, da sie sich in ihre Schuld begeben hat. Allfällige Konkurrenten konnte Frau S. im Vorfeld ausstechen, entweder dadurch, dass sie erfolgreiche Schmutzkübelkampagnen über sie lanciert hat, oder indem sie sich mit ihnen verbündet hat und ihnen hochbezahlte Beamtenposten im Ministerium in Aussicht gestellt hat. Diejenigen, die weiter dieses Amt angestrebt hatten, hat sie ausgestochen, indem sie mit deren Förderern ins Bett ging."

Die Hinterwelt-Beschreibung wäre vielleicht die realistischere und aussagekräftigere, würde sich aber nicht für die Öffentlichkeit eignen. Und was ist jetzt die Wahrheit? Stimmen die Vorderwelt-Beschreibungen, wie jemand ein Amt erringen konnte, niemals? Sie sind zum überwiegenden Teil nicht vollständig.

Im Tierreich ist es ganz ähnlich: Wir sehen im Urlaub einen schönen bunten Vogel, der wunderschön singt und sich sehr elegant und flink bewegt - ein wahres Wunder der Natur! Wie aber konnte er entstehen? Weil alle seine Vorfahren dazu bereit waren alles zu fressen, was fressbar war, weil sie jede Chance zur Vermehrung genutzt haben und einfach alle ihre Kräfte dazu eingesetzt haben, um vor größeren Tieren, die sie erlegen wollten, zu flüchten. Das hat letztendlich zusammen mit ihren Genen dazu gereicht, dass sie heute noch auf der Welt sind. Sie sind aus einem schmutzigen Kampf heraus entstanden, aus einen Kampf um jeden Wurm Nahrung und aus nie enden wollenden schmutzigen und unfairen Duellen ums nackte Überleben. Aber das sieht man nicht, wenn man den schönen bunten erhabenen Vogel ansieht, und seinen Gesang bewundert.

KAPITEL 28

Geschlechtsorgane und Brustvergrößerungen

Kommen wir jetzt wieder zurück zu den Geschlechtsorganen: Wie schon beschrieben, sind diese für uns äußerst wichtig. Warum ist das so? Weil die Fortpflanzung für den Menschen sehr wichtig ist!

Wenn man zwei junge Männer betrachtet, und diese sich ihre Hobbys aussuchen, dann ist es nicht so, dass zum Beispiel der erste Schach wählt und der zweite "eine Freundin haben". Eine Freundin wollen sie in der Regel alle und dem werden sie an einem gewissen Punkt alles unterordnen. Und wenn dem nicht so wäre, dann sind ihre Gene binnen einer Generation ausgestorben. Die Fortpflanzung ist dem Menschen sehr wichtig.

Natürlich gibt es viele Menschen, die kein Problem damit haben passende Geschlechtspartner für sich zu finden. Aber es gibt auch eine große Zahl von Menschen, die keinen passenden Partner finden kann. Entweder sind ihre Ansprüche zu hoch oder sie schaffen es einfach nicht, den gewünschten Partner für eine Liebesbeziehung mit ihnen gewinnen zu können. Diese Menschen sind dann unglücklich, da ihr Instinkt sie dazu bringt, sich nach einem Geschlechtspartner zu sehnen.

Und während man sich im Leben - in unserer westlichen Gesellschaft - so ziemlich alles mit Geld kaufen kann, so kann man dieses eine nicht mit Geld kaufen. Zwar kann man einen Sexarbeiter bezahlen, aber das ist für viele nicht das, was sie sich wünschen: Sie wünschen sich jemanden, der sich augrund ihrer Attraktivität in sie verliebt und nicht jemanden, der sich nur aufgrund einer Zahlung mit ihnen einlässt.

In vielen Filmen und Büchern ist das Thema der Partnersuche das Hauptthema. Und im Film und im Buch scheint die Geschichte praktisch immer gut auszugehen. Außerdem sind die Damen und Herren, um die es in diesen Geschichten geht, meist top-attraktiv und im besten Alter. Man darf sich also nicht wundern, wenn auch Otto Normalverbraucher sich dann so eine Partnerin an seiner Seite vorstellt. Nur spielt es das in der Realität nicht so leicht - daher entsteht ein großer Mangel. Und daraus erwächst die große Wichtigkeit, die dieses Thema in unserer Gesellschaft hat.

Die körperliche Vereinigung gilt vielen in unserer Gesellschaft als das schönste Vergnügen auf Erden. (Daran sieht man, wie effizient die Evolution ist - denn nur so bleibt Vermehrung auch für den Wohlstandseuropäer hoch im Kurs!) Wie wichtig die körperliche Vereinigung ist, sieht man auch daran, wie viel dafür ausgegeben wird, um körperlich attraktiver erscheinen zu können: Das betrifft Kleidung, Frisur, Makeup, Pflegemittel, aber auch Schönheitsoperationen, die von beiden Geschlechtern in Anspruch genommen werden, vor allem aber von Frauen. Ein Klassiker bei den Schönheitsoperationen ist die künstliche Vergrößerung des Busens.

Dabei wird unter jeder Brust mit dem Skalpell ein waagrechter Schnitt gesetzt. Danach werden in die nun entstandenen Öffnungen Silikonformen eingeschoben. Dadurch wird die Brust vergrößert. Die Narben heilen dann ab und im Idealfall werden die Silikonimplantate gut vertragen. Die Brust der Frau erscheint dann größer. Auch werden die Silikonimplantate so eingeschoben, dass die Brust der Frau nach wie vor dazu in der Lage ist, Milch zu produzieren und auszugeben. Komplikationen können immer passieren. Die schlimmste Komplikation ist sicherlich, wenn der Körper die Implantate nicht annimmt, sondern als Fremdkörper betrachtet. In so einem Fall müssen diese wieder entfernt werden. Daneben kann es sein, dass das Taubheitsgefühl (verursacht durch die Einschnitte) nicht mehr vollständig verschwindet. In diesem Fall spürt man die Brust nicht mehr ganz so, wie es vor der Operation der Fall war.

Es gibt dann auch noch Komplikationen, die zeitversetzt eintreten. Bei einer Frau, die altert, werden die Brüste meist zunehmend hängend - vor allem dann, wenn die Frau bereits Kinder geboren hat und diese auch mit Muttermilch gestillt hat. Denn die weibliche Brust produziert umso mehr Milch, je mehr getrunken wird. Durch diese verstärkte Milchproduktion erhöht sich auch das Volumen der Brust. Nachdem abgestillt wurde, wird auch die Milchproduktion geringer. Aber die Brust, die sich zuvor vergrößert hat (da mehr Milch gespeichert wurde), verkleinert sich dann nicht mehr im gleichen Maße. Somit wird die Brust hängend und wirkt ein wenig "leer". Dennoch "weiß der Körper, was er tut". Die Brust bleibt gesund und relativ symmetrisch - auch wenn sie etwas hängend wirkt (oder im zunehmenden Alter zusehends hängend).

Bei Silikonimplantaten ist das etwas anderes: Diese kennt der Körper nicht - für ihn sind sie nur (wertlose) Fremdkörper. Silikonimplantate haben die Tendenz über die Jahre zu "wandern". Das kann dazu führen, dass zwei, drei Jahre nach der Operation die beiden Brüste nicht mehr symmetrisch erscheinen. In schlimmeren Fällen und je mehr Zeit seit der Operation vergangen ist, können diese Wanderbewegungen extremer ausfallen. So ist etwas denkbar, dass die linke Silikoneinlage zehn Zentimeter nach unten wandert, während die rechte gar nicht nach unten wandert, aber sich - beispielsweise - von der Mitte weg bewegt. Solche Effekte sind bei den Patientinnen natürlich höchst unbeliebt. Die Silikonbrust benötigt dann eine "Wartung" - also eine neuerliche Operation, bei der die Implantate wieder an die gewünschten Stellen zurückgeschoben werden, was im Idealfall komplikationsfrei gemacht werden kann. Es kann auch der Fall sein, dass die Implantate bei dieser Gelegenheit gleich erneuert werden. Die korrektive Wirkung einer solchen neuerlichen Operation hält aber auch nicht ewig an. Häufig sind solche korrigierenden Operationen regelmäßig zu wiederholen - jedenfalls solange, solange der Patientin eine attraktive große Oberweite wichtig ist. Wie schon gesagt müssen solche Komplikation nicht eintreten: Es kann auch sein, dass die Silikonpräparate langfristig an der "richtigen" Stelle bleiben.

Die Trägerinnen von Silikonimplantaten müssen einige wenige Einschränkungen in ihrem Leben hinnehmen - vor allem bei größeren Implantaten. So ist das Schlafen auf dem Bauch für die meisten nicht mehr möglich. Auch beim Sport sind Abstriche zu machen - so kann Joggen ein Problem werden - wenn die rhythmischen Bewegungen der großen harten Implantate Schmerzen verursachen sollten oder das Joggen langfristig zu orthopädischen Problemen führen sollte. Das Silikonimplantat weist eine gewisse Größe auf. Und da der Busen nicht hängend erscheinen sollen, auch eine gewisse Festigkeit - und damit verbunden ein gewisses Gewicht. Der Körper muss sich erst daran gewöhnen, dieses ständig zu tragen. Aufgrund der Festigkeit wirkt der Busen dann auch auf Männer etwas unnatürlich, wenn sie ihn beim Geschlechtsakt berühren. Manche berichten von einem Busen der "hart wie Holz" war. Aber das sind Extremfälle - schließlich hat sich die Operationstechnik in den letzten Jahrzehnten immer mehr verbessert, genauso wie die Qualität der Implantate.

Hinzugefügt werden muss natürlich auch, dass viele Frauen mit natürlichem großen Busen ebenfalls gewisse Einschränkungen haben können - zum Beispiel Probleme beim Joggen. Daher entscheiden sich manche von denen sogar zu einer operativen Brustverkleinerung. Nach dem Motto: "Was die eine zuviel hat, hat die andere zuwenig" - zumindest wenn man das Schönheitsideal betrachtet.

Zu beobachten ist in diesem Zusammenhang auch die Form der Silikonimplantate. Diese hat sich im Laufe der letzten Jahrzehnte gewandelt. Am Beginn der Brustvergrößerungen wurden Formen verwendet, die den Busen "ballonartig" aussehen ließen. Dadurch war ein Silikonbusen rein optisch für den Kenner von einer natürlichen Brust leicht unterscheidbar. Die heutigen Implantate haben eine weitaus "natürlichere" Optik. Vor allem dann, wenn die Brustvergrößerung nicht zu üppig ausfällt, kann der Fachmann lediglich aufgrund des äußeren Erscheinungsbildes nicht eindeutig beurteilen, ob die Brust operativ vergrößert wurde oder nicht. Berühmte Schauspielerinnen und Sängerinnen gehen hierbei den Königsweg: Oft lassen sie ihren Busen nur marginal vergrößern. Ein Grund dafür ist, dass es auffällig wäre, wenn eine in der Öffentlichkeit bekannte Dame von einem Tag auf den anderen auf einmal einen gigantischen Busen hätte. Es gibt aber immer wieder prominente Damen, die sich dennoch für eine radikale Vergrößerung entscheiden - wie zum Beispiel die Sängerin Mariah Carey.

"Normalo"-Patientinnen - also keine Berühmtheiten - tendieren wesentlich öfter zu übergroßen Präparaten. Diejenigen, die immer unter einem zu kleinen Busen "litten", laufen oft Gefahr, sich für eine zu große Form zu entscheiden. Wobei "leiden" hier sehr relativ ist: Die Damen hatten ja keine körperlichen Schmerzen aufgrund ihres kleineren

Busens - nein, es war der Druck der Gesellschaft, der ihnen Schmerzen bereitete: Sie litten an dem Gedanken, nicht attraktiv genug zu sein. Genau, letztendlich litten sie an einem Gedanken und nicht an ihrer Brust. Frauen stehen hinsichtlich ihrer Attraktivität generell unter einem hohen Anspruch. Denn eine Frau, die als attraktiv gilt, wird umworben und es scheinen ihr sehr viele Türen offen zu stehen, während eine als "hässliches Entlein" geltende Frau viele dieser Avancen nicht erhalten und sie in ihrem Leben weniger Möglichkeiten haben wird. Das gilt natürlich vor allem für ledige Frauen im besten fortpflanzungsfähigen Alter. Aber auch bei etwas älteren Damen ist es in der Regel so, dass sie umso besser behandelt werden, je besser sie aussehen. Dieses Vorurteil, welches ich hier formuliere, ist natürlich nur meine Einschätzung. Und in der tat werden auch Männer nach ihrem (guten) Aussehen beurteilt. Aus meiner Sicht ist jedoch das Aussehen bei jungen Frauen für den gesellschaftlichen Stellenwert ungleich wichtiger.

Aus diesem Grund tun viele Frauen alles, um ihre Attraktivität steigern zu können. Schönheitsoperationen sind da ein gern gewähltes Mittel. Das Altern kann ein großes Problem für solche Frauen sein. Sicher, wenn sie eine Familie gegründet hat und sich um ihre Kinder kümmert, dann ist es leichter zu ertragen. Aber in unserer heutigen Gesellschaft gibt es auch viele Frauen, die kinderlos geblieben sind. Entweder, weil sie das so für sich wählten, oder weil sie einfach keinen Mann gefunden haben, der für sie der ideale Ehemann war. Möglicherweise war sie auch zu wählerisch? So vergehen die Jahre und die Dame wandert in der Attraktivitätsskala langsam aber stetig nach unten. Spätestens mit Ende 30 wird sie dann oft verzweifelt. Wenn sie dann - beseelt von dieser Panik - einen Mann kennen lernt, fragt sie dann meist zu früh, ob dieser sich eine Familiengründung vorstellen kann und verschreckt durch diese "Torschlusspanik" viele Bewunderer. Aber so ist nun einmal das Leben und kein Vorteil ohne Nachteil: Wie schön ist doch das Leben für sie als

ungebundene umworbene attraktive Dame um die 30 gewesen! Auf das
wollte sie einfach nicht verzichten.

Letztendlich geht es für Frauen auch darum, ob man Männer in
Paarungsstimmung versetzen kann. Manche Frauen sind so attraktiv,
dass jeder Mann, der sie erblickt, sofort verzaubert ist oder - anders
formuliert - "ihr Gefangener". Das hat natürlich einen guten Grund: Der
Mensch muss sich reproduzieren und daher werden die Männerkörper
beim Anblick einer attraktiven Dame (einer Dame, mit der die Aussichten auf gesunden Nachwuchs sehr hoch wären) förmlich "elektrisiert".
Der Mann verspürt die Sehnsucht, so einer Person nahe zu sein. Er kann
sich vielfach gegen so eine Sehnsucht nicht wehren. Gut für den Mann,
so wird er bald seine "Angebetete" gefunden haben. Gut auch für so
eine Frau, der es nicht schwer fallen wird, einen Verehrer zu finden.

Manche Frauen schaffen es hingegen aufgrund ihres Charakters nicht,
ihre Verehrer in Paarungsstimmung versetzen zu können. Der Mann
freut sich auf ein Rendezvous mit ihr, ist dann aber von ihrer Persönlichkeit abgeschreckt - warum auch immer - und meldet sich nicht mehr.
Wenn einer Dame das öfters passiert, sucht sie den Mangel vielleicht an
ihrem Körper. (Es ist häufig so, dass man unbewusst das eigenes Verhalten nicht so wahrnimmt, wie andere es tun.) Schließlich erscheint ihr
die Silikonoperation als rettender Anker - der ihr Leben verändern wird.

Und oft ist es auch so. Der hier beschriebene Fall ist aber ein Extremfall.
Da gibt es auch die Damen, die persönlichkeitsmäßig wahre Schätze sind,
deren Körper aber beim Mann die Paarungsstimmung nicht mehr auslösen können - vielleicht auch wegen fortgeschrittenen Alters. Da kann
der Silikonbusen zum Tüpfelchen auf dem I werden, der der Frau ihre
Attraktivität wiedergibt!

Warum macht ein großer Busen so attraktiv? Wie schon vorher skizziert ist der weibliche Busen häufig dann am größten, wenn die Frau ihr Baby stillt. In diesem Zeitraum ist klar, dass sie gebärfähig sein muss - sonst hätte sie ihr Baby ja nicht bekommen können. Das heißt der (ungeschützte) Geschlechtsakt mit dieser Dame kann definitiv zu einem Nachkommen führen. Und noch etwas kommt hinzu: Die Frau ist keine Jungfrau mehr. Im Gegenteil: Ihr Reproduktionsapparat hat sich schon bewährt - ist also schon "aufgewärmt" (wenn man so will). Der große Busen signalisiert sehr große Chancen auf erfolgreiche Reproduktion bei einer Begattung.

Natürlich sind auch junge Frauen, die noch kinderlos sind, attraktiv wenn sie eine große Brust haben. Auch deshalb, da ihre Körper eindeutigerweise reif für die Fortpflanzung sind. Bei einer operativen Brustvergrößerung wird jedenfalls eine gewisse Größe und eine gewisse Festigkeit der Brust hergestellt. Die operierte Frau wirkt dadurch im Idealfall kraft ihres Busens jünger und reproduktionsfähiger.

Insgesamt ist es auf jeden Fall eine einschneidende Operation, die immer ein gewisses Gesundheitsrisiko mit sich bringt und danach teilweise (kleine) lebenslange Einschränkungen, die man damit in Kauf nimmt. Dass sich dennoch so viele Frauen dafür entscheiden, ist letztendlich ein Hinweis darauf, wie stark der Instinkt zur Fortpflanzung im Menschen wirkt - denn auch sie wünschen sich, von einem liebenden Partner in die Arme genommen zu werden. Manche Leute meinen auch, dass solche Schönheitsoperationen ein Zeichen einer kranken Gesellschaft wären. Ich verstehe die Argumentation hinter so einer Einstellung, möchte aber fragen: Wie würde denn eine "gesunde" Gesellschaft aussehen? Schließlich hat sich die menschliche Gesellschaft auf natürliche Weise so entwickelt, wie sie heute ist, mit allen ihren Eigenschaften (das anonymisierte Leben in der Großstadt, die Einnahme von Rauschmitteln, übermäßigen Fernsehkonsum, die immer ungesünder werdende industrialisierte Nahrungsproduktion und vieles mehr.)

Man kann Brustvergrößerungen auch als einen Weg sehen, wieder jung sein zu können. Zumindest die Brust - so die Überlegung - wäre wieder jung und schön. (Und die betroffene Dame wird wahrscheinlich an anderen Körperstellen ebenfalls Initiativen setzen - das müssen keine Operationen sein.)

Wer würde schon die Option ausschlagen, zehn Jahre jünger werden zu können (Kinder und Jugendliche einmal ausgenommen)? Vor allem dann, wenn man mit seinem Leben nicht zu 100 Prozent zufrieden war, ist so ein Angebot sehr verführerisch. Würden das nicht auch viele Männer wollen? Obwohl es auch Brustvergrößerungen für Männer gibt - dabei werden beeindruckende Brustmuskelimplantate verwendet - kommen solche Operationen beim männlichen Geschlecht sehr selten vor. Für Männer sind andere Operationen reizvoller (zum Beispiel Faltenglättungen). Eine andere Sache - bei der es sich nicht um eine Operation handelt - ist meiner Meinung nach aber der größte Trumpf des Mannes über das Alter. Ich meine Muskelübungen und Bodybuilding. Selbst ältere Männerkörper nehmen dieses noch gut an. Diejenigen - die es im fortgeschrittenen Alter intensiv machen - erscheinen dann wirklich wesentlich jünger, als sie es sind. Im Idealfall vor allem in der Badehose. Aber natürlich auch ein bisschen in angezogenem Zustand. Man reversiert dabei die Tendenz, dass ältere Männer meist zusehends körperlich unattraktiver werden. Und der Körper - und damit assoziiert die Stärke - eines Mannes ist ein wichtiges Kriterium für dessen Attraktivität. Der alternde Mann hat also eine gesündere Option zu Verfügung, wieder "jung" werden zu können. Dieser Weg steht natürlich auch allen Frauen offen!

Eines ist aber - neben einer Silikonbrust oder immer größer werdenden Muskeln - auch ganz wichtig für die körperliche Schönheit: Die Reversion der Verfettung. Der eigenen Verfettung Einhalt gebieten zu können (z.B. durch ein paar Stunden Fasten pro Tag). Denn ein Körper ohne Fett sieht immer besser aus, als ein übergewichtiger verfetteter.

KAPITEL 29

Dogmen

Was ist ein Dogma? Ein Dogma ist eine Lehraussage, die als unumstößlich gilt. Zum Beispiel in der Mathematik, dass im System der natürlichen Dezimalzahlen eins plus eins zwei ergibt. Das wird wohl auch keiner anzweifeln.

Andere Dogmen betrafen die Natur der Welt und des Lebens. Zum Beispiel, dass die Sonne um die Erde kreist, und die Erde der Mittelpunkt des Universums ist - das so genannte "Geozentrische Weltbild" wurde bereits in der Antike entwickelt und unter anderem von Aristoteles vehement vertreten. Seine Annahme, dass sich alle anderen Himmelskörper - also die Sonne, der Mond, die damals bekannten Planeten sowie sämtliche sichtbare Sterne - auf Kreisbahnen um die Erde bewegen, wurde allerdings durch Beobachtungen rasch widerlegt. So "überholen" Merkur und Venus regelmäßig die Sonne um danach von der Sonne wieder eingeholt zu werden. Bei den damals bekannten äußeren Planeten - Mars, Jupiter, Saturn - treten immer dann rückläufige Bewegungen auf, wenn sie der Sonne gegenüberstehen (von Erdensicht aus).

Daher arbeitete Claudius Ptolemäus im zweiten Jahrhundert eine Erklärung aus, die mit den Beobachtungen in Einklang stand: Aufgrund dieser beobachteten "retrograden" Bewegungen ging er von Schleifenbewegungen der Planeten aus. Diese wurden erklärbar, indem man angenommen hat, dass ein Planet mehrere Kreisbewegungen gleichzeitig durchläuft: Die größte Kreisbewegung um den Mittelpunkt des Universums - also um die Erde. Aber auch dieser "Hauptkreis" wird im Zuge kleinerer Kreisbewegungen umkreist. Mit einem komplexen System von insgesamt 80 solcher Bahnen konnten die Planeten- und Sternbewegungen von Ptolemäus schließlich relativ genau vorhergesagt werden.

Auch die christliche Kirche setzte voll auf das Geozentrische Weltbild. Demnach war ein weiterer Beleg dafür, dass wir ja ein ruhendes Gefühl auf der Erde haben. Würde die Erde jedoch um einen anderen Himmelskörper kreisen, so würden wir dies auf der Erde doch spüren - ähnlich wie wenn man in einem schnell fahrenden Wagen oder Schiff sitzt: Da spürt man die Geschwindigkeit durch den Fahrtwind. Da dies, wenn man sich auf der Erde nicht bewegt, nicht der Fall ist, war nahe liegend, dass die Erde ruhen musste - und somit das Zentrum des Universums war.

Diese Ansicht wurde in Europa ungefähr eineinhalb Jahrtausende lang nicht hinterfragt. Erste ernsthafte Zweifel wurden erst durch die Wissenschaftler Nikolaus Kopernikus, Giordano Bruno und Galileo Galilei geäußert. Galilei wurde dafür auch angeklagt. Da er seine Theorien widerrief und explizit verfluchte, wurde ihm die Hinrichtung erspart und er wurde lediglich zu lebenslanger Kerkerhaft verurteilt. Auch war ihm das Lehren fortan lebenslang verboten. Schließlich wurde die Kerkerhaft in einen lebenslangen Hausarrest umgewandelt und Galilei durfte sogar wieder forschen - jedoch nicht im Bereich Geozentrisches Weltbild.

Sind Dogmen gut oder schlecht? Nun, Dogmen gibt es immer dann, wenn diejenige Gruppe, die ein Dogma "erlässt", befürchten muss, dass zu sehr in eine aus ihrer Sicht unerwünschte Richtung geblickt wird - wodurch die Interessen dieser Gruppe geschädigt werden. Im nächsten Kapitel will ich Beispiele für Dogmen geben.

KAPITEL 30

Die Fortpflanzung verunmöglichen

Und was, wenn wir jemandem die Möglichkeit zur Vermehrung nehmen? Durch Kastration oder Sterilisation! Ja, ich meine anderen Menschen. Jetzt werden Sie sicher gleich sehr geschockt sein und noch geschockter werden. Ein Richter hat dies einmal drei Vergewaltigern angeboten: Entweder 30 Jahre Haft oder Kastration und damit verbunden Freiheit schon nach kurzer Zeit. Einer der Täter hat das Angebot angenommen, da er weiter für seine Familie sorgen wollte. Bei Sexualverbrechen gibt es so etwas öfters, vor allem aber als freiwilligen Akt. Dabei lässt sich der Straftäter vor der Gerichtsverhandlung kastrieren und dann erwartet ihn in der Regel ein wesentlich milderes Urteil. Man mag dazu stehen, wie man will. Die New York Times hat anlässlich des zuvor erwähnten Angebots des Richters auf ironische Weise kritisiert, man könne Dieben ja auch anbieten, sich die Hand wegoperieren zu lassen, statt eine Strafe anzutreten.

Ich möchte hier nur noch sagen, dass dies in meinen Augen ein böses und sehr schockierendes Thema ist. Ich schreibe nicht gerne darüber, da es mich nicht freut, wenn sich ein Leser wegen mir unwohl fühlt. Ich kann aber nicht die wertvolle Zeit meiner Leser dadurch verschwenden, dass ich die Seiten mit Belanglosem fülle. Daher ist mir ein gewisser Schock lieber, als wenn ich gar nicht zur Sache komme.

Stellen Sie sich vor, jemand kastriert/sterilisiert seine eigenen Kinder. Eine furchtbare Vorstellung! Was könnte der Grund dafür sein? Etwa, damit die Kinder in der Pubertät nicht so problematisch sind und eher folgen. OK, wir verstehen, dass so ein Vorschlag niemals ernst gemeint sein kann, und dass damit wohl das Leben der Kinder zu einem gewissen Grade zerstört würde! Obwohl genau dies in Italien vom 16. bis in 19. Jahrhundert hinein bei Jungen, die sehr schön singen konnten, absichtlich gemacht wurde, um ihnen ihre hohe Stimme auch ins Erwachsenenalter hinein erhalten zu können. Einige dieser Kastraten wurden aufgrund ihrer schönen hohen Stimmen weltberühmt - so wie zum Beispiel Farinelli (1705-1782).

Bei unseren vierbeinigen Lieblingen sieht es da schon ganz anders aus. Da ist es "verantwortungsvoll" ihnen die Vermehrungsfähigkeit zu nehmen. Ob Hund oder Katz dann ein weniger schönes Leben haben, können sie uns ohnehin nicht berichten. Manche Haustierbesitzer meinen, dass ihr Tier schon verstanden hat, was ihm genommen wurde. Bei Nutztieren ist das ohnehin eine Selbstverständlichkeit. Über viele Jahrzehnte wurde dies auch in für das Tier sehr schmerzhaften, sehr lange dauernden Verfahren durchgeführt - der Hoden wurde einfach abgeklemmt. Aber wer soll helfen, wenn man in der Gewalt des Menschen ist? Rechte hat man dann - als Tier - leider nicht. Da kann man noch so schreien, es wird kein Muttertier herbei kommen, um den Schmerz zu lindern - denn man befindet sich in der Gewalt des Menschen!

Betrachten wir als nächstes ein Rennpferd. Dieses würden wir ja eher als Haus- als als Nutztier einordnen. Viele Pferdebesitzer lieben ihren Schützling über alles und investieren viel Zeit in die Pflege, damit es dem Pferd gut geht. Was ist hier aber gemeint mit "gut gehen"? Das Pferd steht die überwiegende Zeit seines Lebens in einem engen Stall, teilweise sogar angehängt. Wenn es ausreiten darf, dann mit einem Menschen auf ihm, der ihm Kommandos gibt, in welche Richtung es zu reiten hat. Pariert das Pferd nicht, wird es vom Menschen bestraft. Darüber hinaus gibt es noch andere Prozeduren um das Tier zu pflegen. Immer läuft es dabei so, wie der Mensch es will und das Pferd muss gehorchen. Ach ja, und die Kastrations-/Sterilisationsentscheidung trifft dann auch der Besitzer alleine. Ob das Tier dadurch dann großen Schmerz hat - wen interessiert's! Solange es schön aussieht und gut reiten tut!

Und ich kann das hier auch gar nicht verurteilen und als schädlich für die Tierart Pferd hinstellen. Denn was wäre die Alternative: Dass wir keine Reitpferde mehr hätten? Wohl nicht, dass Herden von Wildpferden durch unsere Städte donnern würden, so wie derzeit noch Marder, Ratten und Mäuse mit uns in den Städten leben. Nein, sie würden ausgerottet in Europa - es würde sie gar nicht mehr geben. Sie dürfen nur überleben als willenloses Sklaventier, das von Beginn bis zum Ende seines Lebens zu jeder Zeit der Kontrolle des Menschen unterworfen ist und seinen Befehlen zu gehorchen hat.

Womit kann man so ein Leben vergleichen? Vielleicht mit einem Strafgefangenen im Gefängnis. Der darf auch nur auf kleiner Fläche leben. Und wenn er mal die Zelle verlassen darf - für kurze Zeit - dann muss er genau den Anweisungen des Wachpersonals folgen. Gut, der Strafgefangene darf vielleicht 20 Minuten pro Tag auf den Hof und sich dort frei bewegen, aber manche Pferde haben auch das Glück hie und da in einer Koppel herumlaufen zu dürfen. Der Strafgefangene darf aber nicht kastriert werden. Noch einen Unterschied gibt es: Der Strafgefangene kommt nicht als Häftling zur Welt. Er kann erst im Erwachsenenalter zum Häftling werden, während die meisten Pferde schon unter menschlicher Kontrolle geboren werden. Auch ist die Zeit im Gefängnis für die menschlichen Insassen meist begrenzt. Danach werden sie wieder als freier Mensch in die Gesellschaft entlassen. Beim Tier gibt es meist auch so etwas wie einen Ruhestand: Ist das Pferd zu alt oder verletzt, dann muss es nicht mehr sein Arbeitsprogramm ausführen - wenn es Glück hat, verarbeitet man es nicht zu Pferdeleberkäse, sondern lässt es auf natürliche Weise sterben.

Oh, der Pferdeleberkäse! Ich habe ganz vergessen, auch Pferde werden ja zur Fleischproduktion gehalten. Na ja, im Vergleich zu einem Leben als Schlachtvieh ist vielleicht das Leben als Reitpferd doch zu bevorzugen! Oder nicht? Als Schlachtvieh müssen die Pferde halt nicht ständig menschliche Reiter herumtragen. Es wird von Pferd zu Pferd differieren, welches Schicksal es bevorzugt. Entscheiden darf es ja ohnehin nicht.

Und warum das Ganze? Warum sind die Pferde in die Abhängigkeit des Menschen gekommen? Weil sie ihre Kultur verloren haben. Wildpferde in der Natur rennen davon, wenn sie sich bedroht fühlen. Sie leben ihr Leben in großen Herden und legen jeden Tag weite Strecken zurück. Natürlich bekommen sie in der Natur keine medizinische Behandlung und werden auch nicht beschlagen, aber das brauchen sie auch nicht. In der Natur gibt es nur gesunde starke Tiere. Wer schwächelt, den ereilt in Kürze der Tod (normalerweise durch die "Hilfe" von Raubtieren). Nur in der menschlichen Gesellschaft kann man als todkranke Person mit Hilfe der modernen Medizin noch viele Jahre am Leben gehalten werden. Was nun besser ist, ist schwer zu sagen. Klar ist, dass wir Menschen - jetzt wo es die moderne Medizin gibt - diese auch verwenden wollen um länger zu leben. Ob es uns aber besser oder schlechter ginge, wenn wir diese nicht hätten, traue ich mich nicht abschließend zu beurteilen. Warum? Weil viele Menschen in reichen Ländern über viele Jahre in Pflegeheimen dahinvegetieren und dort geistig und körperlich langsam verfallen - ob das das schönere Ende ist?

Aber zurück zum ambivalenten Thema Kastration: Früher wurde diese unter uns Menschen viel häufiger durchgeführt. So zum Beispiel im Altertum: Wurde ein Volk von einem anderen besiegt, so wurden alle überlebenden Männer des besiegten Volkes kastriert, um in der Folge als Sklaven beschäftigt zu werden. Die Kastration diente der Demütigung und auch dazu, zu verhindern, dass die Besiegten jemals wieder Nachkommen haben werden. Neben der Entfernung des Hodens gab es dabei noch ein wesentlich grausameres Verfahren: Bei diesem wurde nicht nur der Hodensack abgeschnitten, sonder zusätzlich auch der gesamte Penis. Ein äußerst schmerzvolles Verfahren, welches den Körper so stark verletzte, dass nur ungefähr ein Drittel diese Prozedur überlebte (auch wegen der damals rudimentären medizinischen Kenntnisse). Diese männlichen Sklaven ohne Penis waren äußerst beliebt, denn nur dadurch wurde deren sexuelle Betätigung mit Sicherheit ausgeschlossen. Grundsätzlich kann jemand, dem der Hodensack entfernt wurde, nach wie vor Sex haben, auch wenn der sexuelle Appetit normalerweise wesentlich geringer wird. Aber zum großen Entsetzen der Sklavenhalter können auf diese Weise kastrierte Männer hie und da dennoch eine Frau befruchten. Wie das? Nun, es reicht wenn ein paar Samen produzierende Zellen überleben. Diese können teilweise auch im Inneren des Körpers liegen, da der Hoden ganz oder teilweise nach innen wachsen kann. Für die Sklavenhalter war das eine erschreckende Vorstellung.

Dass der männliche Hoden auch nach innen wachsen kann, dafür gab es auch in der jüngeren Geschichte ein prominentes Beispiel. Bei dieser Person wuchs nicht nur der Hoden, sondern auch der Penis nach innen. Das Ergebnis war, dass die Eltern von einem Mädchen ausgingen, obwohl er biologisch ein Mann war. Zwanzig Jahre lang wurde dies nicht bemerkt. Die junge "Frau" wurde Schifahrerin - und zwar eine der besten der Welt. Im Jahre 1966 wurde "sie" schließlich Weltmeisterin im Abfahrtslauf bei den alpinen Schiweltmeisterschaften in Chile. Na ja, kein Wunder: Wenn man als junger Mann mit jungen Frauen konkurriert, ist es natürlich relativ leicht. Nach der Aufklärung des wahren Geschlechts, trat er - Erik Schinegger - vom Schisport zurück, ließ sich in der Folge operieren, so dass die Geschlechtsteile wieder nach außen verlegt wurden, eröffnete eine Schischule und schrieb ein Buch über sein Leben: "Mein Sieg über mich. Der Mann, der Weltmeisterin wurde."

Aber zurück zu den Sklavenhaltern und der Kastrationsmethode, bei der der gesamte Penis inklusive des Hodens entfernt wurde: Das war halt in den Augen vieler Sklavenhalter der weitaus sinnvollere Weg der Kastration, vor allem wenn es genügend Sklaven gab, so dass der Umstand, dass zwei Drittel ihr Leben ließen, verschmerzt werden konnte. Wobei "sein Leben lassen" hier natürlich auch veranschaulicht werden will: Ein Teil dieser Männer starb bei dieser brutalen Prozedur - zum Beispiel wegen Blutverlusts. Andere überlebten stark geschwächt und siechten tagelang dahin um danach den Löffel abzugeben - zum Beispiel aufgrund von Infektionen. Die Sklavenhalter hatten bei den Genesungsprozessen der Kastrierten wahrscheinlich auch keine Engelsgeduld. Wer nach ein paar Tagen nicht wieder auf den Beinen war, der wurde wahrscheinlich getötet, denn ein Sklave hat ja zu arbeiten und kann kein Pflegefall sein! Man will sich gar nicht vorstellen, zu welchen Zwecken die toten Körper dann verwendet wurden.

Viele von Ihnen, liebe Leser, werden jetzt beruhigt meinen: "Ja, das ist lange her, aber Gott sei Dank gibt es so etwas in unserer modernen Gesellschaft nicht mehr." Nun ja, es gab es doch relativ lange. So ist es noch zu Lebzeiten Ihres Großvaters passiert. (Vorausgesetzt, sie sind schon sehr alt und ihr Großvater war zum Zeitpunkt Ihrer Geburt ebenfalls schon recht alt). 1865 ging der amerikanische Bürgerkrieg zu Ende und damit wurde die Sklaverei im Süden der USA abgeschafft. Bis dahin war die Sklaverei dort erlaubt. Und diese immer noch zu wenig aufgearbeitete Geschichtsepoche war sehr brutal. Unter den Sklavenhaltern der USA gab es natürliches das gesamte Spektrum: Es gab die

Netten, es gab die Normalen und es gab die Bösen. Wie ich schon einmal erwähnt habe, kommen die Untiefen der menschlichen Seele besonders dann gerne zum Vorschein, wenn jemand eine Machtposition innehat. Und so gab es Sklavenhalter in den USA, denen es darum ging, ihre schwarzen Sklaven zu demütigen, zu erniedrigen, körperlich hart zu züchtigen, durch Isolation von ihren Verwandten zu bestrafen und auch ihre Körperfunktionen teilweise zu zerstören. Das ganze Spektrum eben, um jemandem Angst zu machen, jemandem Leid zuzufügen und diesen jemand immer aufs Neue zu schockieren. Weglaufen konnten die Sklaven nicht - ihre Aussichten, eine Flucht zu überleben und in ein Leben in Freiheit gelangen zu können, war praktisch Null. Dennoch haben es viele versucht, da es die einzige Möglichkeit war, ihren Peinigern zu entkommen. Grundsätzlich wurden Sklaven als Produktionsfaktor betrachtet. Es durfte nur leben, wer einen Nutzen erbrachte - das bedeutete lebenslanges Arbeiten. Wenn die Sklaven Glück hatten, wurden sie darüber hinaus von ihrem Halter nicht weiter gequält. Wenn sie Pech hatten leider schon. Sklavenhalter haben auch viele ihrer männlichen Sklaven kastriert. Das geschah einerseits als Bestrafung, andererseits dazu ihren Willen leichter brechen zu können. Auch wollte man verhindern, dass sie sich vermehren können - darüber sollte einzig der Sklavenhalter entscheiden können. Eine andere beliebte Praxis war ihnen bleibende Schäden an ihren Beinen zuzufügen. Um die einzige Option, die der Sklave in der Praxis hatte - das Davonlaufen - zu verunmöglichen. Das Leid, das man dabei anrichtete, war egal. Schwarze Menschen galten den meisten nicht als vollwertige Menschen - manche betrachteten sie als Tiere. In dieser Zeit war der Bildungsstand der schwarzen Sklavenbevölkerung auch recht tief - da diese ja nicht in die Schule gingen. Wozu auch? Das brauchten Sie ja nicht, um ein Leben lang Baumwolle zu ernten. Aus diesem Grund erschien es vielen Weißen so, dass Schwarze nicht so intelligent wären wie Weiße. Aber das war eben nicht das Potential der schwarzen Menschen, was hier bewertet wurde, sondern deren Kultur. Und es war eine von den weißen Sklavenhaltern aufoktroyierte Kultur ohne Bildung - sie waren ein Leben lang Gefangene. Und zwar ohne dass sie jemals irgendeine Straftat begangen hätten. Einfach rechtlose Gefangene von Geburt an meist ohne irgendeine Aussicht auf Freiheit.

Als die Briten im Amerikanischen Unabhängigkeitskrieg den Vereinigten Staaten den Krieg erklärten, schickten sie Boten aus, die den schwarzen Sklaven erklären sollten, dass jeder Sklave, der sich entschied für die Briten zu kämpfen, die Freiheit erhalten würde. Sehr, sehr viele männliche Sklaven nahmen das Angebot an, flohen zu den Briten und kämpften in der Folge gegen die USA. Die Sklavenhalter waren überrascht, dass so viele Sklaven ihr sicheres Leben auf der Plantage gegen das unsichere eines Soldaten eintauschten. Aber sie hatten unterschätzt, wie wichtig den Sklaven die Freiheit war. Wie sollten sie es auch erahnen: Kaum ein Sklavenhalter hatte jemals von seinen Sklaven gehört, was diese wirklich über ihn dachten. Denn ein falsches Wort konnte eine lebensbedrohende Bestrafung bedeuten oder das Abschneiden eines Körperteils. Dem Sklavenhalter gegenüber ist man immer devot begegnet. Soweit man es halt ein Leben lang konnte. Wer doch einmal seine Meinung kundgetan hat, der hat seine Strafe erhalten. Wer klug war, hat dann ein Leben lang geschwiegen - oder einen Fluchtversuch gewagt.

Das Prinzip "es darf nur der leben, dessen Arbeit einen Nutzen bringt" ist dann auch in den nationalsozialistischen Konzentrationslagern zur Anwendung gekommen. Und die Zustände in den "KZs" waren der Sklaverei nicht unendlich. Auch hier war das Leben eines KZ-Insassen nichts wert und ein KZ-Wärter konnte sich alles mit ihm erlauben (solange er die Anordnungen seines Vorgesetzten befolgte). Kastriert wurde im KZ - soweit ich weiß - nicht im großen Stil. Es gab natürlich die medizinischen Experimente, bei denen Menschen zu Forschungszwecken aufgeschnitten wurden. So hat man das Gehirn untersucht, Augen, Ohren, die inneren Organe, und so weiter. Dies war möglich, da das Leben der KZ-Häftlinge grundsätzlich als wertlos betrachtet wurde und sie überhaupt keine Rechte hatten.

Aber das geschah nicht in großer Zahl, denn der Hauptzweck der Konzentrationslager war ja die Produktion von Gütern - zum Beispiel Rüstungsgütern. Daher konnte man mit den Insassen im KZ auch nicht zu sehr urassen - das wäre gegen die Anordnung des Führers gewesen. Außer, sie waren nicht mehr produktiv: Wer also krank wurde oder aus anderen Gründen (zum Beispiel Mangelernährung) nicht mehr arbeiten konnte, mit dem konnten die Wärter machen, was sie wollten.

Kann man jetzt sagen, dass die Nazis besser waren als die amerikanischen Sklavenhalter, da sie ihre Insassen - Lagerinsassen auf der einen, Plantageninsassen auf der anderen Seite - in punkto Kastration besser behandelten als die Sklavenhalter?

Darf man etwas Positives über die Nazis sagen (ohne als Rechtsextremer eingeordnet zu werden)? Ich denke, es ist gesellschaftlich leider nach wie vor verpönt. Warum leider? Manche meinen, es wäre eine Verharmlosung des Nationalsozialismus, wenn man positive Aspekte dieser Zeit erwähnen würde. Ich denke umgekehrt: Ich meine, es ist eine Verharmlosung, wenn man so tut, als hätte es während des Nationalsozialismus nur negative Dinge gegeben.

Denn wenn alles so negativ war, wie konnte die NSDAP dann über 40 Prozent der Stimmen bei Wahlen erringen? Die Leute sind ja nicht dumm. Die Nationalsozialisten haben sich gekleidet in das Gewand der "Guten". Sie haben sich bemüht, diese Rolle einnehmen zu können. Und zumindest ein Teil der Deutschen ging ihnen auf den Leim. Es waren schließlich genug für die Machtergreifung. Diese Leute konnte man gewinnen, indem man auch "gute" Sachen tat oder sagte.

Es ist ähnlich wie bei Scientology: Über diese Sekte sagt man auch, dass sie 25 Prozent Gutes und 75 Prozent Schlechtes enthält. Wenn ein Interessent kommt, so erhält er anfangs nur das "Gute". So lange, bis sich die Sekte seiner sicher ist. Dann beginnt das "Schlechte". Man sucht sich labile Typen, die am Ende niemanden mehr haben als die Sekte. Letztendlich ist es ein effizientes Unterwerfungssystem.

Die Regel, dass man sich über den Nationalsozialismus stets kritisch zu äußern hat, erinnert ein bisschen an ein Dogma im Islam:

1. Du darfst nichts Negatives über den Propheten Mohammed sagen. Tust du es doch und handelst diesem Dogma zuwider, verletzt du alle Moslems.

2. Du darfst nichts Positives über den Nationalsozialismus sagen. Tust du es doch und handelst diesem Tabu zuwider, giltst du unter den Deutschen als Rechtsextremer.

Zum Propheten Mohammed (1.): Muslimische Gelehrte erließen das Dogma der Unfehlbarkeit des Propheten Mohammed inklusive harter Bestrafung bei Zuwiderhandeln. Und das, obwohl im Koran klar steht, dass diejenigen, die diesen Propheten beleidigen sollten, bloß im Jenseits eine Strafe erwarten würde. Auch steht im Koran, dass Mohammed ein normaler Mensch ist, der Fehler macht wie jeder andere, und der lediglich die Aufgabe hat das Wort Gottes - also aus Sicht der Muslime den Koran - an die Menschheit zu überliefern. Diese muslimischen Gelehrten fürchteten offenbar, dass Kritik am Propheten Mohammed in weiterer Folge zu Kritik am Koran und damit zu einem Machtverlust ihrer Religion führen könnte.

Zum Nationalsozialismus (2.): Man soll nicht positiv erwähnen, dass Hitler Autobahnen gebaut hat. Selbst wenn es zutreffen sollte, sind solche Aussagen tabuisiert und man wird gesellschaftlich dafür geächtet.

Ich werde dennoch hier etwas Tabuisiertes vorbringen - weil es mir am Herzen liegt:

Es geht um die Tradition der deutschen Sehschulen. Bis 1945 gab es diese Tradition. Dabei wurde einer Sehschwäche von Seiten der Ärzteschaft anders begegnet als im englischsprachigen Raum. Dort hat man stets korrigierende Gläser verschrieben. In Deutschland dagegen wurden die Kurz- und Weitsichtigen beziehungsweise diejenigen mit Astigmatismus in Sehschulen geschickt. In diesen machten sie dann regelmäßig Augenübungen, um die Sehkraft zu verbessern. Die Tradition der Sehschulen wurde nach dem Krieg beendet, da diese aus "Nazi-Deutschland" kamen, während die sofortige Korrektur mittels Brille aus dem (siegreichen) englischsprachigen Raum kam. Diese Entscheidung war meiner Meinung nach nicht korrekt, da die Tradition der Sehschulen bereits lange vor dem Beginn des Nationalsozialismus in Deutschland etabliert wurde. Hier ging Kultur verloren. Seit damals werden Augenübungen dieser Art nur noch von "alternativen" Augenärzten empfohlen und von der Mehrheit der Ärzte abgelehnt.

Warum aber dieses Tabu? Warum kann man die Zeit des Nationalsozialismus nicht sachlich diskutieren und sowohl die guten, wie auch die schlechten Taten beleuchten. Weil zu viele Menschen im durch Nazi-Deutschland begonnenen zweiten Weltkrieg gestorben sind? Aber müsste man nicht angesichts eines so dramatischen Ereignisses besonders sachlich an die Analyse herangehen?

Es wäre interessant gewesen, die Geschichten der Soldaten zu hören. Mit welcher Einstellung sind Sie in den Krieg gezogen und was haben sie während des Krieges gedacht? Wie groß waren ihre Zweifel? Was haben sie alles an Schrecklichem erlebt?

Aber auch die Geschichten derer, die der NSDAP beigetreten sind oder sie zumindest unterstützt haben, wären interessant zu hören gewesen. Diese Zeitzeugen hätten ein Bild davon vermitteln können, was in den Leuten vorging, die Hitler zujubelten.

Für die Soldaten war es eine schwierige bis fast unlösbare Situation. Wenn sie für Hitler Schlachten gewonnen haben, dann waren sie Mitschuld am Erfolg des Nationalsozialismus. Und wenn sie sich gegen ihre Regimenter gestellt haben, sind sie als Deserteure erschossen worden. (Zumindest soferne sie erwischt wurden.)

(Mein Großvater mütterlicherseits – Bruno Weissert, der unter anderem auch Fachbücher über die Vogelwelt verfasste – ist übrigens zu Fuß aus dem Krieg nachhause gegangen. Er war Soldat im Russland-Feldzug und hat irgendwann entschieden, nicht mehr weiterkämpfen zu wollen. Über viele Wochen ist er dann – wahrscheinlich ausgehend von irgendwo in der heutigen Ukraine - zurück nach Wien marschiert. Dort hat ihn dann meine Großmutter bis zum Kriegsende versteckt. Er selbst hat nie darüber gesprochen. Ich erfuhr es nur von meiner Mutter, die es von meiner Großmutter erfuhr. Streng genommen war er ja ein Deserteur und man hätte ihn an keinem Kontrollposten vorbei lassen dürfen. Vielleicht hat er irgendein Dokument mitgehabt – was weiß ich. Es wird wohl für immer im Dunkeln bleiben. Möglicherweise verdanke ich diesem "Heimgang" meine Existenz, da meine Mutter erst nach Kriegsende zur Welt kam.)

Diejenigen, die das Regime sehr kritisch gesehen haben, hatten somit keine gute Wahl. Es kommt auch die deutsche Tradition hinzu und dass man das eigene Land nicht verrät. Auch die Ehre der Familie stand auf dem Spiel. Man kann auch sagen, dass die deutschen Soldaten die "Arschkarte" gezogen hatten. Es gab ja in der NS-Zeit eine Sippenhaftung: Ein Soldat, der sich abgesetzt hatte, musste erwarten, dass es seinen Angehörigen dafür schlecht erging.

Leider hat man es verabsäumt, diese Leute zu Wort kommen zu lassen. Und heute liegen sie großteils schon in ihren Särgen. Ja, man hätte es nicht gleich nach dem Krieg machen können, denn damals ging es darum, als Staat überhaupt wieder (relativ) unabhängig werden zu können. Und deshalb wollte man ehemaligen Nazi-Symphatisanten keine Bühne bieten. Auch als der eiserne Vorhang in Europa existierte, mag es legitim gewesen sein, diese Gruppe nicht sprechen zu lassen. Aber spätestens nach der Wiedervereinigung hätte die Regierung diesen Weg einschlagen können und sie hätte dadurch auch die Sicht der Täter und Mitläufer beleuchten können - was für das Gesamtverständnis durchaus sinnvoll gewesen wäre und wohl eine breite Mediendiskussion ausgelöst hätte.

Anstatt dessen sind nur jene zu Wort gekommen, die das Regime von Beginn an ablehnten, sowie die Opfer der Nationalsozialisten. Aber gerade die Gruppe der Sympathisanten sind ja jene gewesen, die es der NSDAP ermöglicht hatten, die Macht zu übernehmen. Man müsste also genau deren Motivation und Denken analysieren, wenn man verhindern will, dass etwas Vergleichbares wieder passiert. Aber diese Chance hat man vertan.

Die Opfer hätten ja nichts ändern können. Sie wurden verhaftet und inhaftiert. Die entschlossenen Widerstandskämpfer waren schlussendlich zu wenige. Es war eben die breite Masse, welche das Regime unterstützt oder zumindest weiter Dienst nach Vorschrift verrichtet hat - und so die nationalsozialistische Herrschaft ermöglichte.

Obwohl die Politiker immer wieder dazu aufrufen, die verbrecherischen Taten dieses Weltkrieges nie zu vergessen, wird meiner Ansicht nach vergessen werden. Und zwar einfach dadurch, dass Zeit vergeht. Es ist nun einmal so, dass uns zum Beispiel der deutsch-französische Krieg von 1870 kaum mehr interessiert. Nach Ende des zweiten Weltkriegs war das anders, da man der Meinung war, mit diesem Krieg und den zwei Weltkriegen augenscheinlich machen zu können, dass Deutschland stets Angriffskriege anzettelt. (So wie der zweite Weltkrieg, war der Krieg von 1870 definitiv ein deutscher Angriffskrieg - beim ersten Weltkrieg ist dies ja nicht so eindeutig.) Der Krieg von 1870 war damals also noch relativ präsent und es lebten auch noch Personen, die in diesem Krieg als Soldaten gekämpft hatten. Was aber bedeutet uns der deutsch-französische Krieg von 1870 heute noch als Exempel fehlgeleiteter deutscher Politik: Praktisch nichts mehr! Das wird als lang vergangene Zeit angesehen - so ähnlich wie die Napoleonischen Kriege. Wegen des Krieges von 1870 wird nicht gerufen: "Niemals vergessen!" Und wenn die Jahrzehnte vergehen, dann wird auch der zweite Weltkrieg irgendwann einmal die "alte Zeit" sein, und eine Wiederholung dann ja "nicht mehr möglich", weil man sich als menschliche Gesellschaft schon "weiter" sehen wird. Und so wird vergessen werden. Aber in gleicher Weise wird dann auch nicht mehr tabuisiert werden - da es dann den Leuten relativ egal sein wird.

Ich will gar nicht bewerten, ob ich dies - falls es wirklich so eintreffen sollte - für gut oder schlecht halten soll. Ich halte es nur für realistisch, dass es so passieren wird - je weiter die Zeit voranschreitet. Vielleicht hat auch jede Generation das Recht, sich mit ihren Herausforderungen zu beschäftigen und nicht mit jenen der Vor-Vor-Vorgeneration. Und möglicherweise werden noch schrecklichere Ereignisse kommen, die den zweiten Weltkrieg in Aktualität und Gefährlichkeit bei weitem überstrahlen werden.

Aber zurück zu den Geschlechtsorganen: Wenn wir ein Nutztier kastrieren, dann kastrieren wir ein Tier, das unter unserer Kontrolle steht - also nicht mehr frei ist. Könnte es sein, dass der Mensch selbst einmal in die Gewalt eines anderen Tieres kommt? Ich meine also definitiv nicht, dass Menschen andere Menschen in Gefangenschaft nehmen (und kastrieren). Dies ist schon oft passiert. Nein, was ist, wenn eine andere Tierart dies mit uns tut?

Welche Tierart auf unserer Erde sollte das können? Ja, sicherlich gibt es starke Tiere, die uns töten können und vielleicht auch kurzzeitig in eine Art von Gefangenschaft nehmen können - etwa indem sie uns den Fluchtweg blockieren. Aber sicherlich ist kein Tier auf dieser Welt dazu in der Lage, Menschen kastrieren zu können.

Es müssten also Außerirdische sein. Außerirdische, die auf die Erde kommen, und hier dann einige Menschen für ihre Zwecke einfangen - zum Beispiel um wissenschaftliche Experimente an uns durchzuführen oder unser Verhalten zu studieren. Oder einfach als Haustier! Im Zuge so einer Gefangenschaft bei Außerirdischen wäre es schon möglich, dass wir - als Menschen - kastriert würden. Ganz einfach, da eine Vermehrung unsererseits an dem Ort, an dem wir dann sein werden, als störend empfunden werden mag.

Als Abschluss des "Kastrationsthemas" möchte ich ihnen noch über eine der aufsehenerregendsten Kastrationen berichten, die in der Menschheitsgeschichte statt gefunden hat:

Und zwar geht es um William Wallace, der im ersten Schottischen Unabhängigkeitskrieg gegen England auf der schottischen Seite gekämpft hat. Wallace besiegte die Engländer im Jahr 1297 in der Schlacht bei Stirling Bridge. Er wurde daraufhin zum "Guardian of the Kingdom of Scotland" ernannt, was praktisch einem Regenten gleichkommt.

Schon ein Jahr später musste er sich jedoch in der Schlacht bei Falkirk den Engländern geschlagen geben. Er konnte vor den englischen Truppen fliehen und gab danach seinen Regentenposten wieder ab.

Erst 1305 konnte der englische König endlich seiner habhaft werden. Nach dem Prozess wurde William Wallace zuerst nackt ausgezogen und von einem Pferd zum Hinrichtungsort geschleift. Dort wurde er dann an einem Galgen aufgehängt, aber - bevor er sterben konnte - rechtzeitig wieder heruntergeholt. In der Folge wurde er kastriert und es wurde ihm der Darm herausgerissen. Dieser wurde anschließend verbrannt - diesem Spektakel konnte Wallace noch zuschauen. Anschließend wurde er geköpft und dann der Körper gevierteilt (durch zerhacken). Die Körperteile wurden dann zur Abschreckung in der Stadt aufgehängt.

Dieser Prozess war die damals übliche Bestrafung bei Hochverrat und dieser wurde William Wallace zur Last gelegt. Wallace verteidigte sich damit, dass er in seinen Augen ja nie ein Untertan von König Edward gewesen wäre, und somit keinen Hochverrat begangen haben konnte. Er wurde jedoch trotzdem verurteilt. Wallace wurde 35 Jahre alt. Erst 1870 (!) wurde diese Bestrafungsmethode - die ja eine noch schwerere Bestrafung als eine einfache Hinrichtung darstellte - abgeschafft, obwohl sie davor einige Jahrzehnte lang - trotz Verurteilungen - nicht mehr praktiziert wurde. Die Verurteilten wurden stattdessen durch einfaches Köpfen getötet - erhielten also eine gelindere Strafe.

Warum gab es damals so brutale Todesstrafen? Nun, es gab damals wesentlich weniger staatliche Kontrolle als heute. Es gab kein Telefon, kein Internet, keine elektrischen Geräte, keine Kraftfahrzeuge und keine Züge. Bis sich Informationen im Land ausbreiteten, hat es gedauert. Noch extremer war es am Seeweg. Erst einige Wochen nach dem Eintreten eines Ereignisses auf hoher See oder auf einem anderen Erdteil - das

British Empire hatte ja Besitztümer auf fast allen Kontinenten der Welt - wurde die Krone darüber unterrichtet. Das bedeutete, dass Verbrecher - insbesondere Verräter gegen den regierenden Herrscher - es viel leichter hatten einige Zeit mit ihren Taten durchzukommen. Somit musste es eine sehr bedrohliche Abschreckung geben, damit alle Leute sich an die Gesetze hielten. In Monarchien musste das gesamte Volk dem Herrscher gehorchen. Das funktionierte im Normalfall nur dadurch, dass der Herrscher die Armee hinter sich hatte und es abschreckende Strafen gab. Ansonsten wäre so eine Herrschaft nicht durchsetzbar gewesen - beziehungsweise gibt es auch Beispiele aus der Geschichte, wo einzelne Herrscher keine starke Streitkraft hinter sich wussten und diese wurden dann auch oft getötet - zum Beispiel Erzherzog Ferdinand von Österreich (1832-1867), der 1864 als König Maximilian I. von Mexiko installiert wurde, jedoch nach Abzug der ihn unterstützenden französischen Armee von den Mexikanern gefangen und hingerichtet wurde. Er war anfangs nur dazu bereit, dass Königsamt anzutreten, wenn das Mexikanische Volk das überwiegend wollen würde. Nun, er wurde letztendlich durch fingierte Berichte getäuscht. In Wahrheit stand das Volk immer hinter Präsident Juárez, der ihn letztendlich auch hinrichten ließ (durch Erschießung).

KAPITEL 31

Den Hunger besiegen

Erlauben Sie mir einen kurzen Blick auf ein anderes Thema: Ich habe ja zuvor einmal die Frage gestellt, ob es jemals eine Menschenwelt geben wird, in der die Menschenrechte für alle gewahrt werden. Gut dazu passt ein Ziel: "Den Hunger in der Welt besiegen". Das ist ja ein Ziel vieler. Vieler, die nicht verstehen, wie in einem Land Milliardäre sitzen können, während in einem anderen Land millionenfach gehungert wird. Was kann man dazu sagen?

Kürzlich hat jemand mir gegenüber Unverständnis signalisiert, dass ein Mann wie Elon Musk - derzeit der reichste Mann der Welt - über Milliarden verfügen kann, während anderswo gehungert und damit auch gestorben wird, und man sich dort auch keine gute medizinische Versorgung leisten kann.

Ich verstehe, dass dies als Unmenschlichkeit erscheint. Und natürlich verstehen das auch Leute wie Elon Musk. Und Leute, die so reich wie Elon Musk sind, werden auch häufig zu Philanthropen: Das heißt, sie investieren einen Teil ihres Vermögens in wohltätige Zwecke. Und das tut auch er, allein schon um die öffentliche Meinung über ihn auf positive Weise zu gestalten.

Aber er wird wohl nur einen geringen Teil seines Vermögens dafür aufwenden: Denn natürlich beschäftigt er sich damit, dem wertvollsten Autohersteller der Welt, der zu hundert Prozent auf Elektrofahrzeuge setzt, Tesla, zum Durchbruch zu verhelfen. Und daneben hat er ein Unternehmen, welches Raketen und Raumschiffe für die private Weltraumfahrt herstellt: Elon Musk braucht jede Milliarde, die er hat, um mit diesen Projekten erfolgreich sein zu können!

Aber ist das richtig so? Ist das korrekt, dass er sich mit diesen Dingen beschäftigt während andernorts gehungert wird? Nun, meiner Meinung nach ist das eine Frage der Kultur.

Mit seinen Unternehmen verändert Elon Musk massiv die (westliche) Kultur: Er hat Bahnbrechendes erreicht im Bereich der Elektroautos. Und er arbeitet daran, über der gesamte Erde ein engmaschiges Netz kleiner Satelliten zu positionieren - für leistungsstarke Internet-Verbindungen auf dem ganzen Planeten. Er hat sich dafür zehn Jahre Zeit gegeben.

Ob wir das gut finden oder nicht, das sind kulturelle Kraftanstrengungen, die die Kultur der ganzen Menschheit nach vorne bringen können. Oder - falls Sie den Ausdruck "nach vorne" nicht mögen sollten: Die die Kultur der ganzen Menschheit nachhaltig verändern können.) Und im Angesicht so einer Kraftanstrengung lässt man gerne ein paar hundert Millionen Menschen hungern... Ich sage das nicht, weil ich es gut oder richtig finde. Sondern weil ich es aufgrund meiner Ausführungen in den vorherigen Kapiteln so schlussfolgere. Wenn wir Menschen dazu bereit sind, in Kriegen Millionen von Menschenleben zu opfern, damit sich die Religion unserer Wahl (oder die Politik unserer Wahl) gegenüber einer anderen Religion (Politik) durchsetzt, dann werden wir auch dazu bereits sein den Hungertod von Millionen zu akzeptieren, um ambitionierte kulturelle Ziele zu erreichen - wie effiziente Elektroautos oder einem weltweiten Satelliten-Internetempfang.

Ich persönlich goutiere das nicht, leite es nur so ab. Und es passiert ja auch so. Es ist ja nicht so, dass Elon Musk auf der Toilette zusammenbricht und nicht mehr hochkommt, weil er gelesen hat, wie viele Menschen im letzten Jahr an Unterernährung gestorben sind! Er stürzt höchstens am WC, wenn er erfahren würde, dass eine seiner Raketen, die Satelliten in der Erdatmosphäre positionieren hätte sollen, abgestürzt ist.

Und es gibt auch noch einen anderen Grund: Dadurch, dass es den Menschen mit effizienterer Kultur besser geht als jenen mit weniger effizienter Kultur, verbreitet sich die effizientere Kultur stetig. (Deren Anhänger haben höhere Überlebenschancen und daneben "wechseln" viele Vertreter weniger effizienter Kulturen auf die "bessere" Kultur.) Durch dieses System wird die menschliche Kultur als Ganzes immer effizienter. (Ähnlich, wie in der Evolutionstheorie der genetische Code immer effizienter wird.)

Würde man jetzt einen Teil der Menschheit, der es aufgrund seiner Kultur nicht schafft genügend Nahrungsmittel zu requirieren, unterstützen und für diese Menschen die Versorgung mit Essen übernehmen, dann profitiert jene Kultur, die nicht effizient ist: Nämlich die derjenigen, die nicht genügend zu Essen haben. Folglich wird sich diese - nichteffiziente - Kultur ausbreiten: Deren Vertreter werden mehr Kinder auf die Welt bringen können und außerdem werden mehr Vertreter anderer Kulturen auf diese Kultur wechseln (da man dann gut versorgt wird). Das wäre also die genaue Umkehr des Mechanismus, der dafür sorgt, dass sich die menschliche Kultur laufend verbessert.

Dann würden diejenigen, die nur aufgrund von Spenden anderer leben, immer mehr werden auf der Welt.

Das wäre ungefähr so, wie wenn Sie Hunde züchten, und nur jenen Welpen die Vermehrung erlaubten, die kränklich wirken oder andere gesundheitliche Defizite zu haben scheinen: Nach ein paar Generationen werden dann alle ihre Hundewelpen gesundheitliche Einschränkungen haben!

Ähnliches wurde ja gemacht bei der Züchtung des Mops. Diese Hunderasse besticht durch eine kurze - fast katzenähnliche - Schnauze. Der Mops gilt als Elitehund und wird zu sehr hohen Preisen gehandelt. Das Problem ist: Um die kurze Schnauze zu erhalten, hat man über viele Generationen nur jenen Tieren die Vermehrung erlaubt, bei denen die Schnauze kürzer war als bei den Eltern. Viele der Tiere leiden deshalb unter schwerwiegenden Atemproblemen, die dafür sorgen, dass einige von ihnen Schwierigkeiten haben, selbst einen kurzen gemütlichen Spaziergang mit dem Besitzer zu absolvieren. Viele Besitzer lassen ihren Mops operieren, um ihm die Atmung zu erleichtern. Man spricht hier auch von "Qualzucht".

Diese Ausführungen sind sicher ein bisschen hochmütig von mir. Möglicherweise ist es ja gar nicht die minderwertige Kultur der Hungernden, die vereitelt, dass sie genügend Nahrung bereitstellen können. Möglicherweise sind es andere Ungerechtigkeiten - möglicherweise von andern Ländern herbeigeführt? Aber selbst wenn es so wäre: So passiert es auf unserer Welt. Die Dinge geschehen unabhängig davon, ob sie auf Fairness beruhen oder nicht. Es geht eher darum, wer was kann - und dann tut er es.

Ich will natürlich, dass alle Menschen auf der Welt genug zu essen haben und dass alle überleben. Da aber nicht alle auf der Welt alles daran setzen, so ein Ziel erreichen zu können, stelle ich mir einfach die Frage, warum Menschen so agieren, wie sie agieren - und das sind die Antworten, zu denen ich gekommen bin.

Ich kann auch den positiven Grundgedanken bei Gründung der Sowjetunion verstehen. Und viele Russen berichten auch, dass sich damals der Staat um sie gekümmert hat, und dass es ein anderes (besseres) Leben war, als im heutigen Russland. Es war eine Gründung im Sinne der Menschlichkeit, im Sinne der Fairness: Gerichtet gegen die Ausbeutung von ärmeren Arbeitnehmern durch reichere Kapitalisten. Es war eine Initiative im Sinne einer gerechten Gesellschaft, in der jeder die gleichen Chancen und Rechte haben sollte unabhängig von seinem Finanzvermögen. Also praktisch ein Gegenmodell zu dem, was ich zuvor erklärt habe.

Leider ist das Konzept aber gescheitert. Manche sagen deshalb, da solche Staatsformen auf der ganzen Welt gleichzeitig hätten eingeführt werden hätten sollen. Denn wenn es daneben Staaten gibt, die auf effizienter Marktwirtschaft basieren, werden die Sowjet-Staaten im Laufe der Jahre wirtschaftlich immer mehr ins Hintertreffen kommen, was ja auch so passiert ist.

Anders wäre die Elon Musks Situation wohl, wenn es in den USA eine Hungersnot gebe. Dann wäre wohl das Verständnis für seine Projekte und seine Forschung dort wesentlich geringer. Aber das ist nicht der Fall. Und so wie es ist, betrifft es lediglich einen anderen Kulturraum, in dem gehungert und gelitten wird.

In unserem Kapitalismus brauchen wir reiche Leute, wie Elon Musk, um große Unternehmen zu gründen. Denn kann ein durchschnittlicher Angestellter mit seinen Ersparnissen ein Raumfahrtsunternehmen gründen? Wohl nicht! Die großen wirtschaftlichen Entscheidungen werden letztendlich von den Reichen getroffen. Im Fall von Elon Musk ist das auch gar nicht unfair: Er hat mit 25 Jahren schon sein erstes Unternehmen gegründet und ungefähr alle fünf Jahre dann das nächste (oder sich zumindest beteiligt). Und mit jedem Unternehmen wurde er reicher. Man könnte jetzt sagen: "Aber es sollen auch Menschen eine Chance haben reich zu werden, wenn sie keine guten Programmierer sind (wie Elon Musk), sondern - zum Beispiel - wenn sie gute Köche sind." Das ist natürlich möglich. Aber wenn man so denkt, ist man schnell wieder beim Prinzip der Sowjetunion. (Fairerweise muss ich aber auch dazusagen, dass schon Elon Musks Eltern relativ vermögend waren und ihren Jungen sicherlich finanziell stark unterstützt haben werden in dessen beruflicher Anfangszeit.)

Wer hat denn in der Sowjetunion die großen wirtschaftlichen Entscheidungen gefällt? (Reiche Bürger gab es ja offiziell nicht.) Es waren die Politiker! Denn bei den Politikern gab es sehr wohl Ungleichheit. Manche regierten wie Könige. Und damit sind wir auch schon wieder bei der Schwäche der Idee der Sowjetunion angekommen. Denn das Recht, über Gesetze und Pläne des Staates zu entscheiden, war dort dann letztendlich wieder einer elitären Minderheit vorbehalten, der es wesentlich besser ging, als der breiten Masse des Volkes.

Letztendlich ist es vielleicht ein Instinkt im Menschen, der dafür sorgt, dass zumeist nicht das Gros des eigenen Vermögens an Arme und Bedürftige überwiesen wird - was weiß man. Jedenfalls lautet das von mir bereits postulierte "Menschenziel drei": "seine Kultur verbreiten". Und das geschieht im Normalfall nicht, indem man eine andere Kultur stärkt und deren Notleidende unterstützt. Sehr wohl geht das aber, wenn man für die (finanzielle) Unterstützung eine Gegenleistung verlangt - eine Anpassung an die eigene Kultur.

Dies kann sehr gut im Verhältnis zwischen der Europäischen Union und Afrika beobachtet werden: Es gibt hier zahlreiche Unterstützungsprogramme für Afrika. Diese sind aber nahezu immer an Kulturanpassungen geknüpft: Zum Beispiel mehr Demokratisierung, Wahrung der Menschenrechte, oder ähnliches. Mit solchen Hilfsprogrammen verfolgt man dann praktisch das Menschenziel drei - "seine Kultur verbreiten" - vielleicht kommen Programme dieser Art deshalb so zahlreich vor.

Die Grundsätze, die ich hier skizziert habe, und nach denen sich - meiner Meinung nach - effizientere Kulturen durchsetzen, erscheinen mir zutreffend zu sein, weil ich sie so in der Welt beobachte, beziehungsweise erscheinen sie mir richtig, wenn ich über das Funktionieren von Evolution und menschlicher Kultur nachdenke. Das heißt aber in keiner Weise, dass ich sie so goutiere oder präferiere. Es ist nicht meine Welt, ich habe sie nicht erschaffen. Ich habe mich anzupassen, so wie alle anderen Sterblichen auch. Es ist schlicht und einfach das, was ich aus der Welt herauslese. Ich kann nur meinen kleinen Beitrag liefern, die Welt schöner zu machen, fairer zu machen und sozialer zu machen - basierend auf den Gesetzmäßigkeiten, die ich zu erkennen glaube, die ich aber selbst nicht ändern kann.

KAPITEL 32

Der kleine Tyrann

Jeder Mensch hat seinen Charakter. Es gibt freundlichere und unfreundliche Charaktere. Der Charakter formt sich auch aufgrund der Lebensumstände - sagt man. So weit so gut, ich möchte jetzt ein Charakterbild beschreiben, welches einigen bekannt vorkommen wird: Das Charakterbild des "kleinen Tyrannen". Zur Abgrenzung zum "großen Tyrannen" muss gesagt werden, dass der "kleine Tyrann" so heißt, da er keine bedeutende Position in der Gesellschaft innehat. Ein "großer Tyrann" könnte ein König sein, ein Regierungschef, der Besitzer oder Chef eines bedeutenden Unternehmens, und so weiter. Der kleine Tyrann hingegen hat keine so wichtige Position inne. Wenn überhaupt, dann ist er den anderen, die er tyrannisiert, meist nur ein kleines bisschen vorgesetzt. Das muss aber überhaupt nicht der Fall sein. Was der kleine Tyrann benötigt ist die Möglichkeit, auf irgendeine Art Macht über andere ausüben zu können. Es kann also auch nur ein Abhängigkeitsverhältnis sein oder einfach der Umstand, dass anderen das Wohl des kleinen Tyrannen wichtig ist.

So kann der kleine Tyrann zum Beispiel ein verzogenes Kind sein oder eine Frau, die von einem Mann umworben wird. Oder eben eine berufliche Machtposition innehaben - etwa als kleiner Abteilungsleiter, Lehrer, Beamter, Polizist oder Parkplatzwächter.

Findet der kleine Tyrann so eine Situation vor, so kann sich seine Persönlichkeitsstruktur entfalten: Er quält diejenigen, die von ihm abhängig sind. Dies aber nicht, indem er sich offen gegen sie stellt, sondern er macht es auf subtilere Weise. (Anders als zum Beispiel ein König könnte der kleine Tyrann aufgrund der Art seiner Machtposition es sich zumeist gar nicht erlauben offen gegen die, über die er Macht ausüben kann, vorzugehen.)

Das Kind, das nicht und nicht zufrieden ist, egal wie teuer die Geschenke der Eltern sind. Die Dame, die von ihrem Bewunderer immer ein bisschen mehr verlangt. Der Lehrer, der stets an der Arbeit des Schülers etwas auszusetzen hat - egal wie sehr sich dieser bemüht. Der Vorgesetzte, der nie vollkommen zufrieden ist mit der Leistung seines Untergebenen. Der Vermieter, der bei seinem Mieter immer etwas findet, das angeblich nicht in Ordnung ist: Das alles sind beispiele für kleine Tyrannen!

Das fundamentale Prinzip beim Handeln des kleinen Tyrannen ist, dass er andere schlecht macht unter der Prämisse, dass sie nicht merken, was er treibt. Er stellt sich als jemand dar, der wohlwollend und gerecht ist, und begründeterweise an anderen etwas zu kritisieren hat - und keinesfalls aufgrund eigener böser Absichten. In vielen Fällen muss es auch kein explizites Kritisieren sein. Die angebetete Dame ignoriert einfach die Avancen ihres Bewunderers - alleine das reicht schon aus, um ihn zu erschüttern. Oder das Kleinkind, das einfach nicht reagiert, wenn die Eltern ihm erwartungsvoll ihr Geschenk überreichen, in das sie so viel Mühe investiert haben, um den Kleinen glücklich zu sehen.

Es geht dem kleinen Tyrannen darum, dass sich sein Opfer schlecht fühlt und sich die Schuld dafür auch noch selbst gibt: Scheitert das Kind erneut an der Prüfung, wird ihm die Mutter sagen, dass es wieder nicht gut gelernt hat. Woher soll sie auch wissen, dass der kleine Tyrann - in diesem Beispiel der Lehrer - ihren Kleinen absichtlich schlechter bewertet hat, als es eigentlich gerecht wäre. Gut, wenn das Kind das Treiben des kleinen Tyrannen durchschaut, dann kann es der Mutter davon berichten. Die Frage ist jedoch, ob die Mutter dem Kind glauben schenken wird oder sie dessen Aussage als Ausrede einordnen wird - es kommt auch auf deren beiden Verhältnis an.

Und hier muss auch generell gesagt werden, dass sich der kleine Tyrann nur gewisse Menschen als Opfer aussucht. Nämlich solche, bei denen er mit seinen Aktionen durchkommt. Im vorherigen Beispiel ist das dann der Fall, wenn das Kind eine strenge Mutter hat, die dem Kleinen ohnehin nichts glaubt und ihm gerne die Schuld zuschiebt. So ein Kind ist dann das perfekte Opfer für den kleinen Tyrannen. Es sind Personen, die die Schuld in der Regel bei sich selbst suchen - aus welchen Gründen auch immer. Der Tyrann macht somit die Kleinen noch etwas kleiner - so könnte man es formulieren.

Schlechte Opfer sind für ihn Menschen, die die Schuld nicht bei sich suchen: Menschen, die genau hinterfragen würden, was er treibt und ihm dann womöglich die Schuld geben - im schlimmsten Fall verbunden mit Konsequenzen, die er für sein Handeln zu tragen hätte.

Natürlich merkt es jeder irgendwann, wenn er von jemandem anderen ungerecht behandelt wird. Und dann wird klar, dass der kleine Tyrann dafür verantwortlich ist. Dennoch gelingt es den kleinen Tyrannen in solchen Situationen oft, ihr Spiel fortsetzen zu können. Warum? Zum einen sind Personen, die die Schuld bei sich suchen, nicht gut auf das Gegenteil vorbereitet. Das heißt: Selbst wenn ihnen dämmert, dass der kleine Tyrann ein Aggressor ist, der dafür sorgt, dass sie sich schlecht fühlen, obwohl sie nichts Unrechtes getan haben, fehlt meist ein Plan, der sein Handeln ausschalten kann. Oft reicht es, dass der kleine Tyrann vorgibt, nichts Schlechtes zu meinen, und seine Opfer lassen sich das Verhalten weiter gefallen. Sie wurden vom kleinen Tyrannen eben gut ausgewählt!

Das Rezept, mit dem ein kleiner Tyrann in die Schranken gewiesen werden kann, ist es, die Folgen des Angriffes auf den kleinen Tyrannen zu lenken. Das heißt, man sorgt dafür, dass der kleine Tyrann einen Nachteil durch sein Verhalten erfährt. Das kann zum Beispiel der Fall sein, wenn die Mutter eines Schulkindes, dessen Lehrer ein kleiner Tyrann ist, sich über diesen Lehrer beschwert. So etwas kann dann ausreichend sein, dass der kleine Tyrann von seinem Opfer ablässt und sich ein "billigeres" aussucht. Es muss aber nicht so passieren. Es kann auch so sein, dass der kleine Tyrann das Schulkind dann erst recht ungerecht behandelt, um zu zeigen, dass er der Stärkere ist. Wenn die Eltern des Kleinen aber nicht zum Schweigen zu bringen sein sollten, wird der kleine Tyrann sein Verhalten irgendwann anpassen. Denn faktisch hat er ja keinen praktischen Nutzen davon, wenn er andere erniedrigt. Er würde in der Regel keinen beruflichen Nachteil dafür in Kauf nehmen.

Ich beschreibe hier natürlich nur den Archetypen des kleinen Tyrannen. In vielen Menschen kommt der kleine Tyrann auch nur als Teilpersönlichkeit vor - in Ihnen selbst eventuell auch, lieber Leser. In der Praxis gibt es Leute, die durchaus positive und wohlmeinende Menschen sind, um dann in irgendeiner Situation jemand anderen ungerecht abzukanzeln - manchmal auch zu erniedrigen. Das kann dann ein Hinweis darauf sein, dass so ein Persönlichkeitsaspekt vorliegt. Wodurch wurde der ausgelöst? Möglicherweise dadurch, dass ein leichtes Opfer ausgemacht wurde?

Der kleine Tyrann hat für sein Handeln auch einen Grund. Er will dadurch etwas darstellen. Es könnte sein, dass er meint, die Welt müsste sich mehr nach ihm richten. Da sie das nicht tut, müssen halt die dafür leiden, an denen er es auslassen kann. Es kann natürlich auch sein, dass er Widerstand auslösen möchte. Er würde dann wollen, dass sein Opfer lernt, sich dagegen zu wehren, wenn es ungerecht angegriffen wird.

Ich möchte dazu ein Beispiel aus dem Boxen vorbringen: Beim Box-Training hält der Trainer einem Box-Schüler seine Hand an einem gewissen Punkt und der Schüler muss schnell und mit korrekter Technik auf diese Hand schlagen. Danach bewegt sich der Trainer, als wäre er der gegnerische Boxer, bis er erneut eine Hand aufhält - und der Schüler wieder auf diese schlägt. Es kann auch sein, dass der Trainer beide Hände aufhält, dann ist eine Zweier-Kombination zu schlagen. Während dieses Trainingsablaufes schlägt der Trainer dem Schüler dann gelegentlich an den Kopf um dessen Deckung zu "prüfen". Denn beim Boxen sollte man zu jeder Zeit auch seine Deckung aufrecht halten. Anfänger sind da oft inkonsequent, wenn sie sich zu sehr aufs Schlagen konzentrieren. Dadurch, dass dann der Lehrer immer wieder kurz auf sie einschlägt, werden sie daran erinnert - und nehmen die Deckung fortan hoch!

Aber wie kann der Lehrer diese "Hinweisschläge" machen? Er kann immer dann schlagen, wenn die Deckung zu niedrig ist - der Schüler wird dann schnell lernen. Er kann auch so selten hinhauen, dass der Schüler es nicht erlernt. Der Schüler lässt lange seine Deckung unten und irgendwann wird er dann vom Lehrer geschlagen. Der Schüler hat dann aber schon viele Schläge ohne hochgehaltene Deckung gelandet und sich damit an den falschen Bewegungsablauf gewöhnt. Er lernt dadurch schlechter und der Lehrer steht vielleicht besser da, weil seine "Überraschungsschläge" öfter ins Ziel treffen. Wenn der Lehrer gemein ist, kann er darüber hinaus den Überraschungsschlag besonders fest ausführen, so dass er dem Schüler damit Schmerzen bereitet. Der Schüler hat dann vielleicht noch mehr Respekt vor seinem Lehrer - und vor dem Boxen generell.

Das heißt, dieselbe Aktion kann einmal gutwillig, ein anderes Mal böswillig sein! Entscheidend ist, wie man sie ausführt - es geht teilweise um Nuancen! Auch aus diesem Grund ist der kleine Tyrann nicht immer leicht zu entlarven.

Das Rezept, wie man gegen den kleinen Tyrannen vorzugehen hat, wurde schon erwähnt: Wenn man sein Handeln erkennt, sollte man die Konsequenzen so ziehen, dass der kleine Tyrann Unannehmlichkeiten zu tragen hat.

Das verwöhnte Kleinkind bekommt gar kein Weihnachtsgeschenk, wenn ihm die ursprünglich vorgesehenen nicht gut genug waren! Der Bewunderer erkennt den Charakter der umschwärmten Dame und wendet sich von ihr ab! Der Mitarbeiter kündigt seinen Job, nachdem er von seinem Chef ungerecht behandelt wurde! Der Antragsteller wendet sich an einen anderen Beamten, wenn der erste ihn ungerecht behandelt (sofern ihm das möglich ist.)

Soweit, so gut: Das Problem wäre gelöst! In der Praxis ist es aber leider so, dass sich der kleine Tyrann gerade solche Opfer aussucht, die so eine Reaktion nicht ausführen können oder glauben sie nicht ausführen zu können:

Ein Beamter wird besonders dann gerne zum kleinen Tyrannen, wenn er weiß, dass Antragsteller seine Zustimmung benötigen, also nicht an anderer Stelle das gleiche beantragen können. Ein Mitarbeiter, der unbedingt einen Job braucht, wird besonders gerne vom kleinen Tyrannen-Chef als Opfer auserwählt, da dieser die Abhängigkeit "wittert". Die Mutter eines kleinen - vom Lehrer schlecht behandelten - Kindes weiß, dass ihr Kind nicht so gut in dem betrefflichen Fach ist, und traut sich daher nicht, sich beim Schuldirektor über den Lehrer zu beschweren.

Der kleine Tyrann agiert normalerweise in einem Graubereich. Der Lehrer sucht sich schon von Haus aus einen schwächeren Schüler aus, den er dann zusätzlich noch "fertig macht".

Wenn man selber von einem kleinen Tyrannen abhängig ist und dieses Abhängigkeitsverhältnis nicht sofort beenden kann (oder dadurch zu viele Nachteile hätte), dann gibt es folgendes Mittel: Man redet dem kleinen Tyrannen nach dem Mund und gibt ihm damit quasi recht in seiner Kritik. Man regt sich nicht darüber auf, sondern erklärt dem kleinen Tyrannen, dass er im Recht ist. Dadurch fühlt sich der kleine Tyrann einerseits als Sieger, andererseits ist es für ihn dann auch nicht mehr ganz so interessant, einen weiter zu quälen. Es ist ja das Leid seines Opfers, das ihm die Energie gibt. Dennoch müsste man dann mit seinem Treiben leben lernen. Im Hintergrund sollte man daher bereits an einer Änderung der Situation arbeiten: Man sucht sich also zum Beispiel einen neuen Job, ohne dass der Chef davon erfährt. Oder man bereitet einen Schulwechsel vor, oder man kümmert sich um gute Nachhilfe, so dass das Kind in dem Problemfach besser wird und damit als Opfer für den kleinen Tyrannen uninteressanter. Man spielt praktisch auf Zeit. Es gibt auch Leute, die lassen sich jahrzehntelang quälen - sie nehmen das in Kauf, weil es auszuhalten ist, und es zu nachteilig wäre, den kleinen Tyrannen zu umgehen. Beispiel: Man behält einen guten Job über viele Jahre, obwohl der Vorgesetzte ein kleiner Tyrann ist. Diese Abwägung muss letztendlich aber jeder selbst für sich treffen.

Ein Beispiel aus der Praxis von meiner Großmutter (so nannten wir unsere Oma väterlicherseits zur leichteren Unterscheidung von unserer

Oma mütterlicherseits): In ihrem letzten Job vor der Pensionierung war sie sehr nervös, dass sie diesen verlieren könnte. Sie dachte, dass sie diese zusätzlichen Versicherungszeiten unbedingt benötigen würde, um ohne Abschläge in Rente gehen zu können. Der dortige Vorgesetzte - ein kleiner Tyrann - hat sie mehrfach ungerecht behandelt. Sie informierte sich schließlich darüber, wie viele Monate sie den Job behalten müsste, um die Rente tatsächlich ohne Abschläge antreten zu können. Und zwar ganz einfach deshalb, da sie die Behandlung durch den Chef nicht mehr aushielt! Sie erfuhr daraufhin, dass sie sofort ohne Abschläge in Rente gehen könnte! Mit dieser Information ausgestattet fühlte sie sich gegenüber ihrem Tyrannen-Chef auf einmal viel stärker: Würde sie jetzt gekündigt - kein Problem: Sie könnte die Rente ohne Abschläge antreten! Sie blieb danach aber noch zwei Jahre in diesem Unternehmen. Erklärung: Der Vorgesetzte musste gemerkt haben, dass sie keine Angst mehr vor ihm hatte, und hat sein ungerechtes Treiben daraufhin eingestellt. Wahrscheinlich unbewusst, da dieser kleine Tyrann in ihr kein ideales Opfer mehr witterte - und das zu Recht: Sie hätte es sich in der Folge nicht mehr gefallen lassen, wäre von sich aus gegangen und das Unternehmen hätte eine gut eingearbeitete Kraft verloren!

Der kleine Tyrann handelt nicht immer bewusst. Das heißt, er weiß nicht immer, dass er jemanden quält und schlecht macht. Manche kleinen Tyrannen tun dies einfach instinktiv oder aus kulturellen Gründen, ohne sich dessen überhaupt bewusst zu sein.

KAPITEL 33

Der UKT

Was ist jetzt der "unsichtbare kleine Tyrann"? Ist er ein kleiner Tyrann, der nicht so auffällig ist und daher leicht übersehen werden kann? Nein! Der unsichtbare kleine Tyrann ist kein Mensch. Der unsichtbare kleine Tyrann existiert nur in Ihrem Kopf. Zur Erklärung: Viele Menschen leben ihr Leben in einem unausgesprochenen Dialog mit Persönlichkeiten in ihrem Kopf. Wenn zum Beispiel die Mutter immer gesagt hat: "Das darfst du nicht!" Und zwar immer dann, wenn das Kind Spaß hatte, dann wird es sich als Erwachsener vielleicht auch weiter nicht viel Spaß erlauben. Es wurde von seiner Mutter so sozialisiert, dass wenn etwas Spaß macht, es verboten ist. Gut, das ist jetzt ein etwas extremes Beispiel, aber es geht ja jetzt nur darum, das Prinzip zu verdeutlichen. Der junge Mann lebt sein Leben weiter im Dialog mit seiner Mutter - selbst dann, wenn er den Kontakt zu ihr bereits abgebrochen haben sollte. Und auch dann, wenn er seine Mutter inzwischen ablehnen sollte und auf bewusste Weise ihre Regeln für falsch hält. Dennoch wird sie präsent bleiben. Dazu ein Beispiel: Ein Löwe wächst die ersten fünf Jahre seines Lebens in einem Zirkus auf. Er wird als Zirkustier abgerichtet. Selbst dann, wenn er danach in einen Zoo entlassen wird, sind die eingelernten Verhaltensmuster nicht so leicht aus seinem Kopf weg zu bekommen. Mach der für die Fütterung zuständige Mitarbeiter vielleicht einmal eine Bewegung, die den Löwen an ein Kommando aus seinem früheren Leben erinnert, so wird er wahrscheinlich gar nicht anders können als das Kommando auszuführen.

Natürlich - man kann einen Menschen nicht mit einem Tier vergleichen. Und dennoch: Verhaltensmuster, die in der Kindheit über Jahre eingelernt wurden, haben einen nachhaltigen Einfluss auf die Persönlichkeitsstruktur.

Der junge Mann lebt praktisch mit einer von der Mutter beeinflussten Kultur. Und die Kultur beeinflusst uns Menschen sehr. Nun, wenn das dem jungen Mann bekannt ist, wäre es wohl nicht so ein Problem. Er sagt sich dann einfach: "Ich darf machen, was mir Spaß macht!" Problem gelöst.

Leider ist die Sache in der Praxis oft nicht so einfach. Die angenommene Kultur - und die wird auch von anderen Einflüssen neben den Eltern kommen - wird verinnerlicht, sie wird also als die eigene Kultur betrachtet. Und zwar auch dann, wenn es etwas durchaus Negatives war, so wie in diesem Beispiel. Man betrachtet sie als seine eigene Kultur, seine frei gewählte Haltung. Und dass diese einem einen Strich durch die Rechnung macht, wenn man "Spaß hat" muss auch nicht explizit erfolgen. Es kann sich so äußern, dass der junge Mann einfach keinen Sachen macht, die ihm Spaß machen. Und wenn er doch einmal kurz davor steht, dann fühlt er sich nicht gut und lässt es am Ende doch bleiben. Ihm ist gar nicht bewusst, dass ihm diese Kultur "eingeimpft" wurde, sondern sie ist ihm schon so in Fleisch und Blut übergegangen, dass es sie als Teil seiner Persönlichkeit erachtet so etwas nicht zu mögen. In dieser Situation kann man mit einfachen Regeln normalerweise nicht helfen. (Im Extremfall hätte er bei Tätigkeiten - die ihm grundsätzlich

Spaß machen würden - das Gefühl, dass sie ihm keinen Spaß machen. Er wüsste dann gar nicht mehr, was ihm wirklich Spaß macht und was nicht!)

Wenn es also etwas gibt, was Sie nicht gerne tun, obwohl Sie sich diesen Umstand mit Ihrem Verstand nicht erklären können, dann wäre es möglich, dass hier so eine kulturelle Prägung vorliegt. Das muss nicht von den Eltern gekommen sein. Es kann auch von anderen wichtigen Personen aus ihrer Kindheit initiiert worden sein, oder einfach aus der Situation heraus, in der Sie damals waren.

Wenn es also so eine Abneigung gibt, dann bleibt - wenn man sie durchanalysiert - meist bloß ein Gefühl übrig, welches gegen sie spricht. Nur leider ist dieses Gefühl sehr stark. Und wenn man nicht auf es hört, fühlt man sich schlecht oder denkt vielleicht, man hätte sich peinlich verhalten.

In solchen Fällen kommt der "unsichtbare kleine Tyrann" ins Spiel: Er ist kein Mensch, sondern er ist derjenige, der in Ihrem Kopf diese kulturelle Prägung vertritt. Sie müssen ihn somit erschaffen: Wenn Sie eine Sache nicht machen können, weil Sie dabei unerklärliche schlechte Gefühle haben, dann stellen Sie sich diesen unsichtbaren kleinen Tyrannen - zur Vereinfachung werde ich ihn ab jetzt mit "UKT" abkürzen - vor, wie er neben ihnen steht und wie er sich darüber freut, dass Sie seiner Manipulation folgen. Ich meine, es ist streng genommen nicht seine Manipulation, aber Sie ordnen sie ihm zu. Natürlich, wenn Sie identifizieren können, wer aus der Vergangenheit genau (oder hauptsächlich) dahinter steht, dann können Sie diese Person als UKT erscheinen lassen. Angenommen, Sie wurden in der Schule immer von einem bestimmten Kind verprügelt. Sie haben sich dann in der Folge immer unsicher gefühlt, wenn dieses Kind in ihrer Gegenwart war. Dann machen Sie es so, dass Sie sich jetzt dieses Kind vorstellen, wie es - imaginär - neben Ihnen steht, wann immer Sie sich unsicher fühlen. Wenn Sie schon nicht das tun können, was Sie gerne wollen, dann stellen Sie sich zumindest diesen UKT neben Ihnen vor, was für eine Freude er zumindest damit hat, dass Sie nicht so agieren können, wie Sie gerne würden. Sie wissen dann, wer dafür verantwortlich ist. Und Sie haben dann einen konkreten personifizierten "Ansprechpartner". Wann immer Sie in der betrefflichen Situation sind, können Sie sich in der Folge entscheiden: Tun Sie das, was Sie gerne möchten (und Sie gewinnen) oder tun Sie das, was er möchte (und er gewinnt). Das ist ein kleiner Trick, der einem dabei helfen soll in unangenehmen Situationen anders reagieren zu können, als man es für gewöhnlich tut.

Der UKT kommt dem tatsächlichen kleinen Tyrannen sehr nahe, da auch er dafür sorgt, dass Sie sich am Ende in Situationen schlecht fühlen, in denen Sie nichts falsch gemacht haben und auch keine böse Intention hatten!

Durch Verwendung eines imaginären UKT haben Sie jemanden, auf den Sie richtig wütend werden können, wenn Ihnen Ihr eigenes Verhalten nicht gefällt. Und durch die Wut können Sie vielleicht das Muster verändern. (Im Allgemeinen ist man stärker, wenn man gegen einen äußeren "Feind" kämpft als gegen sich selbst.)

Die echten kleinen Tyrannen sind Personen, die dafür sorgen, dass man sich nicht gut fühlen kann. Gibt es Situationen, in denen sie sich nicht gut fühlen können, ohne dass ein realer kleiner Tyrann dafür verantwortlich ist, so gehen wir davon aus, dass diese Energie, diese Kultur in Ihre Persönlichkeit übergegangen ist. Aus diesem Grund ist es empfehlenswert, einen UKT zu erschaffen. Dadurch definiert man für sich, dass das eigene schlechte Gefühl nicht etwas ist, das man von ganzem Herzen spüren will, sondern etwas, das es unbewusst in die eigene Persönlichkeit geschafft hat. Durch den UKT wird klar gemacht, dass dieses Gefühl nicht erwünscht ist, und es wird einem "Feind" zugeordnet.

Ich selbst verwende imaginäre UKTs dann, wenn sich in bestimmten Situationen eine Unsicherheit, eine Schüchternheit einstellt, gegen die ich nichts ausrichten kann. Ein Beispiel dafür wäre vielleicht Lampenfieber vor einem Vortrag und einer Präsentation. Wobei ich dieses ja nicht nur negativ sehe. Ich bin der Meinung, dass man denjenigen, die Lampenfieber haben, lieber zuhört, als denjenigen, denen das Sprechen vor einer größeren Zahl von Menschen egal ist. Aber es sollte natürlich kein Gefühl sein, durch das man sich vor seinem Auftritt zerfleischt. Und es sollte auch nicht zu Aktionen führen, die generell bei einer Präsentation schlecht ankommen - wie zum Beispiel eine schlechte Körperhaltung oder wenn zu schnell gesprochen wird, und der Sprecher es aus Nervosität nicht schafft, langsamer zu werden.

Gott sei Dank plagt mich diese Art von Lampenfieber mittlerweile nicht. Aber es ist ein gutes Beispiel für die Anwendung des imaginären UKT. Angenommen, ich hätte großes Lampenfieber. Ich muss in ungefähr einer Minute auf die Bühne und bin bereits hochangespannt und hochnervös. Wie würde ich jetzt den UKT verwenden?

Nun, ich würde mir vorstellen, dass eine Person im Publikum sitzt, die nur darauf wartet, dass ich vor Nervosität unsicherer und unsicherer werde. Diese Person ergötzt sich daran. Sie freut sich umso mehr, je mehr ich falsch mache in meiner Unsicherheit. Sie lächelt, wenn ich nervös bin. Ich denke mir jetzt: Wer wird hier gewinnen? Wenn ich nervös werde, wird es ein Triumph für den UKT, der sich an meiner Unsicherheit ergötzt. Bleibe ich ruhig, dann habe ich gewonnen - und der UKT wartet enttäuscht umsonst auf mein Scheitern... ich habe es in der Hand. Ich werde mir dann bewusst, dass meine Nervosität vom UKT bereits erwartet wird: Mache ich ihm die Freude, sie zu zeigen? Das funktio-

niert bei mir erstaunlich gut, wenn ich mich in dieses Bild hineinsteige-
re. Und zwar besonders dann, wenn es wirklich keinen realen Grund
gibt, sich unsicher oder schlecht zu fühlen.

Als imaginären UKT wähle ich mir meist einen sehr "bösen" Typen aus.
Da es "gut" und "böse" ja nicht gibt, beziehe ich mich hier auf die Sicht
eines Kindes. Ich stelle mir eine Person vor, die kein Gesicht hat, weil
sie so böse ist. Vor lauter Bosheit sind die menschlichen Gesichtszüge
verloren gegangen. Diese Person ist jetzt hier um wieder Gesichtszüge
zu bekommen. Und wenn jemand sehr unsicher ist und sehr nervös,
dann kann sie diese Energie dazu nutzen, um wieder leichte Gesichtszüge generieren zu können - um Menschen damit täuschen und verletzen zu können. Es ist jetzt meine "Verantwortung", ob diese Person
wieder Gesichtszüge bekommt oder nicht. So einen Unsinn denke ich
mir aus - aber oft funktioniert es und gibt mir eine tiefe Ruhe und Sou-
veränität in stressigen Situationen.

Als ich ein Kind war, gab es eine Gruppe von anderen Kindern, die mich
gemobbt hat. Ich kann mich erinnern, wie unsicher, schwach und ängstlich ich war, wenn diese Gruppe in meiner Gegenwart war - und ich
konnte nichts dagegen machen. Einmal habe ich dann einen aus dieser
Gruppe alleine getroffen. Und er hat begonnen, mich zu provozieren.
Irgendwie habe ich genau gemerkt, dass er nur darauf aus war, dass ich
unsicher werde - offenbar hätte ihm das große Freude bereitet. Aber alleine aus diesem Wissen heraus kam - irgendwie von "unten" - auf einmal
eine irrsinnige Kraft und er war mir dann wirklich völlig egal. Es scheint
bei mir so zu sein, dass wenn ich merke, dass andere mich absichtlich
schlecht behandeln, um sich an meiner Unsicherheit erfreuen zu können, ich auf einmal keinerlei Angst mehr vor dieser Behandlung zu haben scheine.

KAPITEL 34

Nicht mit ja oder nein antworten

Im Leben gibt es immer wieder Entweder-oder-Fragen: "Sind Sie an dem Job-Angebot interessiert?", "Willst Du eine ernsthafte Beziehung mit mir?", "Wollen Sie ein Frühstück bestellen?" Und der brave Menschenbürger lernt in diesen Situationen zu antworten: "ja", "nein", "ja", "nein" ... und so weiter? Dabei wäre es oft klug, solche Fragen anders zu beantworten. Zum Beispiel die Frage nach dem Job-Angebot: "Sind Sie daran interessiert?" Nun, in welchem Ausmaß denn?

Als Job für den Rest Ihres Lebens, bis zur Pension? Oder als Job für zwei bis drei Jahre - als nächsten "Karriereschritt"? Oder als Übergangsjob, bis man etwas Besseres gefunden hat - also nur ein paar Monate? Oder einfach als Erlebnis, um zu wissen wie es ist, in dieser Firma zu arbeiten - und man verabschiedet sich bereits wieder während der Probezeit?

Natürlich hat der Personalchef, der einem die Frage stellt, schon etwas Bestimmtes im Auge. Nehmen wir an, er geht von mindestens drei Jahren aus. Dann sind alle kürzeren Varianten, die man anvisiert ohne es ihm zu sagen, ja eigentlich ein Hintergehen. Denn wenn man sich dann nach ein paar Monaten wieder verabschiedet, muss die Firma erneut die Position ausschreiben und auch die in Sie investierte Ausbildung hat weniger Früchte getragen als geplant.

Man muss natürlich auch Folgendes feststellen: Zum einen könnte es ja sein, dass Sie vorhaben den Job als bloßen Übergangsjob zu machen und er Ihnen dann doch so gut gefällt, dass Sie beschließen länger zu bleiben. Oder Sie haben ursprünglich vor lebenslang zu bleiben, merken aber nach ein paar Monaten, dass der Job nicht ideal für Sie ist. Man kann also nie genau wissen, wie es letztendlich sein wird, und wie das Leben mit einem spielt.

Wenn man eine kurzfristige Kündigungsmöglichkeit hat und momentan keine andere Job-Perspektive, so würde ich sagen, dass die Antwort "Ja" immer die bessere ist. Denn es bedeutet: Ich kann dort einen Tag arbeiten, eine Woche, ein Monat, drei Monate, oder auch länger. Unfair finde ich das nicht, da ja auch das Unternehmen sie schnellstmöglich kündigen wird, wenn man mit Ihren Leistungen nicht zufrieden ist oder einen anderen Kandidaten gefunden hat, den das Unternehmen für leistungsfähiger hält.

Das Gleiche gilt auch beim Eingehen einer Liebesbeziehung - denke ich. Aber auch so simple Fragen - wie "gehst Du heute mit uns Abendessen?" - fallen darunter. Denn man kann ja zu dem Essen kommen und bloß eine Suppe oder einen Tee bestellen und sich dann nach 20 Minuten wieder verabschieden. Wenn man diese Zeit hat, warum sollte man die Möglichkeit nicht nutzen? Und auch hier gilt: Sollte es dann das beste Gespräch Ihres Lebens sein, werden Sie wahrscheinlich ohnehin länger bleiben wollen!

Viele Ja-Nein-Fragen sind in Wahrheit "Wieviel"-Fragen: "Wie viel Zeit (wie lange) würden Sie gerne bei uns Arbeiten?", "Für wie viel Zeit willst Du eine Beziehung mit mir?", "Wie lange willst Du beim Abendessen dabei sein?", "Wie viel möchtest du in die neue Cryptowähung investieren?" Da wir aber die menschliche Gesprächskultur nicht ändern können, können wir solche Ja-Nein-Fragen nur in unserem Kopf in "Wieviel"-Fragen übersetzen. Und das führt dann dazu, dass wir letztendlich wesentlich öfter "ja" sagen werden, da wir die Folgen unserer Zusage besser in Relation setzen können. Und das alleine stellt schon eine positive Stimmung her und wertet unseren Gesprächspartner auf.

Eine andere mögliche Frage Ja-Nein-Frage wäre vor ein paar Jahren gewesen: "Willst Du in die neu Cryptowährung 'Bitcoin' investieren?" Und zwar damals, als die Coins noch vor ihren rekordverdächtigen Wertzuwächsen standen. Damals haben wahrscheinlich noch viele mit "nein" geantwortet, da die Cryptowährung noch nicht das Renommee hatte, das sie heute hat. Aber, die wirklich interessante Frage hätte damals eigentlich gelautet: "Wie viel willst Du in Bitcoin investieren?" Denn hundert Euro hätte wohl so mancher schon riskiert, der von den Berichten fasziniert war - oder zumindest fünfzig oder zwanzig Euro. Und auch so ein kleiner Betrag wäre bis heute zu einem kleinen Vermögen geworden (sofern man all die Jahre seither nicht verkauft hätte).

Auch bei Versicherungen - über die ich an anderer Stelle sehr skeptisch geschrieben habe - kommt es immer auf die Umstände an: Bekomme ich für den Abschluss eine Vergünstigung - etwa einen großen Nachlass auf ein anderes Geschäft? Zum Beispiel ein Auto wird signifikant billiger, wenn man die zugehörige Versicherung abschließt - dann verändert sich die Grundkalkulation bezüglich der Versicherung (die normalerweise für den Konsumenten statistisch gesehen nachteilig ist) und der Abschluss einer Kaskoversicherung kann plötzlich sinnvoll werden - zum Beispiel wenn die komplette Versicherungsprämie zu 80

Prozent durch den Preisnachlass abgedeckt wird. Auch hier ist es intelligenter, statt einer harten "Ja-Nein"-Haltung eine weichere "Wieviel"-Haltung einzunehmen.

Bei Versicherungen geht es auch immer um eine Über- oder Unterversicherung. Der Versicherungsagent will dabei in der Regel überversichern. Das heißt, die Versicherung wird für einen höheren Betrag abgeschlossen, als überhaupt beschädigt werden kann. Beispiel: Der Versicherungsagent empfiehlt Ihnen für die neue Haushaltsversicherung eine maximale Schadenssumme von 100.000 Euro mit dem Argument, dass falls Sie in Zukunft einmal Goldbarren zuhause lagern wollen, diese dann automatisch versichert wären. Nur würde diese Summe in der Praxis niemals schlagend werden - alleine schon deshalb, da im Schadensfall von der Versicherung so niedrig wie möglich begutachtet wird - und nur zu Zeitwerten statt Neuwerten. Daher ist die Unterversicherung für den Kunden in der Regel vorteilhafter als die Überversicherung. Denn bei einer Unterversicherung besteht eine tatsächliche Chance, dass die Versicherung die maximale Schadenssumme auch tatsächlich tragen muss. Es ist also auch deswegen der Abschluss einer Versicherung mehr eine "Wieviel"- als eine "Ja-Nein"-Frage.

Denkt man statt in Ja-Nein-Kategorien in Wieviel-Kategorien, dann werden die eigenen Entscheidungen weicher. Natürlich muss man sich dann auch mit den Fragestellungen genauer auseinandersetzen - was einen aber letztendlich als Persönlichkeit weiter bringen kann!

KAPITEL 35

Der neunzig Prozent Vegetarier

Ich habe bereits ausgeführt, dass durch die menschliche Fleischproduktion eine größere Population an Speisetieren in den reicheren Industriestaaten am Leben erhalten wird. Würde die Bevölkerung dieser Länder von einem Tag auf den anderen eine konsequente fleischlose Diät beginnen, so würden diese Speisetiere zum überwiegenden Teil getötet werden ohne der Möglichkeit Nachwuchs gebären zu können. So gesehen sind Vegetarier für die Ausrottung von Speisetieren verantwortlich.

Nun, dennoch kann es sein, dass man sich für eine fleischlose Ernährungsweise entscheiden möchte. Etwa aus gesundheitlichen Gründen oder weil man der Meinung ist, dass die einmalige Ausrottung von Speisetieren gegenüber einem Leben in der Tierfabrik zu bevorzugen ist.

(Hier stellt sich immer die Frage, ob das was man möchte, wirklich das "Beste" für die Speisetiere ist oder ob man einfach gewisse Bilder nicht ertragen kann. In unserer menschlichen Gesellschaft bleibt nicht viel

Raum für Nutztiere. Die Speisetiere sind jedoch Nutztiere, die einen festen Platz in unseren Ernährungsgewohnheiten haben - aus diesem Grund erlaubt die menschliche Rasse diesen Tierarten in ihrer Gesellschaft weiterzuleben: Sie werden nicht - so wie die meisten anderen Tierarten - vom Menschen ausgerottet.)

Sei es wie es sei - vielleicht entscheiden Sie sich für eine vegetarische Ernähung und kommen dann gut damit zurecht. Dann wäre es eine gute Entscheidung. Was aber, wenn Sie Probleme mit der vegetarischen Ernährung haben sollten? Entweder sie vermissen die Fleischspeisen oder Sie fühlen sich einfach generell körperlich schwächer. (Was an den fehlenden "Tierleichenteilen" in Ihrem Ernährungsplan liegen könnte!) Vor allem dann, wenn Sie sich für eine vegane Ernährung entschieden haben sollten, wären gesundheitliche Beeinträchtigungen keine Seltenheit. Aber selbst wenn Sie bloß ein (ordinärer) "Vegetarier" werden wollten - also tierische Produkte abseits von Fleisch und Fisch weiter zu sich nehmen würden - könnten etwaige andere "Ausschlusskriterien" hinzukommen - zum Beispiel eine Laktoseallergie. Dann fielen sämtliche Milchprodukte vom Speisezettel und wenn man dann noch auf die besagten "Tierleichenteile" verzichtet, könnte das schon zu einer unausgewogenen Ernährung führen, bei der es zu Mängeln kommt. Besonders dann, wenn man nicht die Zeit und Muse hat, immer genau jene pflanzlichen Stoffe zuzubereiten und zu sich zu nehmen, welche die Defizite am besten ausgleichen können.

Was also tun in so einem Dilemma? Doch wieder Fleisch essen und die fleischlose Ernährung aufgeben? Ein guter Kompromiss kann es sein, WENIGER Fleisch zu essen.

Zum Beispiel zu zehn Prozent: Angenommen jemand schätzt Fleisch und Fisch sehr und nimmt praktisch keine Mahlzeit ohne eines dieser tierischen Produkte zu sich. Das ist vielleicht ein Extrembeispiel - aber schauen wir es uns dennoch an: Sieben Tage pro Woche mal drei Mahlzeiten pro Tag - das sind insgesamt 21 Mahlzeiten pro Woche. Diese Person isst 21-mal pro Woche eine Fleisch- oder Fischmahlzeit.

Verzichtet sie jetzt auf 90 Prozent davon, dann käme sie auf zirka zwei. Zum Beispiel Mittwoch und Sonntag zu Mittag gibt es eine Fleisch- oder Fischmahlzeit. Die restlichen 19 Mahlzeiten werden vegetarisch oder vegan. Wahrscheinlich klingt so eine Ernährungsform nicht so beeindruckend, wie wenn man ein "echter" Vegetarier oder Veganer wird. Das könnte dann vielleicht von anderen kritisiert werden.

Auf jeden Fall wären zwei Fleischportionen pro Woche gesünder als 21. Vor allem dann, wenn möglichst viel Gemüse statt des Fleisches gegessen wird. Mit Fleisch ist es wie mit allen Dingen im Leben: Auf die Menge kommt es an. Zu viel Fleisch kann zu zahlreichen Erkrankungen - inklusive Krebs - führen. Wenig Fleisch hingegen kann wie eine Medizin wirken. Für so manchen Veganer wäre es wohl sehr gesund, einmal im Monat eine Fleischmahlzeit zu sich zu nehmen. Außer vielleicht, er hat absolut keine gesundheitlichen Einschränkungen durch seine Ernährungsform und bemüht sich, das fehlende Eiweiß durch eine kluge Zusammenstellung pflanzlicher eiweißhaltiger Lebensmittel auszugleichen. Vor allem diejenigen, denen richtiggehend vor Fleisch graust, sollten es nicht zu sich nehmen. Denen aber, denen so etwas gut tun und schmecken würde, würde ich es absolut empfehlen. Ihr wäret dann zwar keine reinen "Vegetarier" oder "Veganer" mehr, aus meiner Sicht fällt eine Ausnahme einmal pro Monat jedoch absolut nicht ins Gewicht.

Denn die Ziele, die Ihr erreichen wolltet, erreicht Ihr so auch:

1. Wesentlich gesündere Ernährung: Eure Ernährung wird fast vollständig fleischlos sein. Das wenige Fleisch, welches Ihr einnehmt,

wirkt im Körper dann eher wie eine Medizin: Er kann sich mit
den Stoffen versorgen, die ihm bei reiner vegetarischer oder
veganer Ernährung einfach fehlen.

2. "Tierleid" reduzieren: Beim vollständigen Vegetarismus reduzieren
Sie Ihren Fleischkonsum vollständig. Essen Sie jedoch nur
noch - zum Beispiel - bei zehn Prozent Ihrer Mahlzeiten Fleisch,
so reduzieren Sie Ihren Fleischkonsum fast vollkommen. Das
hat - hinsichtlich Senkung des Tierleids - nahezu denselben Effekt.

Bezüglich Tierleids ist auch zu sagen, dass natürlich wesentlich mehr
Menschen dazu motiviert werden könnten ein "Neunzig Prozent Vegetarier" zu werden, als zu hundert Prozent auf Fleisch zu verzichten.
Außerdem: Wenn jemand erst einmal einige Zeit als "Neunzig Prozent
Vegetarier" lebt, und ihm diese Ernährungsweise sehr gut tut, dann wird
er vielleicht ohnehin den verbliebenen Fleischanteil von zehn Prozent
sukzessive in Richtung null reduzieren (können).

(Warum ich "Tierleid" in Anführungszeichen geschrieben habe? Dazu
eine kleine Anekdote. Angenommen Außerirdische kommen auf die
Erde: Sie sehen, wie viel werdende Mütter und neugeborene Babys bei
der Geburt schreien und was für Schmerzen sie dabei haben. Vermehrt
sich diese außerirdische Gesellschaft nicht mehr durch Sex, sondern zum
Beispiel durch Klonen, so kommt diesen Außerirdischen vielleicht der
Gedanke: "Wir wollen das Menschenleid reduzieren!" Daher werden alle
Menschen getötet - bis auf eine kleine Zahl für außerirdische Zoos. Es
ist alles relativ - daher die Anführungszeichen.)

KAPITEL 36

Das Leben bereuen

Bereuen Sie Manches in Ihrem Leben? Aber wer tut das nicht? Im Rückblick betrachtet ist es oft so, dass die eine oder andere Entscheidung im Leben hinterfragt werden kann. Man denkt sich: "Hätte ich damals etwas anderes gemacht, wer weiß was ich nicht vielleicht alles hätte erreichen können!"

Grundsätzlich sind im Leben die verschiedenen Tage, die man durchlebt, meistens ähnlich. Wenn Sie eine Lohnarbeit haben, dann sitzen Sie jeden Tag im Büro. Egal ob Montag, Dienstag oder Mittwoch ist. Auch als Sie ein Kind waren, waren wohl viele Tage einander ähnlich. Wenn das so ist, dass jeden Tag (mehr oder weniger) das Gleiche zu passieren scheint, dann hat man manchmal das Gefühl: "Es wird für immer so sein, es wird nie enden!" Ich habe mir das in der ersten Klasse meiner achtjährigen Zeit im Gymnasium gedacht. Dieses erste Jahr war so lange! Wie lange würde es noch dauern, bis ich das gesamte Gymnasium abschließen konnte und endlich nie wieder in die Schule gehen müsste? Es erschien mir endlos und die Zeit schien still zu stehen.

Das kann durchaus auch dem Angestellten im Büro so ergehen, der seinen Job vielleicht nicht übermäßig liebt. An gewissen Punkten im Leben fühlt man einen Hauch von Ewigkeit, da die Zeit still zu stehen scheint. Und dennoch: Irgendwann ändert sich dann doch etwas: Der Angestellte beginnt einen anderen Job oder er geht in Pension. (Oder ich schließe das Gymnasium ab.) Und nach so einem Wechsel wird er wohl nie wieder in dem alten Büro sitzen, in dem er sich so viele Jahre gelangweilt hat. Und auch ich kann nicht zurück in die Schule. (Ich meine, natürlich kann ich das Schulgebäude besuchen und sie werden mich wohl auch hineinlassen. Aber die Zeit als Schüler ist für mich vorbei.)

Und so schreitet das Leben voran, und zwar immer in eine Richtung: Immer in die Zukunft und nie in die Vergangenheit. Wenn man über vergangene Stationen seines Lebens nachdenkt, dann bereut man vielleicht etwas. Zum Beispiel der Angestellte, der jetzt vielleicht einen Job hat, der genauso langweilig ist. Nur dass er jetzt auch keine netten Kollegen mehr hat. Der denkt sich vielleicht: "Warum habe ich nur meine Zeit damals nicht mehr genossen? Es ist doch keine Selbstverständlichkeit, nette Kollegen zu haben!"

Wie auch immer: Ich möchte jetzt die Frage aufwerfen, ob es gut ist, über die Vergangenheit nachzudenken und diese fallweise zu bereuen? Beziehungsweise ob man das lieber nicht tun sollte?

Stellen Sie sich vor, Ihr Mitbewohner geht in den Supermarkt und fragt Sie davor, ob er Ihnen denn etwas mitnehmen könnte. Sie verneinen, da sie nichts benötigen. Nach einer Stunde kommt er mit seinem Einkauf zurück und Sie denken sich: Hätte ich ihn nur darum gebeten mir ein kühles Bier mitzubringen!

Wenn Sie sich jetzt bei ihm darüber beschweren würden, dass er kein Bier gebracht hat, wäre das natürlich sehr unfair. Er hat sie zuvor extra danach gefragt und Sie haben verneint.

Ihrem Mitbewohner können Sie also nicht böse sein. Aber vielleicht sich selbst? Nur wussten Sie vor einer Stunde selbst noch nicht, dass Sie eine Stunde später ein Bier haben werden wollen. Sind Sie "schuld" an dem fehlenden Bier oder nicht?

Aus meiner Sicht sind weder Sie noch Ihr Mitbewohner schuld. Es ist einfach so, dass der Wunsch nach einem Bier vor einer Stunde noch nicht absehbar war.

Natürlich kann man sich jetzt quälen: "Warum war ich denn nicht klüger vor einer Stunde?" Dies bringt aber nur etwas, wenn daraus eine Aktion abgeleitet wird.

Was für eine Aktion könnte das sein? Vielleicht holen Sie sich selber noch ein Bier aus dem Supermarkt. Vielleicht gewöhnen Sie sich für die Zukunft an, immer einen gewissen "Lagerstand" an Bier im Haus zu haben. Das wären zwei sinnvolle Handlungsoptionen. Dadurch, dass Sie sich mit dem Problem beschäftigt haben, haben Sie Ihre diesbezügliche Handlungsweise verbessert. Dennoch, in dem Moment - jetzt - wo Sie mit einem Bier hätten zuhause sitzen können (und es nicht selber holen hätten müssen), gibt es kein Bier. Diese Chance ist für alle Zeit vertan.

Was kann man aus dieser Geschichte herauslesen?

1. Im Normalfall macht es keinen Sinn, sich Vorwürfe bezüglich einer vergangenen Handlung zu machen, da es immer Gründe gab, warum wir so entschieden haben.

2. Dennoch kann eine Handlung, die nicht das gewünschte Ergebnis gebracht hat, dazu führen, dass wir diese Handlung in Zukunft anders ausführen werden: Wir lernen aus dem Missgeschick.

3. Ein gewisses "Betrauern" des Ergebnisses der Handlung ist gut, um so die Emotion für eine Verbesserung generieren zu können. Wenn wir uns aber längerfristig dafür kritisieren, dann liegt eher ein negatives Denkmuster vor. Und dieses ist häufig das wahre Problem, dass uns Trübsal bereitet - und nicht unsere Handlungen.

Das Leben wird - zeitlich gesehen - nun einmal bloß in eine Richtung gelebt: Von der Vergangenheit in die Zukunft. Daher kann man die Vergangenheit niemals ändern, sondern nur für die Zukunft lernen.

Wie einzelne Menschen mit Rückschlägen umgehen, sieht man sehr gut im Sport. Zum Beispiel im Tennis: Da gibt es Spieler, die lange damit zu hadern scheinen, wenn sie einen wichtigen Punkt verlieren. Man sieht es daran, dass sie nach Verlust dieses Punktes für einige Zeit schlechter zu spielen scheinen. Und dann gibt es auch diese andere Art von Spielern, die jeden Punkt gleich stark spielen, egal wie es steht. Beispiele für diesen Charaktertyp wären - aus meiner Sicht - unter anderem die Spieler Björn Borg und Rafael Nadal. Und diese beiden gehören auch zu den Erfolgreichsten ihrer Zeit und waren (beziehungsweise sind) absolute Seriensieger.

Was könnte man daraus lernen? Vielleicht dass man, wenn man sich von Rückschlägen in der Vergangenheit nicht demoralisieren lässt und nur intellektuell daraus lernt, man auch die Performance eines "Seriensiegers" haben kann? Vielleicht ist es so.

Mögen Sie Malerei? Was ist für Sie dasjenige Gemälde, das Sie am beeindruckendsten finden? Vielleicht die "Mona Lisa" von Leonardo da

Vinci aus dem 16. Jahrhundert? Es ist auf jeden Fall eines der berühmtesten Bilder der Welt.

Auch Ihr Leben können Sie als Gemälde betrachten. Jeden Tag füllen Sie durch Ihre Handlungen einen kleinen Teil "Ihrer" Leinwand. Am Ende Ihrer Tage ist das Gemälde fertig - und Ihr Leben zu Ende. Und wie viele Tage werden Sie insgesamt auf der Welt sein? Vielleicht 25.000 Tage, vielleicht 30.000 Tage? Oder noch mehr Tage? Oder vielleicht auch weniger? Egal wie viele Tage Sie auf der Welt sein werden, nach Ihrem letzten Tag würde so ein "Lebensgemälde" fertig sein. Aber wie würde es aussehen?

Kaum jemand hat von Beginn seines Lebens an bis zu dessen Ende einen konsistenten Lebensplan, den er dauerhaft verfolgt. Menschen lernen dazu, entwickeln sich, ändern ihre Haltung und ihre Meinungen. Der Teil des "Lebensgemäldes", den Sie in Ihren letzten 5.000 Tagen "malen", wird wohl anders aussehen als jene Teile, die Sie zuvor "gemalt" haben. Und vielleicht auch nicht gut mit ihnen zusammenpassen.

Als Leonardo da Vinci jedoch die "Mona Lisa" gemalt hat, da konnte er auf die gesamte Fläche des Gemäldes zugreifen. Er konnte beginnen, wo er wollte und ständig an einer beliebigen Stelle weitermachen. Auch konnte er alles bereits Gemalte wieder übermalen. Sie können das bei Ihrem Lebensgemälde nicht. Was einmal auf der Leinwand ist, das bleibt auch dort - egal ob das Gesamtbild dadurch schöner wird oder nicht. Zumindest ist es authentisch.

Stellen Sie sich vor, Leonardo da Vinci hätte die "Mona Lisa" auf diese Weise malen müssen, wie Sie ihr Lebensgemälde: Leonardo da Vinci wurde 24.489 Tage alt. Wenn er jeden Tag seines Lebens einen Teil der "Mona Lisa" gemalt hätte, so wäre das ein 24.489tel pro Lebenstag. Die Mona Lisa hat ein Format von 77 mal 53 Zentimetern - somit beträgt die bemalte Fläche 4.081 Quadratzentimeter, was 408.100 Quadratmillimetern entspricht. Leonardo da Vinci hätte somit jeden Tag seines Lebens 16,66 Quadratmillimeter füllen müssen - also ein kleines Quadrat von zirka vier Millimetern Breite und vier Millimetern Höhe. Was für ein chaotisches Bild wäre da wohl herausgekommen!

Sicher nicht so ein schönes Bild wie die wirkliche "Mona Lisa". So müssen Sie aber Ihr Leben betrachten: Als etwas, was sequentiell durchlebt wird, und im Nachhinein nicht mehr abgeändert werden kann. Sollten Sie am letzten Tag Ihres Lebens zur Erkenntnis kommen, dass alles, was Sie davor gemacht haben, eigentlich sinnlos war, so werden Ihnen nur noch wenige Stunden bleiben, um etwas aus Ihrer Sicht Sinnvolleres zu machen. Und dennoch wäre das in Ordnung. Denn man lebt nicht dafür, dass sein "Lebensgemälde" möglichst schön wird, man lebt nur im Jetzt. Sie haben de facto immer nur den gegenwärtigen Augenblick, in dem Sie leben. Alles andere sind eigentlich bloß Hirngespinste. Denn der Moment, den Sie jetzt haben, ist alles. Und kein noch so schönes "Lebensgemälde" kann ihn in Wahrheit aufwiegen.

KAPITEL 37

Zurück ins Wasser

Was wird in Zukunft mit der Menschheit passieren? Niemand kann das wissen. Es gibt nur mögliche Szenarien. Eines davon möchte ich hier skizzieren: Es geht darum, dass der Mensch wieder ins Wasser zurückkehrt - also ein im Wasser lebendes Lebewesen wird. Eine andere Frage ist natürlich, ob wir uns so ein Szenario als unsere Zukunft wünschen.

Alles Leben auf der Erde kommt ursprünglich aus dem Wasser. Einige Tierarten wurden aber zu Landtierarten - darunter auch der Mensch. Wäre es für uns schön, wenn wir wieder das Wasser unseren Lebensraum nennen könnten? Völlig unrealistisch ist dieser Traum nicht - in der Tat könnte es tatsächlich Realität werden:

In den letzten Jahren gingen wir - in den westlichen Industriestaaten - durch eine Lockdown-Krise. Ob es auch in Zukunft Lockdowns geben wird, ist schwierig vorherzusagen. Vorstellbar wären zum Beispiel Freiheitsbeschränkungen, um damit die Klimaerwärmung stoppen zu können.

Wie auch immer: Was wäre noch schlimmer als Lockdowns? Zum Beispiel ein weltweiter Atomkrieg. So einen hatten wir noch nie in der Geschichte und die Menschheit hat bisher immer alles ausprobiert. Spannungen zwischen den Weltmächten gibt es auch immer genügend - somit ist diese Vorstellung nicht so unrealistisch. Nehmen wir an, es gäbe einen Atomkrieg im Jahr 2028!

Was aber kommt danach? Nun, viele Menschen werden durch die atomaren Waffen umgekommen sein. Viele andere sterben dann an radioaktiver Verseuchung. Auch der "nukleare Winter" wird wohl einige Menschenleben kosten. (Man nimmt an, dass sich nach einem Atomkrieg die Atmosphäre verdunkeln wird und dass danach wesentlich weniger Sonnenstrahlen auf die Erde treffen werden, wodurch die Temperatur in vielen Teilen der Erde dramatisch sinken könnte - der so genannte "nukleare Winter".)

Sehen wir es einmal positiv: Der "nukleare Winter" wäre eines der wenigen Ereignisse, bei dem sogar die strengsten Klimaerwärmungs-Experten zugeben, dass damit die globale Erwärmung - zumindest temporär - reversiert werden könnte!

Nach einem vollständigen Nuklearkrieg wird wohl nur ein kleiner Teil der Menschheit überleben. Diese Überlebenden sind dann auch damit konfrontiert, dass ihre Infrastruktur wohl größtenteils zerstört wurde: Es gibt keinen Strom, Internet sowieso nicht, keine funktionierende Heizungen und auch kein Wasser. Lebensmittelgeschäfte bleiben geschlossen, da es keine industrielle Nahrungsproduktion mehr gibt. Rasch breitet sich Hunger aus. Dort, wo das Meer nicht zu kalt ist, flüchten sich die Menschen an die Küsten, um dort Nahrung finden zu können. Man fängt kleine Fische und versucht essbare Pflanzen zu pflücken.

Nehmen wir an, dass die Gruppen, die an die Meeresküsten geflüchtet sind, noch die höchsten Überlebenschancen haben, da die Tiere und Pflanzen im Meer nicht so verstrahlt wären, wie die an der Oberfläche. Die Überlebensraten wären dann dort am höchsten und nach zwei, drei Generationen gäbe es nur noch dort bedeutende Siedlungen, wo das Meer sehr nahe ist.

Der Mensch kämpft jetzt nur noch ums bloße Überleben. Die reiche Kultur der Menschen ist jetzt bedeutungslos geworden. Es zählt nur noch, ob man genügend Fisch fangen kann, um am Leben bleiben zu können.

Gehen wir jetzt um ungefähr 300 Jahre in die Zukunft - also zehn Generationen später: Wie hat sich die Situation verändert? Nicht wesentlich. Der Mensch lebt nach wie vor in Küstennähe hauptsächlich vom Fischfang. Aber eines hat sich verändert: Bei der Suche nach Fisch ist es wichtig, die Luft eine Zeit lang anhalten zu können. Die, die jetzt noch am Leben sind, schaffen das problemlos für zwei bis drei Minuten unter Wasser. Die, die das nicht geschafft haben, haben letztendlich nicht überlebt und sind ausgestorben.

Wir blicken weitere 1.000 Generationen in die Zukunft: Die Fähigkeit, die Luft bei der Fischjagd anzuhalten, ist weiter gestiegen: Jeder menschliche Erdenbewohner schafft es jetzt problemlos, die Luft für zehn Minuten anzuhalten und ist dementsprechend erfolgreich beim Fischfang.

Und schließlich gehen wir für nochmals 10.000 Generationen in die Zukunft: Beeindruckenderweise schaffen es die Menschen jetzt, bis zu zwei Stunden ihren Atem anzuhalten. Damit ist es ihnen auch möglich, sich lange unbeweglich unter Wasser auf die Lauer zu legen. Schwimmt dann irgendwann ein geeigneter Beutefisch vorbei, wird er geschnappt!

Auch die Körper dieser Menschen haben sich verändert: Ihre Haut ist jetzt den längeren Aufenthalten im Wasser signifikant angepasst. Sie trocknet nicht aus und wirkt ein bisschen wie Schuppen bei Fischen. Das Gehirn des Menschen hat sich rapide zurückentwickelt: Da intellektuelle Fähigkeiten in dieser so stark von der Fischjagd abhängigen Zeit nicht mehr viel bedeuteten, wurden die Gehirne etwas kleiner. Aber die Menschen sprechen auch viel weniger als früher. In ihren Gesprächen geht es jetzt hauptsächlich um den Fischfang.

Dies ist eine gute Ausgangsposition für die Rückkehr ins Wasser: Wer zwei Stunden die Luft anhalten kann, der kann bereits im Wasser nächtigen - und muss nur einige Male pro Nacht zum Atmen auftauchen. Aber das ist bei Walen und Delfinen ja nicht unähnlich. An diesem Punkt wird die Menschheit eine echte Chance haben, wieder zu Meeresbewohnern werden zu können!

Ich kann nicht sagen, ob es Realität werden wird. Aber es ist eine mögliche Zukunft für die Menschheit!

Und wo wären die Vorteile für die Menschheit? Nun, im Wasser ist es immer warm - die Temperatur im flüssigen Wasser liegt immer über null Grad. Das Wasser ist reich an möglichen Nahrungsmitteln und zu all dem hätten wir die Sicherheit, keinen Atomkrieg mehr auslösen zu können!

KAPITEL 38

Das Klima retten - aber für wen

Im Zuge der Klimaerwärmung gibt es viele Wissenschaftler, die mit eindringlichen Worten vor einer weiteren Klimaerwärmung warnen. Damit mehr Leute die Maßnahmen gegen Klimaerwärmung beherzigen, wird auch mit Slogans geworben, wie "Wir müssen den Planeten retten!" oder "Der Planet Erde leidet an Homo Sapiens!" Damit soll verdeutlicht werden, dass die Menschheit die natürlichen Lebensbedingungen auf dem Planeten Erde merklich schädigt.

Aber ist das wirklich so? Werfen wir dazu einen kurzen Blick auf die Geschichte des Planeten Erde:

Die Entwicklung der Erde wird grundsätzlich in vier Äonen (griechische für "Ewigkeiten") eingeteilt:

1. **Äon**   Hadaikum (Dauer 600 Millionen Jahre)
2. **Äon**   Archaikum (Dauer 1.500 Millionen Jahre)
3. **Äon**   Proterozoikum (Dauer 1.959 Millionen Jahre)
4. **Äon**   Phanerozoikum (Dauer 541 Millionen Jahre / Stand 2022)

Beim Phanerozoikum - unserem aktuellen Äon - habe ich "Stand 2022" dazugeschrieben, da es ja noch nicht abgeschlossen ist, sondern weiterläuft. In einer Million Jahre - am 1. Januar 1002022 - muss man dann "542 Millionen Jahre" als Dauer angeben.

Schnellübersicht über die vier Äonen der Erde

1. Äon: Hadaikum

Unsere junge Sonne - "Sol" - war von Staub und Gasen umgeben. Aufgrund der Anziehungskräfte von Materie sammelte sich Material und formte den Planeten Erde - die so genannte "Protoerde", die zu Beginn noch eine Konzentration von flüssigen und gasförmigen Stoffen war. Genauso wie es sich auch heute noch bei den äußeren Planeten unseres Sonnensystems (Saturn, Uranus, Neptun und Pluto) um Gasplaneten handelt. Würde ein Raumfahrer auf Jupiter landen wollen, er würde durch die gasförmige Oberfläche von der Gravitation ins Innere des Gasplaneten gezogen - in Richtung des Planetenkerns.

Die verschiedenen Elemente der Erde trennten sich in der Folge von einander, wobei die schwereren Elemente tendenziell in Richtung des Planetenkerns wanderten und die leichteren Elemente an die Oberfläche. Durch die Abkühlung des Protoplanetens entstand der feste Erdmantel. Im Inneren unserer Erde herrschen auch heute noch Temperaturen von ungefähr 6.000 Grad Celsius - es ist da unten noch genauso heiß, wie auf der Sonne.

Diese Wärme stammt größtenteils noch aus dem Hadaikum. Zusätzlich wird der Kern erwärmt beim Zerfall von radioaktiven Substanzen - so

genannten Radionukliden. Diese Substanzen zerfallen im Erdkern am
laufenden Band.

Als Endzeitpunkt des ersten Äons, wurde ein großes Bombardement
von Meteoriten festgelegt. Damals schlug eine große Zahl von Meteoriten auf der Erde und am Mond ein. Die entsprechenden Krater sind am
Mond bis heute erhalten geblieben.

2. Äon: Archaikum:

Nach den ersten 600 Millionen Jahren der Existenz unseres Planeten
Erde - dem ersten Äon - beginnt das zweite vor 4 Milliarden Jahren,
womit sich ein Gesamtalter der Erde von aktuell 4.600 Millionen Jahren
ergibt.

Das Archaikum ist mit einer Dauer von 1.500 Millionen Jahren der zweit-
längste Äon in der Erdgeschichte. Man nimmt an, dass im Archaikum
die "chemische Evolution" begann, die als Beginn des Lebens gilt: Ma-
kromoleküle konnten sich durch Aufnahme anderer Moleküle vergrößern und auch reproduzieren. Das Archaikum wird in vier zirka gleich-
lange so genannte "Ären" eingeteilt:

a) *Eoarchaikum:* In dieser Ära gibt es erstmalig großteils eine feste
Erdkruste auf unserem Planeten. Es leben bereits einfache Einzeller ohne Zellkern auf der Erde.

b) *Paläoarchaikum:* Es wurden auf Gesteinsresten Spuren von Bakte-
rienkulturen aus dieser Ära entdeckt.

c) *Mesoarchaikum:* In diese Ära fällt die erste Entstehung von Leben,
welches der Mensch mit freiem Auge hätte sehen können.

Stromatolithen - so genannte biogene Sedimentgesteine - bildeten sich aufgrund des Wachstums von Mikroorganismen. Sie sahen aus wie Felsen, wurden aber von Lebewesen "erschaffen". Auch gab es damals erstmalig Kontinente auf der Erde.

d) *Neoarchaikum:* Erstmalig konnten sich auf der Erde Gebirge bilden - der Untergrund war zuvor noch nicht tragfähig genug dafür, da er noch zu flüssig war.

3. Äon: Proterozoikum

Mit einer Dauer von 1.959 Millionen Jahren ist das Proterozoikum der längste Äon und deckt 43 Prozent der Erdgeschichte ab. In diesem Zeitalter gibt es erstmalig eine Atmosphäre mit einem gewissen Sauerstoffgehalt auf der Erde. Viele Stämme des Tierreiches, die noch heute existieren, hatten sich bis zum Ende des Proterozoikums bereits herausgebildet. Und zwar zumeist in flachen warmen Meeren in Küstennähe. Das Proterozoikum wird in drei Ären eingeteilt:

a) *Paläoproterozoikum:* Mit einer Länge von 900 Millionen Jahren handelt es sich um die längste Ära im Proterozoikum sowie in der gesamten Erdgeschichte überhaupt. Die Sauerstoffkonzentration auf der Erde betrug über ein Prozent. Dies führte zum ersten Massenaussterben (auf Englisch "Extinction Event"), da der Sauerstoff für viele anaerobe Mikroorganismen giftig war. Eine starke tektonische Aktivität führte zu einer ständigen Neugestaltung der Kontinente und einer damit einhergehenden Klimaerwärmung. In der Stratosphäre bildete sich Ozon, welches die Lebewesen vor der UV-Strahlung der Sonne schützte. Die Einzeller wurden im Aufbau komplizierter und bildeten schließlich auch einen Zellkern. Es entstanden die ersten Grünalgen und die ersten Pilze.

b) *Mesoproterozoikum:* In dieser 600 Millionen Jahre andauernden Ära entstand der Superkontinent Rodinia. Außerdem kam es damals erstmalig zu geschlechtlicher Fortpflanzung von Lebewesen. Die "Sturtische Eiszeit" - eine Eiszeit, die fünf Millionen Jahre lang anhielt, fiel in diese Ära.

c) *Neoproterozoikum:* Diese 459 Millionen Jahre währende Ära ist die kürzeste im Proterozoikum. Das vielzellige Leben entstand auf der Erde: Pflanzen und wirbellose Tiere. Der Superkontinent Rodinia zerfiel und es kam zu Eiszeiten mit vermutlich globaler Vereisung.

4. Äon: Phanerozoikum

Das Phanerozoikum ist der Äon, in dem wir auch heute noch leben. Es dauert bisher 541 Millionen Jahre und ist damit im Moment der kürzeste Äon. Übersetzt bedeutet "Phanerozoikum" "Zeitalter des sichtbaren Lebens". Es wird in drei Ären eingeteilt:

a) *Paläozoikum:* Diese Ära dauerte ungefähr 289 Millionen Jahre. In der ersten Periode des Paläozoikums - dem Kambrium - kam es zur "kambrischen Explosion", bei der sich nahezu alle noch heute lebenden Stämme des Tierreichs in einem relativ kurzen Zeitraum von zehn Millionen Jahren herausbildeten. Auch die ersten Wirbeltiere entwickelten sich in dieser Phase. Das Leben beschränkte sich anfangs auf die Ozeane. Auch die erstmalige Ansiedlung von Pflanzen auf der Oberfläche (außerhalb von Wasser) begann im Kambrium. Diese Pflanzen waren noch moosartig. (Bei Tieren, die am Land leben, lässt sich keine genaue Grenze ziehen, wann sie

das Wasser verließen, da schon einzelne Mikroorganismen Land-
gänge unternahmen.)

Der damalig existierende Großkontinent Gondwana war aufgrund
seiner Südlage während des Paläozoikums die Heimat der meisten Lebewesen auf der Erde. Später, am Ende des Ordovi-
ziums - der zweiten Periode des Paläozoikums - kam es erneut zu
einem Massenaussterben aufgrund einer Kälteperiode.

Vor Beginn der letzten Periode des Paläozoikums - dem Perm - war
der Pflanzenbewuchs auf der Erde bereits sehr ausgeprägt und so
gab es in Äquatornähe reichhaltige Waldlandschaften. In diesem
Zeitalter waren die Insektenkörper wesentlich größer als heute.
Die Riesenlibelle Meganeura hatte zum Beispiel eine Flügelspannweite von bis zu 70 Zentimetern.

Am Beginn des Perms erfolgte aufgrund des Aufkommens eines
wüstenhaften Klimas der weitgehende Zusammenbruch aller
tropischen Regenwälder. Davon betroffen waren viele Wirbeltiere,
die einen Großteil ihrer Biodiversität einbüßten: Gliederfüßler
(Insekten), Amphibien und Reptilien. Schließlich setzte eine
Erholung der Tierbestände ein. Die größten Landtiere waren
damals die "Therapsiden". (Es handelte sich um säugetierähnliche
Reptilien).

Im Perm hatte sich bereits der Superkontinent Pangea mit einer
Größe von 138 Millionen Quadratkilometern gebildet. (Zum Vergleich: Eurasien weist heute eine Größe von 55 Millionen Quadratkilometern auf.) Pangea bildete sich durch eine Vereinigung des
Nordkontinents Laurea mit Gondwana. Am Ende des Perms kam
es zum größten Massenaussterben in der Erdgeschichte. An dieser so genannten "Perm-Trias-Grenze" (Perm = die letzte Periode

im Paläozoikum, Trias = die erste Periode im Mesozoikum) starben 75 Prozent aller Pflanzen aus - und damit zu einem Großteil die Vegetationsbedeckung der Erdoberfläche - sowie 95 Prozent der Tierarten in den Ozeanen. Als Grund dafür geht man von umfangreichen Vulkanausbrüchen aus. Dieses Massenaussterben erfolgte innerhalb von 30.000 Jahren.

b) *Mesozoikum:* Diese zweite Ära unseres aktuellen vierten Äons dauerte zirka 184 Millionen Jahre und wird in die Perioden Trias, Jura und Kreide untergliedert.

Durch die ökologischen Katatrophe im Perm wurde die Evolution von neuartiger Flora und Fauna ermöglicht. Die Dinosaurier entwickelten sich während des Trias aus Kriechtieren und dominierten die Erde bis zum Ende des Mesozoikums. Die ersten Säugetiere entwickelten sich damals. Sie waren sehr klein, um so vor den Dinosauriern fliehen zu können. Auch Blütenpflanzen und die meisten noch heute lebenden Bäume entwickelten sich in dieser Zeit.

Am Beginn der des Mesozoikum waren alle Landmassen auf der Erde im Superkontinent Pangea vereint, am Ende dieser Ära teilte sich der Superkontinent und die Landmassen bewegten bereits in Richtung ihrer heutigen Ausprägungen.

Am Ende des Mesozoikums soll dort, wo heute Mexiko liegt, ein Asteroid eingeschlagen sein, der den so genannten "KT-Impakt" ("Kreide-Tertiär-Impakt) ausgelöst hat: Ein Massenaussterben von Tier- und Pflanzenarten. Ungefähr 50 Prozent aller Arten gingen damals zugrunde - einschließlich aller größeren Wirbeltiere, und damit auch aller Dinosaurier, die groß waren.

Die Gruppe der Dinosaurier, die klein waren, waren die Flugsaurier. Und das sind auch jene Saurier, die es heute noch gibt: Sie haben sich in der Folge zu den Vögeln entwickelten - zu unseren "gefiederten Freunden". Aber auch die ersten Dinosaurier, die auf der Erde lebten, wiesen bereits Gemeinsamkeiten mit den Vögeln von heute auf: Dinosaurier legten seit jeher Eier und ihre Hautstruktur waren von Anfang an dem Federkleid eines Vogels ähnlich.

c) *Känozoikum:* Die "aktuelle" Ära in der Erdgeschichte - die derzeit letzte Ära im Phanerozoikum - wird auch als "Erdneuzeit" bezeichnet.

Nachdem das Mesozoikum den Dinosauriern gehörte, ist das Känozoikum die Ära nach dem Ende derer Dominanz. Früher wurde es unterteilt in die Perioden Tertiär und Quartär. Mittlerweile wurde das Teriär aufgelöst und durch das Paläogen und das Neogen ersetzt, weshalb das Ereignis "KT-Impakt" eigentlich auf "KP-Impakt" umzubenennen wäre.

Im Känozoikum bildete sich im Wesentlichen unsere heutige Tier- und Pflanzenwelt heraus und auch die Kontinente verschoben sich in ihre aktuelle Form. Am Beginn des Känozoikums bildeten die Kontinente Australien, Antarktis und Südamerika noch einen umfangreichen Rest des vormaligen Superkontinents Gondwana. Vor zirka 45 Millionen Jahren löste sich zuerst Australien von der Antarktis, kurze Zeit später auch Südamerika.

Am Beginn des Känozoikums war es noch sehr heiß auf der Erde, wobei sich die Klimazustände nach Einschlag des Asteroiden anfangs noch häufig änderten, bis schließlich ein relativ stabiles

Warmklima entstand. Dies begünstigte die überlebenden Arten, deren Exemplare aufgrund des Wegfalls der Konkurrenz durch die Dinosaurier, jetzt immer größer wurden. Es bildeten sich also größere Säugetiere (zum Beispiel Mammuts) sowie große Vögel (zum Beispiel Elefantenvögel) heraus - beide Arten konnten allerdings nicht bis zur Jetztzeit überleben.

Vermutlich aufgrund eines Vulkanausbruchs, in dessen Zuge große Mengen Methan in der Atmosphäre freigesetzt wurden, kam es im Paläogen (der ersten von drei Perioden im Känozoikum) zu einer extremen Hitzephase mit einem Temperaturanstieg von sechs bis acht Grad innerhalb von wenigen Jahrtausenden. Erneut litt die Biodiversität und es kam zu einem Massensterben. Vor zirka 50 Millionen Jahren begann dann eine Abkühlungsperiode.

Vor ungefähr 34 Millionen Jahren, als sich die letzte Landverbindung zwischen der Antarktis und Südamerika löste, wurde die Antarktis in der Folge "thermisch isoliert". Dies führte zu einem Temperaturabfall auf der Erde, dem ein Massenaussterben folgte, dem ungefähr 60 Prozent aller Säugetierarten zum Opfer fielen. Die Temperatur sank damals um vier bis fünf Grad ab und der Meeresspiegel sank um ungefähr 30 Meter.

Vor zirka 15 Millionen Jahren gab es in Europa zwei "Waschküchen-Phasen", in denen das Klima deutlich feuchter und subtropischer wurde. Vor rund 3 Millionen Jahren setzten dann Abkühlungsphasen ein. Und da konnten dann bereits wir Menschen "mitmischen". Zwar gab es noch keinen Homo Sapiens, aber doch sehr wohl schon Menschen, die diese Abkühlungsphasen genießen konnten...

Analyse

sieht man sich die Erdgeschichte an, so bietet sich einem ein Bild von Lebensbedingungen, die niemals stabil sind, sondern sich ständig ändern, wobei es auch immer wieder zu einem Massenaussterben gekommen ist, da sich die Tier- und Pflanzenarten nicht rechtzeitig auf die geänderten Lebensbedingungen einstellen konnten.

Grundsätzlich ist auch die Geschichte der Menschheit ein Massenaussterbe-Ereignis: Durch die Entwicklung des Menschen und den damit einhergehenden Veränderungen des Planeten ist ein bedeutender Teil der Tier- und Pflanzenwelt bereits ausgestorben und es werden wohl noch mehr folgen.

Was würden wir aber tun, wenn ein Umweltschützer radikale Maßnahmen zur Rettung der derzeitigen Lebensbedingungen für Tier- und Pflanzenwelt auf der Erde fordern würde? Zum Beispiel man möge 50 Prozent aller Städte abtragen und die Weltbevölkerung durch Fortpflanzungsbeschränkungen drastisch reduzieren - zum Beispiel auf drei Milliarden? So ein Umweltschützer würde wohl sofort für verrückt erklärt werden, denn wir Menschen haben uns diesen Planeten angeeignet und werden ihn nicht wieder freiwillig hergeben.

Aber natürlich sehen einige von uns auch den Reichtum der Artenvielfalt und sind bestrebt ein Zusammenleben zwischen der Menschheit und den anderen Tierarten zu ermöglichen - wenn das möglich ist.

Viele Klimaforscher und Umweltschützer sind besorgt über die Geschwindigkeit, mit der der "menschengemachte Klimawandel" von statten geht. Sie meinen, dass aufgrund der hohen Geschwindigkeit des Klimawandels sich viele Tierarten nicht anpassen werden können und deshalb vom Aussterben bedroht sind.

Grundsätzlich muss man einmal etwas sagen zur "Anpassung" von Tierarten an geänderte Lebensbedingungen: So eine Anpassung ist immer mit vielen sterbenden Tieren verbunden, da die Anpassung so vor sich geht, dass einfach ein Teil der Tiere stirbt und die Überlebenden dann eher jene Gene aufweisen werden, die ein Überleben des Tieres ermöglichen. So eine Anpassung ist auch immer ein Massensterben, aber eben kein Aussterben der gesamten Tierart.

Und dadurch verändert sich die Tierart dann. Man muss auch dazusagen, dass das Konzept "Tierart" ein menschengemachtes ist: Jede Spezies weist eine Entwicklungsgeschichte auf, die mit einem Einzeller beginnt. Und stabil ist keine Tierart! In jeder Generation verändert sie sich leicht. Lediglich aus der kurzfristigen Momentaufnahme durch den Menschen heraus scheint es fix definierte Tierarten zu geben.

Sollte die Menschheit das Klima auf der Erde um mehrere Grad Celsius innerhalb von wenigen Jahrzehnten erhöhen, so wäre das wohl als ähnlich katastrophal für die Biodiversität zu sehen, wie wenn so etwas durch ein nicht menschengemachtes Ereignis passieren würde - zum Beispiel durch einen Vulkanausbruch oder einen Asteroideneinschlag.

Schon alleine deshalb ist es eine gute Idee, die Industrie so umzustellen, dass das Klima möglichst wenig verändert wird. Es bleibt halt die Frage, wie viel Erfolg solche Initiativen letztendlich haben werden, wenn nur ein Teil der Industriestaaten diesen folgt.

Auch muss man sagen, dass der Mensch nicht außerhalb der Natur steht, sondern selbst ein natürliches Lebewesen ist. Sollten alle Menschen aussterben, und würde in einer Million Jahren ein anderes intelligentes Lebewesen auf die Erdgeschichte zurückblicken, so wird man das Treiben der Menschheit wohl einfach als eines von vielen "Massenausterbe-

Ereignissen" einordnen. Aber wird man uns Menschen dann als "Menschen" bezeichnen? Dies wird davon abhängen, ob unser verschriftliches Wissen die Menschheit überleben kann und dann von einer neuen Intelligenz auf der Erde einmal verstanden werden kann.

Was man aber klar feststellen muss, ist dass es nicht um die Erde geht. Es geht nicht um die "Rettung des Planeten". Denn dieser Planet hat schon viel extremere Bedingungen gesehen und da er auf einem Zusammenschluss von Masse beruht, wird ihm die Klimaerwärmung durch den Menschen nichts anhaben können.

(Die Erde existentiell in Gefahr bringen könnte die Menschheit wohl nur, wenn man tausende extrem starke Wasserstoffbomben zünden würde, so dass die Erde explodiert und sich in einzelne Teile aufspaltet.)

Was Klimaschützer wirklich wollen ist, die Bedingungen für das Lebewesen Mensch weiter ideal zu halten auf unserem Planeten. Und auch Appelle bezüglich des Tierschutzes werden wohl eher aus egoistischen Gründen getätigt. Denn jede Veränderung der Lebensbedingungen benachteiligt einige Tierarten, bevorzugt dafür aber andere. Ziel des Klimaschutzes ist es, die Lebensbedingungen für uns Menschen zu erhalten sowie für jene Tierarten, die wir als positiv erachten. Das ganze ist aber subjektiv und sicher keine "Rettung des Planeten", da die Natur unseres Planeten eine sehr abwechslungsreiche ist mit zahlreichen "Extinction-Events" und radikalen Änderungen der Lebensbedingungen.

So sehr ich eine klimaneutrale Industrie bejahe, so sehr sorge ich mich davor, dass eine Hysterie ausgelöst werden wird, im Zuge derer die Freiheitsrechte der Menschen beschnitten werden und ihnen de facto Lebenszeit genommen wird.

Außerdem wird durch das "Über-Thema" Klimaschutz auch so manches andere Problem verdeckt: Konnten Bauern früher anbauen, was sie wollten, so ist das jetzt in der Europäischen Union nicht mehr möglich. Es gibt Qualitätskriterien in der Landwirtschaft. Es gibt Saatgut für Obst und Gemüse, welches von der EU zertifiziert ist und von Firmen verkauft wird. Diese haben das Saatgut so verändert, dass die Kerne der heranwachsenden Früchte unfruchtbar geworden sind. Dadurch sind Landwirtschaftsbetriebe auf den ständigen Kauf neuer Samen angewiesen. Außerdem wurden einige Sorten verboten.

So gab es zum Beispiel eine europäische Heillehre mit den diversen lokalen Apfelsorten. Ähnlich wie in der TCM (der Traditionellen Chinesischen Medizin) wurden die verschiedenen Apfelsorten zur Heilung bestimmter Beschwerden eingesetzt. Das ist jetzt nicht mehr möglich, da ein Gros dieser Apfelsorten nicht mehr angebaut werden darf, da sie den Qualitätskriterien nicht mehr entsprechen. In der Praxis will man jetzt nur noch "süße" Äpfel, während die alten Apfelsorten viel mehr Geschmacksrichtungen beinhalteten. Untergangsszenarien, wie eine Klimahysterie, können dazu führen, dass bei vielen anderen Problemen und Fehlentwicklungen einfach weg gesehen wird. Und das ist nicht gut.

KAPITEL 39

Gut und schlecht

Was ist gut und was ist schlecht? Ist es gut, wenn ein Wirbelsturm ausbricht und viele Menschen sterben? Wohl nicht. Ist es gut, wenn die Menschheit eine neue wichtige Entdeckung macht und damit noch effizienter produzieren kann in Zukunft! Ja, das ist gut, würde man meinen.

Unsere Beurteilung bezüglich "gut" und "schlecht" richtet sich nach unserem Menschsein. Da wir Menschen sind, empfinden wir Begebenheiten, durch die die Menschheit profitiert, als gut. Dagegen betrachten wir Ereignisse, bei denen Menschen zu Schaden kommen, als schlecht. Bezüglich "profitieren" geht es wieder um die "drei Menschenziel". Letztendlich ist jedes Ereignis dahingehend zu untersuchen, ob es die Umsetzung der drei Menschenziele vereinfacht oder erschwert.

Beispiel: Wir werden Mitglied in einem Gesangschor und genießen die wöchentlichen Proben.

Analyse: Durch die Mitgliedschaft im Chor können wir mehr Bekanntschaften schließen und damit voraussichtlich mehr Freunde gewinnen. Zumal wir uns dort wohl fühlen - somit sind wir also unter Gleichgesinnten. Mehr Freunde im Leben bedeuten ein höheres gesellschaftliches Renommee und mehr Sicherheit im Krisenfalle, da Freunde immer helfen können.

Ergebnis: Die Mitgliedschaft im Gesangschor erleichtert uns die Umsetzung der Menschenziele. Mehr Sicherheit und mehr Renommee helfen bei allen drei Zielen:
1. Unseren Körper in gutem Zustand erhalten: Mehr Freunde, die uns in Notzeiten helfen können oder uns vor Angriffen schützen können.
2. Uns reproduzieren: Durch ein höheres Renommee werden wir attraktiver und finden leichter eine fruchtbare Fortpflanzungspartnerin.
3. Mehr Sicherheit und Renommee erleichtern uns auch die Verbreitung unserer Kultur.

Wie ist es wenn ein Teil der Menschen profitiert und ein anderer dafür Schaden nimmt? Dann hängt es davon ab, welche Gruppe uns näher steht. Zum Beispiel, wenn die Fußballnationalmannschaft unseres Landes gegen ein anderes Land ein wichtiges Spiel gewinnt: Das ist dann gut. Oder wenn unser Land im Wirtschaftswachstum die anderen Länder hinter sich lässt, ist es ebenfalls gut.

Die "Gruppe" die uns am nächsten steht, sind wir selbst (eine 1-Personen-Gruppe). Danach kommt unsere engste Familie, danach Freunde und die erweiterte Familie, dann der Bekanntenkreis, dann vielleicht andere Mitarbeiter in dem Unternehmen, in dem wir arbeiten, Bewohner der Stadt, in der wir wohnen. Dann unser Bundesland, unser Land, befreundete Länder, unser Kontinent, Menschen die kulturell mit uns "auf einer Linie sind" und schließlich die ganze Menschheit.

Dies ist - meiner Ansicht nach - die Art und Weise, mit der wir über "gut" und "schlecht" entscheiden.

KAPITEL 40

Vergewaltigung

Sprechen wir über Vergewaltigung: Es ist kein schönes Thema. Meistens wird dabei eine Frau von einem Mann zum Geschlechtsakt genötigt - und zwar aus einer Drucksituation heraus. Es kann sich dabei um Androhung körperlicher Gewalt oder anderer Konsequenzen handeln, falls sich die Frau der Ausführung des Geschlechtsaktes mit dem Vergewaltiger widersetzen sollte.

Gibt es Vergewaltigungen bei allen Lebewesen? Nein, grundsätzlich nicht: Pflanzen sind für ihren Fortpflanzungsprozess auf die Hilfe von Insekten (oder dem Wind) angewiesen. Hier ist eine Vergewaltigung nicht möglich: Jener Samen, der die Pflanze zuerst erreicht, wird für die Fortpflanzung verwendet.

Wie würde dieses "Pflanzen-Verhalten" bei der Fortpflanzung in der menschlichen Gesellschaft aussehen? Es wäre ungefähr so, wie wenn Frauen grundsätzlich immer einverstanden wären, wenn ein Mann Interesse an einem Liebesakt mit ihnen zeigt. Und danach würde der Geschlechtsakt jedes Mal ausgeführt.

Dieses Verhalten von Frauen ist in der menschlichen Gesellschaft aber ein Ausnahmefall - offenbar weil es nicht zu einer optimalen Partnerauswahl führt: Klar, die individuellen Eigenschaften eines Mannes würden dann keine Rolle spielen. Man kann aber nicht ausschließen, dass alle Frauen sich zu irgendeinem Zeitpunkt in der Menschheitsgeschichte genau so verhalten haben, oder dass dies in Zukunft einmal der Fall sein wird.

Bei Tieren wurde Vergewaltigungen hingegen schon beobachtet: Vor allem bei Affen kommt es vor, wenn ein paarungsfähiges Weibchen nicht genug Schutz durch ihre Gruppe hat, dass Männchen aus einer anderen Gruppe sie zum Paarungsakt nötigen.

Vergewaltigungen kommen aber nicht bei allen Tierarten vor - unter anderem auch deshalb, da bei manchen Tierarten das Weibchen größer und kräftiger gebaut ist als das Männchen - zum Beispiel ist das bei einigen Insektenarten oder bei Hyänen der Fall.

Jetzt stellt sich natürlich die Frage: Ist die Tatsache, dass Vergewaltigungen möglich sind, etwas Positives für das "Artenlebewesen Mensch" oder etwas Negatives? Wenn es etwas radikal Negatives für unsere Art wäre, so würde es sie wohl nicht geben. Wenn dadurch massiver Schaden für unsere Gattung angerichtet würde, wären jene männlichen Exemplare, die vergewaltigten, schon längst ausgestorben. (So wie beispielsweise bereits alle Männer ausgestorben sind, die keinen Sex wollten.)

Grundsätzlich ist bei einer Vergewaltigung zu unterscheiden, ob es zu einer Befruchtung der Frau kommt:

a) Kommt es zu keiner Befruchtung, so ist sie - meiner Ansicht nach - als Akt der Erniedrigung zu sehen. Ähnlich wie wenn man eine andere Person schlägt oder auf andere Weise körperlich herabsetzt.

b) Kommt es hingegen zu einer Befruchtung, so wird der Fortpflanzungsapparat der Frau ohne ihre Zustimmung angeworfen. Neben der Erniedrigung durch den zwangsweisen Akt wird ihr auch - gegen ihren Willen - die Geburt des Nachkommens des Vergewaltigers aufgezwungen.

Zu Punkt a) ist zu sagen, dass die menschliche Gesellschaft von Rangordnungen geprägt ist - genauso wie bei vielen anderen sozialen Lebewesen. Und Gewalttaten sind ein Weg, diese Rangordnungen zu verdeutlichen beziehungsweise zu korrigieren. Der Mensch ist evolutionsbedingt so geworden. Natürlich sind Vergewaltigungen eine abscheuliche und gesellschaftlich verpönte Weise jemanden zu erniedrigen. Deshalb kommen sie regelmäßig nur in kriegsähnlichen Situationen vor oder werden als verbrecherischer Akt ausgeführt.

So wie Punkt a) kommt auch Punkt b) immer wieder in der menschlichen Gesellschaft vor. Aber kann man alleine deshalb darauf schließen, dass Vergewaltigungen für die menschliche Art etwas Positives sein könnten - nämlich deshalb, weil es sie gibt?

Aus meiner Sicht ist es etwas Positives für die menschliche Art, dass Männer mit einem sehr starken Fortpflanzungstrieb ausgestattet sind: Einfach deshalb, da sich die Menschheit ja zu allen Zeiten vermehren musste. Und möglicherweise war es - aufgrund der evolutionären Gesetze - besser, so einen starken Vermehrungstrieb zu haben und daneben Vergewaltigungen zu akzeptieren, als wenn Männer einen wesentlich schwächeren Fortpflanzungstrieb gehabt hätten und dafür gar keine Vergewaltigungen passiert worden wären. Auf zweiteren Zustand wurden wir Menschen von der Evolution einfach nicht eingestellt - wahrscheinlich weil die Reproduktion der Lebensnerv der menschlichen Art ist.

Die menschliche Art ist von der Ausbreitung über den ganzen Planeten und ständigen kulturellen Fortschritt beseelt. Auch das Wirtschaftswachstum ist eine Kennzahl dieses andauernden Fortschritts. Wobei - meiner Ansicht nach - immer mehr Menschen erkennen, dass dieses ständige Streben nach mehr ihnen kein Lebensglück bringt. Und sie entscheiden sich dann für einen Weg der Mäßigung - für ein einfacheres Leben.

Ich selbst verabscheue jede Art von Vergewaltigung, genauso wie Kriege und andere Formen der Gewalt. Ich muss jedoch zur Kenntnis nehmen, dass es all dies gibt auf der Welt, auf der ich lebe. Somit muss ich mich damit auseinandersetzen und Strategien entwickeln, um in solchen Situationen zurechtkommen zu können.

Ich verstehe, dass ich in einem Körper lebe, der mir durch Emotionen den Weg weist, der gut für das "Artenlebewesen Mensch" ist. Und ich weiß auch, dass es einen glücklich machen kann, wenn man diesen Weg beschreitet und dabei Erfolg hat.

Ich möchte aber sehen, was ich bin: Was wirklich von mir kommt und was lediglich durch emotionale "Manipulation" entstanden ist. Und ich möchte mir auch darüber bewusst sein, wenn ich Dinge nur dann tue, weil meine Triebe es so wollen. Grundsätzlich möchte ich das Leben als Mensch bejahen und lasse es mir daher auch gefallen, wenn Emotionen und Triebe mich motivieren und mir Lebenslust geben. Stellt man sich hier dagegen, so muss man schon gute Gründe dafür haben, ansonsten stellt man sich gegen die eigene menschliche Existenz.

Ich will einfach all das Bewusstsein, das ich mehr als ein Grashalm habe, aktiv verwenden können. Genauso will ich alle Entscheidungsmöglichkeiten, die ich mehr habe als ein Grashalm, bewusst nutzen können. Diesen Weg des "sich bewusst Werdens" und Verstehens des Lebens sehe ich als eine wichtige Aufgabe von uns Menschen an.

KAPITEL 41

Kurzzusammenfassung aller Kaptiel

1. Hundewelpen

Hunde sind süß, werden aber kastriert beziehungsweise sterilisiert, da die Tierheime voll sind. Wer das Beste für seine Hündin will, der erlaubt ihr dennoch die Vermehrung. Das Beste für Ihre Hündin ist nicht das Beste für die menschliche Gesellschaft.

2. Niedrigere Lebenserwartung bei männlichen Löwen

Männliche Löwen haben eine geringere Lebenserwartung als weibliche, unter anderem dadurch, dass sie sich ständig Rangkämpfen stellen müssen, durch die die bestangepassten Tiere eruiert werden. Damit dienen diese Männchen ihrer Tierart, die dadurch flexibel bleibt.

3. Eine Tierart als Lebewesen

Eine Tierart kann auch als ein (dezentrales) Lebewesen betrachtet werden und alle ihr zugehörige Tiere als Körperteile dieser Tierart: Ein so genanntes "Artenlebewesen". Tierarten können sich vermehren, indem sie sich in verschiedene Tierarten aufteilen - z.B. die Großkatzen, die untereinander aber noch gekreuzt werden können. Bei der Betrachtung "Tierart als Lebewesen" kann auch verglichen werden, welches Lebewesen über die höchste Biomasse verfügt. Dies ist keineswegs der Mensch: andere Tierarten - zum Beispiel der Erdwurm - sind gleich erfolgreich oder sogar erfolgreicher. Der Mensch hat seinen "Selbstzerstörungsknopf" mit eingebaut: Z.B. Atomkrieg oder Umweltverschmutzung.

4. Vermehrung unter den Regeln der Evolution

Lebewesen haben teilweise eine enorme maximale Reproduktionsrate und das ist gut so, da jeder Nachkomme sterben kann und der Fortbestand der Art ja gesichert werden soll. Eine Gruppe von vielen Hunden in einem geschlossenen Tal wird sich so entwickeln, wie ihre erfolgreichsten bestangepassten Vertreter. Dabei kommt es auch auf die Tierarten an, mit denen sie in Kontakt stehen.

5. Die Kommunikation der Tierarten untereinander über Millionen von Jahren

Das gegenseitige Jagen und Bekämpfen der Tierarten untereinander ist letztendlich eine über Millionen Jahre andauernde "Kommunikation" durch Veränderung. Und auch ein brutales Massensterben. Somit vielleicht mit dem Leben eines Speisetieres im Schlachthof vergleichbar. Nur nützt das Tier in freier Wildbahn jeden Tag alle seine Kraft zum Überleben - bis es eines Tages stirbt. In der freien Wildbahn gibt es keine leidenden oder kranken Tiere. Alle sind gesund - oder schon tot. Sind unsere Speisetiere - wie die Rinder - vielleicht eine kluge Symbiose mit dem Menschen eingegangen, um zu überleben? Jedenfalls sind sie noch in großer Zahl am Leben.

6. Die Anfänge des Menschen

Unsere Vorfahren waren in der Konkurrenz mit den anderen Tierarten. Wir entwickelten ein größeres Gehirn, um uns die Standorte attraktiver Obstbäume besser merken zu können. Das größere Gehirn erlaubte uns, eine Kultur entwickeln zu können und über den Intellekt - und nicht mehr primär über den Instinkt - dazulernen zu können. So konnten wir schneller Jagdstrategien entwickeln, als unsere Beutetiere sich an diese - instinktgetrieben - anpassen konnten. In der Folge - nachdem die Tiere überwunden waren - wurde der Mensch zu seinem eigenen größten Feind: Er bekämpfte fortan Menschen mit anderer Kultur.

7. Kultur und ihre Überlegenheit gegenüber der Evolution

Kultur ist die Fähigkeit Wissen weiterzugeben. Tiere können dies in der Regel nur beispielgebend erledigen. Die Menschen gaben das aus ihrer Sicht höchstwertige Wissen an ihre Kinder und ihre Gefährten weiter. Auch die menschlichen Religionen sind Wissenssammlungen, welche viele Handlungsanweisungen für das Leben enthalten. Kulturen - wie Religionen - waren nur solange "lebendig", solange es Menschen gab, die über sie Bescheid wussten. Es war daher sehr wichtig, die Errungenschaften seiner Kultur an andere Menschen weiterzugeben. Das Lernen durch Evolution ist dem Lernen über die Kultur aufgrund der langsameren Geschwindigkeit bei weitem unterlegen.

8. Die Kriegskultur - Teil 1

Nachdem der Mensch die Tiere untergeordnet hatte, kämpfte er gegen das einzige ihm ebenbürtige Lebewesen: Gegen sich selbst. Dies geschah durch Kriege. Den Herrschern war es sehr wichtig Kriege zu gewinnen. Daher flossen das gesamte Wissen und hohe Ressourcen eines Landes in seine Armee. Der Krieg zeigte dann auf, welches Volk das kulturell fortgeschrittenere war. Es ging nicht mehr um die Verbesserung der Menschenkörper durch Evolution, es ging nur noch darum, eine bessere Kultur zu haben.

9. Kultur als Lebewesen

Es ist möglich, Kultur als Lebewesen zu betrachten: Generation über Generation von Menschen stirbt. Deren Kultur lebt allerdings weiter. Genauso wie ein Artenlebewesen kann sich auch so ein "Kulturlebewesen" weiterentwickeln, teilen oder aussterben. Ein Kulturlebewesen agiert ähnlich wie ein Artenlebewesen. Ähnlich wie Artenlebewesen kommunizieren und konkurrieren Kulturlebewesen seit zehtausenden Jahren miteinander. Für ein Kulturlebewesen ist es lebenswichtig, die Anzahl seiner Anhänger zu erhöhen. Kulturlebewesen lassen sich in der Geschichte in Religionen, Staaten und Sprachen identifizieren. Diese stehen in ständigem Wettbewerb zu ihren Konkurrenten und verbessern und verändern sich laufend. Möglicherweise sind Kulturlebewesen - und nicht Menschen - die wahren Akteure in der menschlichen Gesellschaft.

10. Die zwei Ichs

Gespräche mit Älteren, die den Großteil ihres Lebens bereits hinter sich haben, können für junge Menschen sehr wertvoll sein. Triebe und Instinkte sind sehr wichtig für die Entwicklung des Menschen - so zum Beispiel auch für dessen Reproduktion. Die Verhütung ist diesbezüglich ein Problem, das aber durch die Regeln der Evolution ausgemerzt werden wird. Grundsätzlich gibt es zwei "Ichs" in Ihnen: Ihren Verstand einerseits, ihren Körper und seine Triebe und Instinkte andererseits. Dafür, dass junge Frauen sich freiwillig für ein Leben als Nonne entscheiden, gibt es eine Erklärungstheorie, die annimmt, dass es verschiedene "Typen" von Menschen gibt.

11. Die drei Menschenziele

Ich nehme an, dass es in den Instinkten der Menschen Gemeinsamkeiten gibt und leite daraus drei "Menschziele" ab, von denen ich annehme, dass sie allen Menschen zu Eigen sind: 1. Den eigenen Körper in gutem Zustand erhalten, 2. Sich zu reproduzieren, 3. Seine Kultur verbreiten. Während die Menschenziele eins und zwei logisch klingen, ist es auch logisch, dass Menschenziel drei im Instinkt verankert ist, da eine Bereitschaft zur Annahme von Kultur den Menschen stets stärker gemacht hat und damit seine Chancen auf erfolgreiche Reproduktion stets erhöht haben, während Kultur ablehnende Menschen stets schlechtere Chancen auf erfolgreiche Reproduktion hatten.

12. Der freie Wille und das emotionale Gefängnis

Auch der Mensch strebt nach Vermehrung und nach Sicherheit für seine Familie. Er wird getrieben durch seine Instinkte. Diese zeigen sich ihm in Form von Emotionen und Gefühlen. Letztendlich wird er so agieren, dass er gute Emotionen hat und negative vermeiden kann. Auf diese Weise wird der Mensch von seinem "anderen Ich" geleitet (dem Körper und den Instinkten). Daher ist der "freie Wille" nur sehr eingeschränkt vorhanden. Dies zu sehen, ist aber nichts Negatives, da man statt einer Illusion dann den wirklichen Freiraum sehen kann, den man in diesem Leben hat.

13. Die fünf Stadien des Menschseins und die Lebenskette

Man kann verschiedene Stadien im Leben eines Menschen identifizieren: Kind, junger Mensch, Mensch im mittleren Alter, alter Mensch, Greis. Die ersten drei Stadien befinden sich in der "Generationskette des Lebens", da von ihnen die weitere erfolgreiche Reproduktion der Menschheit abhängt. Deshalb erhält man innerhalb dieser Stadien besondere Emotionen und Triebe von seinem Körper gesendet: Als Kind dahingehend, dass man besonders auf seine Sicherheit achtet und sich gut entwickelt. Als junger Erwachsener dahingehend, dass man rasch eine Geschlechtspartnerin findet und mit ihr zum Geschlechtsakt gelangt. Und schließlich - als Mensch im mittleren Alter - dahingehend, dass man seinen Nachwuchs gut unterstützt und dafür sorgt, dass dieser erfolgreich das Erwachsenenalter erreicht.

14. Der Sexualtrieb und das Kinder Kriegen

Der Mensch verspürt einen Sexualtrieb. Er kann jedoch den Begattungsvorgang von der Schwangerschaft trennen. Durch diese Wahlmöglichkeit werden durch die Gesetze der Evolution alle jene Menschen aussterben, die sich gegen das Kinder kriegen entscheiden. Übrig bleiben werden jene, die ja zur Vermehrung sagen. Der Reproduktionsapparat der Weibchen war immer das "Nadelöhr" der Vermehrung.

15. Der Niedergang unserer Lebensbedingungen

Die heutigen Bio-Produkte sind bei weitem künstlicher als "normale" Lebensmittel es vor 20 Jahren waren. Es wird erwartet, dass bald 50% aller Menschen in den westlichen Staaten irgendwann in ihrem Leben an Krebs erkranken. Weiters gibt es ein dramatisches Insektensterben. Und auch die Strahlung, die von Mobiltelefonen ausgeht, ist bewiesenermaßen schädlich. Ich hoffe, dass die Lebensbedingungen für die kommenden Generationen an Menschen noch halbwegs akzeptabel sein werden.

16. Das traurige Leben der Schlachthof-Rinder

Alle Rinder auf dieser Welt haben zusammen eine dreimal höhere Biomasse als alle Menschen zusammen. Zu 95 Prozent leben die Rinder in Tierfabriken in beengten Verhältnissen und sehen nur einmal in ihrem Leben - auf dem Weg zum Schlachthof - die Sonne. Ohne die Haltung in Tierfabriken zur Fleischproduktion würde es wohl nur zirka ein Zehntel dieser Tiere geben. Wäre es besser, diese beengte und unnatürliche Haltung zu verbieten und dafür in Kauf zu nehmen, dass es dann wesentlich weniger Rinder gebe? Nein! Denn für das Artenlebewesen Rind geht es um Quantität! Letztendlich ist das Rind eine Symbiose mit dem Menschen eingegangen und überlebt so. Ob das Leben eines Rindes in einer Tierfabrik lebenswert ist oder nicht, kann man als Außenstehender nicht beurteilen, vor allem dann, wenn man sich ansieht, was für seltsame und extreme Wege unterschiedliche Lebewesen bestreiten, nur um in der Reproduktion ihrer Art Erfolg zu haben.

17. Die Tendenz des Menschen, sich positive Ergebnisse zuzuschreiben

Der Mensch schreibt sich selbst positive Ergebnisse zu, und negative Ergebnisse nach Möglichkeit Anderen. Das ist sehr wichtig, denn der Mensch wurde ja produziert, um sein Leben entschlossen zu leben und sich daran zu beteiligen die "drei Menschenziele" zu erfüllen. Dieser Umstand wird häufig in Casinos ausgenutzt. Aber auch bei der Rechtfertigung von Missgeschicken kommt so eine Denkart oft zur Anwendung.

18. Versicherungen

Schließt man eine Versicherung ab, so ist das für das Versicherungsunternehmen sehr lukrativ. Es berechnet die Versicherungsprämie so, dass es einen großen Profit haben wird. Häufig vorkommende Schadensgründe werden in vielen Versicherungsverträgen einfach ausgeschlossen. Außerdem versuchen viele Versicherungsgesellschaften die Zahlung zu verweigern, selbst wenn der Kunde im Recht ist. Letztendlich verkaufen sie nur die Illusion einer Sicherheit. Der Kunde zahlt gerne, da er sich dann "keine Sorgen mehr machen muss". Meistens wäre es besser, wenn man keine Versicherung abschließt, sondern die dadurch gesparten Beiträge auf ein Sparbuch überweist. Nur dann, wenn man weiß, dass der Schadenseintritt wesentlich wahrscheinlicher ist als bei einem durchschnittlichen Kunden, kann der Abschluss einer Versicherung Sinn machen.

19. Die Kriegskultur - Teil 2

Kriege - wie der in der Ukraine - sind auch deshalb möglich, da der zweite Weltkrieg und seine Schrecken schon lange in der Vergangenheit liegen. Die Aufrüstung mit Atomwaffen folgt dem Prinzip, dass das mächtigere Land ein weniger mächtiges dominieren kann. Der Ausbruch des Krieges zwischen Russland und der Ukraine war nicht völlig überraschend. Er hätte möglicherweise durch Diplomatie verhindert werden können. So wie uns bei der Wiederansiedlung von Wölfen das einzelne Beutetier egal ist, so ist auch kriegsführenden Herrschern das Schicksal einzelner ihrer Soldaten egal. Ich habe gehofft, dass sportliche Wettkämpfe in der Zukunft Kriege ersetzen können werden. Jedoch werden Atommächte immer danach streben, mächtiger zu werden. Eine "vereinte Welt" ist aus meiner Sicht keiner günstigen Option, da die Weltherrscher dann zu mächtig wären. Möglicherweise brauchen wir ein Regulativ, dass es starken Ländern aufgrund von Regeln erlaubt, Gebiete von schwächeren Ländern übernehmen zu können.

20. Der Vertrag mit sich selbst

Ein Supermarktmitarbeiter geht jeden Tag hochmotiviert zur Arbeit, da er davon überzeugt ist, dass er in drei Jahren zum stellvertretenden Filialleiter befördert werden wird, wenn er immer pflichtbewusst arbeitet. So eine Einstellung rührt aus einer Art Grundvertrauen ins Leben, das viele junge Menschen haben. Alte Menschen sind hingegen häufig enttäuscht, da nicht alles in ihrem Leben so aufgegangen ist, wie sie es wollten, und finden sich mit ihrem Dasein ab. Der Supermarktmitarbeiter wird vielleicht sehr enttäuscht sein, sollte sein "Vertrag mit sich selbst" nicht aufgehen, obwohl er seinen Beitrag geleistet hat. Es ist wichtig in so einem Fall zu erkennen, dass man so einem Fall "die Rechnung ohne den Wirt gemacht" hat, und selbst die Verantwortung zu tragen hat. Obwohl ein "Vertrag mit sich selbst" zu einer hohen Motivation führen kann, sollte es einem bewusst sein, dass seine Erfüllung von anderen abhängt. Außer es ist ein echter Vertrag mit sich selbst, den man komplett eigenständig erfüllen kann.

21. Die Menschenrechte

In den ersten Kapiteln habe ich dargelegt, dass Kultur dem Menschen erlaubt schneller zu lernen, und dass der Mensch seine Kultur zu verbreiten sucht. Ich gebe keine Ratschläge, da sich niemand verändern muss. Die Menschenrechte sind eine kulturelle Errungenschaft der EU und der USA. Diese beiden Blöcke tun bei weitem nicht alles, damit diese Rechte weltweit umgesetzt werden. Sie dienen vielmehr als Grundlage, um andere Staaten ermahnen zu können. Die Menschenrechte sind eine kulturelle Errungenschaft unserer Zeit. Sie werden in der Zukunft sicher abgeschafft oder verändert werden, da eine neue Gesellschaft ihre eigene Kultur verbreiten wollen wird.

22. Sich seines Verhaltens bewusst werden

Für eine mögliche Änderung, sollte man sich so sehen, wie man wirklich ist. Wir alle haben Verhaltensmuster, die uns nicht bewusst sind. Manchmal führen diese Verhaltensmuster zu Nachteilen in unserem Leben. Besonders dann besteht die Möglichkeit, dass wir auf sie aufmerksam werden. Es ist wichtig, eine positive Einstellung hinsichtlich Änderungen zu haben, die es auch erlaubt, dass einem klar werden sollte, dass man in der Vergangenheit große Nachteile aufgrund seines Verhaltens hatte.

23. Sich ändern

In der heutigen Zeit wird es sehr idealisiert sich ändern zu können - auch ist es ein Erfordernis der Arbeitswelt. Manche möchten in bestimmten Situationen anders agieren, als sie es taten. Kommen sie aber wieder in die gleiche Situation, so reagieren sie so, wie beim ersten Mal. Eine Voraussetzung, um sich zu ändern, ist dass einem das eigene Verhalten bereits bewusst ist. Wenn man mit dem Rauchen aufhören möchte, so sollte man einzelne temporäre Perioden des Nichtrauchens nicht als wiederholtes Scheitern betrachten, sondern als Schritte zur Erreichung des Ziels. Grundsätzlich ist es gut - im Sinne von Empowerment - selbst die Verantwortung für sein Schicksal zu übernehmen, und zwar auch dann, wenn Entscheidungsträger involviert sind, von denen man abhängig ist.

24. Gerechtigkeit

Nun, es ist ja sehr anschaulich, dass viele unserer Freuden auf den Erhalt unseres Lebens ausgerichtet sind: Die Freude am Essen und Trinken ernährt den Körper. Die Freude am Sex sorgt für Reproduktion. Die Freude an einem sicheren warmen Schlafgemach schont den Körper und schützt ihn vor Gefahren. Die Freude an Freundschaften sorgt dafür, dass der Mensch Kameraden hat, die mit ihm jagen gehen und die ihn beschützen können - in der Gruppe ist er viel stärker. Die Freude an gesellschaftlicher Anerkennung fördert des Menschen Status in der Gruppe. Hat er mehr und bessere Freunde, so werden diese ihn mit mehr Nahrung versorgen in Krisenzeiten und ihm mehr Schutz gewähren. Die Freude am Reisen bringt den Menschen dazu, neue Gebiete kennen zu lernen. Das erhöht seine Möglichkeiten Nahrung zu finden und er kann dadurch seine Art geographisch schneller ausbreiten. Die Freude an Technik und Handwerkskunst erlaubt dem Menschen immer bessere Werkzeuge herstellen zu können und damit bei der Nahrungsversorgung und dem Schutz seines Körpers effizienter agieren zu können. Möglicherweise dient ja alles, was uns Spaß macht, dem Erhöhen unserer Überlebens- und Reproduktionschancen. Hat man eine unterfordernde Arbeit, so wird auch das als gerecht erachtet - da es dem eigenen Fortkommen dienlich ist. Junge Menschen haben oft eine malerische Vorstellung von ihrer beruflichen Zukunft, für den Erwachsenen ist das Berufsleben aber nicht immer schön. Und da es für sein Fortkommen so wichtig ist, leidet manch einer sehr darunter.

25. Die eigene Verantwortung und die Freiheit

Es geht nicht darum, für wie viel man verantwortlich ist, sondern darum, was man daraus macht. Menschen, die sehr großen Erfolg haben, haben in der Regel auch kompetente Unterstützer, die ihnen dabei helfen. Es ist wichtig, seine Leistungen so sehen zu können, wie sie wirklich sind. Man sollte sie manchmal "überkritisch" und manchmal mit viel Großzügigkeit betrachten können. Es gibt Situationen, in denen man unter Druck ist, aber zumeist machen wir uns diesen Druck selbst. In finanzieller Hinsicht empfehle ich einen Großteil Ihrer Einnahmen zu sparen - denn das ist wahre Freiheit in unserer heutigen Geldwelt. Lottogewinner tun gut daran, ihren Job zu behalten und ihre regelmäßigen Ausgaben nicht zu erhöhen. Manche Leute, die viel Geld haben oder einen wichtigen Job, glauben wirklich, dass sie dadurch über den anderen Menschen stehen.

26. Die verrückten Alten

Alte Menschen hatten einmal Inspiration, aber jetzt sind sie nur noch geschwächt und kränklich. Sie vegetieren dahin - ohne Aufgabe. Ihre Idole sind tot, ihre Bildung nichts mehr Wert und ihre Körper unansehnlich. Sie haben alles für dieses Leben gegeben, und dafür nur den Verfall ihrer selbst erhalten. Ich hoffe daher, dass wir alle viel Verständnis haben werden für unsere alten Böcke.

27. Die zwei Welten

Die *Vorderwelt* ist ein gesellschaftlicher Konsens über unser Leben. Es ist eine Haltung, die im Fernsehen kommuniziert werden kann, genauso im Bekanntenkreis oder im Berufsleben. Das Leben wird in ihr als positiv, gerecht und sicher dargestellt. Die *Hinterwelt* ist die dahinter liegende Welt, welche die dunklen Charakterseiten der Menschen offenbart und mögliche Schicksale jenseits unserer eingebildeten Sicherheit. Bei dem Thema "Starbucks ist ein großer Steuersünder" handelt es sich um ein Thema aus der Vorderwelt, da sich Starbucks an geltende Gesetze hält, die auch von vielen deutschen Unternehmen zu deren Vorteil ausgenutzt werden. Menschen, die in der Vorderwelt verhaftet sind, und durch ein schockierendes Ereignis einen kurzen Blick in die Hinterwelt erhaschen, brauchen mitunter lange, um sich davon wieder erholen zu können. So, wie die meist realistischere Hinterwelt in unserer Menschengesellschaft die schmutzigere ist, so ist der Lebenskampf von erhaben wirkenden Tieren auch ein äußert schmutziger, aggressiver und brutaler.

28. Geschlechtsorgane und Brustvergrößerungen

Für viele Menschen kommt die Partnerwahl an erster Stelle. Wenn man keinen Partner gefunden hat, der bei einem geblieben ist und man bereits merkbar altert und dadurch nicht mehr so attraktiv ist, möchte man gerne die Attraktivität zurückgewinnen. Vor allem Frauen stehen hierbei gesellschaftlich unter Druck. Die Vergrößerung der Brust mit Silikoneinlagen ist hier oft der gewählte Weg, obwohl das unschöne Nebeneffekte mit sich bringen kann. Bei Männern ist eher das Muskeltraining der Weg, um das Altern scheinbar umkehren zu können. Für beide Geschlechter ist ein wichtiger Zusatztip, die Verfettung zu reversieren!

29. Dogmen

Das "Geozentrische Weltbild" wurde von der christlichen Kirche zum Dogma erklärt - andere Meinungen standen unter Strafe. Erst einenhalb Jahrtausende später gab es erste wissenschaftliche Kritik an diesem Weltbild, wobei die Kritiker verfolgt und bestraft wurden. Dogmen dienen normalerweise einer Gruppe, die verhindern möchte, dass etwas diskutiert und analysiert wird.

30. Die Fortpflanzung verunmöglichen

Per Kastration wurden im Altertum zeitweise alle Männer eines besiegten Landes zeugungsunfähig gemacht, um deren Vermehrung zu verhindern. Neben der Entfernung des Hodens gab es auch eine viel brutalere Methode, bei der auch der Penis entfernt wurde. Ein Drittel überlebte und war als Sklaven sehr beliebt. Auch solange es Sklaverei in den USA gegeben hat, ist regelmäßig kastriert worden, in Deutschland während der Nazizeit jedoch nur in Ausnahmefällen. Ist ein positiver Vergleich von Nazi-Deutschland zulässig? Meiner Meinung nach schon, da die NS-Zeit sachlich zu betrachten ist. Auch die Abschaffung der deutschen Seeschulen bedauere ich. Sollten wir Menschen einmal Sklaven von Außerirdischen werden, würden wir wohl auch kastriert werden.

31. Den Hunger besiegen

Viele Menschen sind darüber empört, dass es einerseits superreiche Milliardäre gibt, andererseits aber auch Menschen, die nicht genügend zu essen zu haben. Würden die Milliardäre dieser Welt aber ihr ganzes Vermögen dafür einsetzen, den Hunger in der Welt zu besiegen, so würden sie erstens ihre Möglichkeit verlieren, ihre Kultur stark zu verbreiten (da sie kein Vermögen mehr besitzen würden). Zweitens würde dann eine unterlegene Kultur - die es womöglich nicht einmal schafft, ihre Anhänger mit Nahrung zu versorgen - gefördert und deren Anhänger würden sich vermehren. Das wäre gegen das Prinzip, dass sich diejenigen mit der effizientesten Kultur am meisten vermehren sollen.

32. Der kleine Tyrann

Ein "kleiner Tyrann" ist eine Person, die Macht über andere hat. Sie hat insgesamt aber keine wirkliche große Macht. (Ansonsten würde man von einem "großen Tyrannen" sprechen.) Der kleine Tyrann schikaniert seine Opfer und behandelt sie ungerecht, da er sich an ihrem Leid erfreut und so seine Unzufriedenheit mit der Welt ausdrückt. Er sucht sich zumeist schwache Opfer. Ein Weg, den kleinen Tyrannen bei seinem Tun zu stoppen, ist es dafür zu sorgen, dass ihm dafür negative Konsequenzen entstehen. Wenn man dazu nicht in der Lage ist, ist eine zweite Variante, dass man "gute Miene zum bösen Spiel macht" - also den kleinen Tyrannen nicht merken lässt, dass man unter seiner Behandlung leidet. In beiden Fällen wird sich der kleine Tyrann idealerweise ein anderes Opfer suchen.

33. Der UKT

Der "unsichtbare kleine Tyrann" - abgekürzt "UKT" - ist ein imaginärer kleiner Tyrann in Ihrem Kopf, den Sie erschaffen. Und zwar dann, wenn Ihnen in der Vergangenheit ein Charakterzug aufgedrängt wurde, den sie dann unbewusst angenommen haben, und der heute keinen Vorteil für Sie bringt. Der UKT dient Ihnen dazu, zu sehen dass ein Teil Ihrer Persönlichkeit gegen Sie selbst gerichtet ist. Mit Hilfe des UKT können

Sie diesen Teil identifizieren und es wird klarer, dass sie diesen Teil nicht wollen.

34. Nicht mit ja oder nein antworten

Viele Fragen, die im Leben mit "ja" oder "nein" beantwortet werden, sind in Wahrheit "Wie lange"- oder "Wieviel"-Fragen. Wir können die Fragen in unserem Kopf übersetzen und das wird auch dazu führen, dass wir öfter mit "ja" antworten werden. Und lernen werden wir mit so einer Haltung auch mehr.

35. Der neunzig Prozent Vegetarier

Obwohl Vegetarier dazu beitragen, dass weniger Speisetiere auf der Welt leben, gibt es einige, die aufgrund des Tierleids in den Tierfabriken oder aufgrund gesundheitlicher Vorteile dennoch für eine fleischlose Ernährung plädieren. Für solche Menschen ist es eine sehr gute Alternative zum "90-Prozent-Vegetarier" zu werden. Dies bietet hinsichtlich Gesundheit und Reduktion von Tierleid praktisch die gleichen Ergebnisse, ist aber wesentlich leichter umzusetzen und beinhaltet weniger Gesundheitsrisiken.

36. Das Leben bereuen

Wenn im Leben jeden Tag das gleiche passiert, hat man das Gefühl, dass die Zeit still steht und sich nichts ändert. Eine wirkliche Änderung kommt vielleicht erst Jahre später. Was vorbei ist, das ist vorbei und viele Menschen bereuen die eine oder andere Entscheidung. Es ist empfehlenswert sein Handeln in der Vergangenheit nur sehr kurzfristig zu betrauern. Man sollte auf intellektueller Ebene daraus Schlüsse für ein effizienteres Handeln in der Zukunft ziehen. Schwelgt man dennoch jahrelang verpassten Möglichkeiten in der Vergangenheit nach, so deutet dies eher auf ein negatives Denkmuster hin, welches wohl in Wahrheit das Problem ist.

37. Zurück ins Wasser

Nach einem Atomkrieg wäre ein Szenario, dass sich die verbliebenen Überlebenden an der Küste mit Nahrung versorgen. Bei einer vollständigen Spezialisierung auf diese Lebensweise könnten sich unsere Körper evolutionsbedingt langsam wieder an das Meer als Lebensraum anpassen und wir könnten wieder Meeresbewohner werden. So ein Anpassung könnte natürlich nur langsam über sehr viele Generationen geschehen. Aber schlussendlich wären wir wieder im Wasser zuhause.

38. Das Klima retten - aber für wen

In der Erdgeschichte gab es schon viele verschiedene Phasen mit jeweils unterschiedlichen Lebensbedingungen. Auch die Temperatur war zeitweise hoch, und dann wieder sehr niedrig. Oft kam es zu einem Massenaussterben, weil sich die Lebensbedingungen rasch geändert haben. Dass man jetzt etwas gegen die vom Menschen verursachte Klimaerwärmung tun will, halte ich für positiv. Man muss aber eingestehen, dass man nicht den Planeten rettet, sondern die Lebensbedingungen für den Menschen. Auch sollte acht gegeben werden, dass keine Hysterie entsteht, durch die Menschenrechte eingeschränkt werden und man bei anderen Problemen nicht mehr so genau hinsieht.

39. Gut und schlecht

Wenn wir entscheiden, was im Leben "gut" und was "schlecht" ist, so
beurteilen wir das anhand unseres Menschseins. Wir analysieren dabei,
ob ein Ereignis für die Umsetzung der drei Menschenziele förderlich
ist. Dann ist es gut, ansonsten ist es schlecht. Nützt ein Ereignis manchen Menschen und schadet dafür anderen, dann kommt es darauf an,
welche der beiden Gruppen uns näher steht. Anhand dieser Kriterien
entscheiden wir, was "gut" und was "schlecht" ist.

40. Vergewaltigung

Unter den Menschen kommt es manchmal zu Vergewaltigungen. Das
ist aber nicht bei allen Tierarten der Fall. Es scheint, als wären durch die
evolutionären Gesetze Vergewaltigungen in Kauf genommen worden
als einen Preis für den starken männlichen Fortpflanzungstrieb. Ich denke, dass wir Menschen oft etwas anderes wollen, als das "Artenlebewesen
Mensch". Ich selbst möchte verstehen, was ich aufgrund meiner Triebe
mache und was aufgrund meiner eigenen Entscheidungen.